中外文化比较

张永涛◆著

中国宇航出版社
·北京·

图书在版编目（CIP）数据

中日外交文化比较 / 张永涛著. -- 北京 : 中国宇航出版社, 2015.7
ISBN 978-7-5159-0927-1

Ⅰ. ①中… Ⅱ. ①张… Ⅲ. ①外交－对比研究－中国、日本 ②文化－对比研究－中国、日本 Ⅳ. ①D82 ②D831.3③G12④G131.3

中国版本图书馆CIP数据核字(2015)第094412号

策划编辑　于　慧　　封面设计　宇航数码
责任编辑　于　慧　　责任校对　张晓旭

出　版
发　行　中国宇航出版社

社　址　北京市阜成路8号　　邮　编　100830
(010)60286808　　(010)68768548
网　址　www.caphbook.com
经　销　新华书店
发行部　(010)60286888　　(010)68371900
(010)60286887　　(010)60286804(传真)
零售店　读者服务部
(010)68371105
承　印　北京中新伟业印刷有限公司
版　次　2015年7月第1版　　2015年7月第1次印刷
规　格　880×1230　　开　本　1/32
印　张　8　　字　数　210千字
书　号　ISBN 978-7-5159-0927-1
定　价　30.00元

自　序

中日关系对于我国来说，是最重要的双边关系之一。然而，由于一些众所周知的原因，中日两国之间总是不那么太平，尽管两国的有识之士做了大量的工作，但是现实依然是残酷的。2012年9月份以来，随着钓鱼岛问题的再次爆发，两国关系又一次陷入冰点。其后，日本的少数政客关于慰安妇问题的不当言论、2013年12月26日日本首相安倍晋三参拜靖国神社等事件使得两国关系一再雪上加霜。由于日本的一意孤行使两国高层的对话大门难以重启，加之日本一直以来叫嚣修宪，安倍上台之后更是有愈演愈烈的趋势，国际社会也对日本的整体右倾和民族主义的高涨充满了担忧。

基于中日两国的交流史和外交现状，我们可能会产生这样的思考和困惑，即为什么同为深受儒家思想影响的东亚大国且日本的许多文化一脉相承于我国，但在外交上竟然会有这样天翻地覆的差别呢？中国能够秉持和平与发展的原则，心口如一，在外交上的表现也得体大度、有理有据，相反日本虽然口口声声要维护世界和平，但是背地里甚至于公开地从事一些与和平发展相悖的活动，在外交上的表现也是变化无常，表里不一。这样迥然不同的表现的背后，决定性的因素到底是什么？

外交政策是国家意志和利益的直接体现，是国内政策在外部的延伸和发展。从表面上看，外交事务的操作准则是外交政策，但实际上外交事务的操作，甚至于外交政策的制定和调整等都在无形中受到一种内部要素的制约和作用，而这种内部要素就是一国固有的传统文化，特别是其中属于精神层面的高级文化。如果仔细分析我们会发现任何一个国家的外交政策以及外交活动中都会有很深的文化烙印，几乎每一条外交政策和方针都能从该国的传统文化中找到其理论依据和源泉。不能不说这是非常有趣的现象，同时也给了我们很好的启示，即在研究一国外交的时候，如果抛弃文化视角单纯研究外交政策和事务的话，充其量只能属于一种表层研究，很难抓住其内在的本质的东西；同时与外交政策的研究相比而言，影响外交政策的文化研究显然更加重要，毕竟外交政策的内在的决定因素是文化，只有真正搞懂了一国外交的文化内涵，我们才有可能在日趋复杂的国际环境中有的放矢地制定和调整相应的外交对策。因此，笔者将研究视角定为中日外交文化，期待能够透过现象看本质，从外交的视角对两国内在的决定性文化因素进行剖析和比较，从而能够为我国更好地制定外交政策提供一定的参考，这是本书的写作初衷之一。

另外，有人认为中日两国的文化属于同质文化。既然是同质文化的话，文化在两国外交中的体现不应该如此大相径庭。然而现实正好是相反的，许多传承于我国的文化理念反映在日本外交上却完全是另外一番模样，这说明所谓中日之间的同质文化说不能完全站得住脚。文化是有生命力的，当它传到日本后，就被日本人经过了有目的的筛选和改造而披上了日本民族的外衣，久而久之，连核心和本质都发生了变化，变成了日本的东西。但是，这些文化的确起源于我国，因此通过中日之间的比较研究我们可以进一步明确文化的本源，并在此基础上对其在国外的传播、演变等能够有更加清晰的掌握。这是本书另一个重要的写作初衷。

本书中的“外交文化”并非“外交与文化”，而是一个完整的概念，是指外交领域中的文化。同时，我们知道“文化”一词的含义丰富，一般指物质文化和精神文化的总和。而本书的主要研究对象为外交领域中的精神文化，其中又选取了儒家思想、宗教意识、国民性、文化类型、政治意识和生死观这六个方面进行中日两国的文化比较研究。选取这六个方面的原因是：广义上的文化一般包括人类在历史发展过程中所创造的精神文明和物质文明的总和，狭义的文化一般主要指精神文明，在多数情况下人们对于文化的理解是限于狭义文化的，并且往往强调社会意识形态，而上述六个方面中，儒家思想、宗教意识、政治意识和生死观明确属于社会意识形态范畴，国民性亦可理解为国民意识形态，文化类型是指最具代表性的文化属性和文化意识，显然也在这个范畴中。之所以没有将物质文化纳入主要研究对象，其原因有二：一是如前所述人们口中提到的文化多指精神文化；二是外交物质文化的研究与外交政策及外交事务的研究多有重合之处，可能会使研究主题的鲜明性得到削弱。基于以上考虑，本书以外交领域的精神文化为主要研究对象。当然，外交领域的物质文化也并非没有涉及，例如研究文化对外交的影响就不可避免地要对外交条约等进行一定的研究，而外交条约就属于外交领域的物质文化，因此说在本书中，外交领域的物质文化研究也是伴随在精神文化研究过程中的，只不过没有作为专题重点列出而已。

外交文化研究的重中之重是文化对于外交的影响。我们知道，从时间上划分的话，“外交”包括古代、近代、现代或当代外交，为了突出本研究的现实指导意义，本书主要研究文化对于中日两国近代以来外交的影响，尤以对当代外交的影响为研究重点。另外，一般而言，一国的文化往往是经历了长时间的积淀逐步发展形成的，其对社会生活的各个层面都会产生影响，外交自然也不例外。不同的文化对于外交的影响千差万别，并且即便是同一种文化内部的各要素对于外交的影响也有大有小，不尽相同。例如，儒家思想内涵丰富，“仁”“义”“礼”“智”“信”“恕”“忠”“孝”“悌”等要素众多，都在不同程度上影响着人们的思想和生活，但是经过笔者的研究发现，其中的“仁”和“义”对于我国外交的影响尤其深远，而经过了日本人一定改造的“忠”和“勇”则对日本外交产生了巨大的影响，因此本书在中日两国各自的外交文化中分别选取了“仁”“义”和

“忠”“勇”作为重点研究对象。

另外，本书中还包括了“中日外交简述”和“中日文化外交简述”的章节。之所以包括“中日外交简述”部分，是由于“外交”毕竟为“外交文化”中的一个重要的变量，另一方面，如果设置“中日文化简述”内容的话，就可能会造成重复，因为“外交文化”是“文化”的一部分，所以在本书中只设置了“中日外交简述”部分，而对于该部分的剖析有助于我们更好地理解外交文化的本质和特征。另外，笔者认为“文化外交”和“外交文化”是一个问题的两个方面，对于“文化外交”的研究无疑可以增进我们对“外交文化”的理解和认识，因此增加了“中日文化外交简述”这部分内容。

此外，从全书的内容来看本研究还有较大的提升空间。例如在本研究中主要以高级外交文化为研究目标，并集中于儒家思想、宗教意识、国民性、文化类型、政治意识、生死观等代表社会意识形态的几个方面。在今后的研究可以将研究范围再扩大一些，例如将制度、民俗习惯等其他高级文化的内容包罗进去，这样或许能够使本研究的完整性得到进一步的保证。

总而言之，现阶段国内外的外交文化研究基础较为薄弱，而这方面的中日国别比较研究更是少之又少。鉴于中日关系的复杂性和特殊性，本研究有非常重要的现实意义和理论价值。然而，由于笔者的能力有限，只能抱着抛砖引玉的想法呈现出自己的一些想法。希望本书能够在一定程度上引起国内外专家学者对于本研究的重视，为我国的外交文化研究添砖加瓦，在更好地为我国外交事务提供参考和谏言、维护国家安全的同时，也对我国文化研究框架的完善做出一定的贡献。

笔者　2014年9月于济南

目　录

第一章　绪论

第一节　研究的目的、意义及价值

“软实力”概念经美国学者约瑟夫·奈提出之后，在国际关系研究领域中一直以来就是一个热点，各个视角的研究成果层出不穷。而作为软实力的重要组成部分之一，文化研究也受到越来越多的重视，特别是在国际关系领域中的文化研究成为学界研究的主流之一。与此同时，许多国家意识到了文化的重要性，纷纷出台了相应的文化发展战略。例如，英国在1993年、日本在1996年、韩国在1998年分别提出了各自的文化立国战略。我国也于2011年确立了文化兴国战略，将文化建设提到了历史上从未有过的高度上来。

另一方面，与西方国家相比，我国出现外交概念的时代要久远得多，早在春秋战国时期就已经出现“外交”一词，如“夫为人臣，割其主之地以求外交，偷取一时之功而不顾其后”①，另如“忘主外交，以进其与”②，当然我们不得不承认我国这些典故中的“外交”一词与现代社会中所应用的含义不尽相同，但是将其视作一个概念的雏形却也丝毫不为过。纵观国内外外交概念的分类，从内容上来看大致可以分为政治外交、经济外交、军事外交、文化外交、科技外交、生态外交等；从实施主体上来看大致可以分为政府外交、机构外交、企业外交、个人外交等。外交研究在国际关系研究中一直以来占有重要的地位，而如前所述，文化研究在国际关系研究中的重要性日趋显著，同时随着软实力研究的日益深入，外交和文化两个概念之间出现了越来越多相互渗透的现

①《史记·苏秦列传》。

②《韩非子·有度》。

象，这使得二者的交叉研究，特别是外交文化研究在大文化研究范畴中具备了相当的必然性、必要性以及可行性。

由于文化背景和外交意图的千差万别，各国体现在外交中的文化因素也各有千秋，因此从这个意义上来说国别比较研究是非常有益和有必要的。通过国别比较研究，在总结研究对象共性的基础上，对于个性进行重点分析，在发现问题的同时能够给我们带来深刻的思考和重要的参考。本研究可以帮助我们深入理解中日外交文化的本质和基本特征，剖析两国文化对于各自外交的影响，把握我国传统文化理念在海外传播、演变的状况，为我国更有针对性地制定外交政策、更有效地开展国际交流、更好地适应日趋复杂的周边和国际环境提供文化上的有力支撑。

本书主要采用比较分析法、跨学科分析以及案例分析法对中日两国外交文化进行全方位的深层阐释，厘清两国文化影响外交的原理和机制，把握两国外交文化的本质、核心思想和基本特征。

当今世界，文化已经成为一国外交中的主要决定性因素之一。另外，随着“文化兴国”战略的深入推进，文化概念必将广泛融入到我国政治、经济、军事、外交和社会生活的各个方面。外交文化的研究符合文化和外交有机融合的趋势，是文化和国际关系研究领域的新课题。特别是随着文化软实力重要性的日益凸显，新的国际政治、经济、文化秩序的逐渐形成，中日外交面临的诸多困难的显现和中日关系不确定性的加大，以及我国对于文化建设的重视程度不断加强，本研究必将越来越受到重视。

另外，在我国大力推动“文化兴国”战略的背景下，通过该研究的深入开展，科学论证，可以为我国相关外交政策的制定和微观层面上的制度设计提供有益的参考，推进外交文化概念进一步融入到社会生活的各个层面。同时笔者期待能够将研究成果予以推广应用，在“文化兴国”战略中发挥重要作用的同时，进一步完善相关理论，使其构成我国外交文化研究体系的有机组成部分。

总而言之，在国际形势日趋复杂的当今世界，外交文化作为一种新兴的研究课题应该得到足够的重视。不但应该在国际关系及外交的领域中研究文化，也应该在文化的领域中研究国际关系和外交，这是一个问题的两个方面，缺一不可。但现实是文化外交的研究得到了较大的重视，而外交文化的研究则几乎无人问津，这应该说是一个很大的误区。另外，国际关系研究和文化研究要进一步加强联系，努力寻找一些共性的东西。同时，还应该考虑建立外交文化国别比较研究的成果库，包括如中美、中日、中韩、中欧（或者说进一步细化为中英、中法、中德）等国家间的外交文化比较研究。

第二节　国内外研究现状

一、基于国际关系视角的文化研究

随着20世纪90年代约瑟夫·奈的“软实力”概念和塞缪尔·亨廷顿的“文明冲突论”的提出，文化在国际关系研究中越来越受到关注，已经成为研究的主流之一。

首先，“软实力”概念关注的是文化、价值观、道德标准等，与传统的军事、经济、科技等“硬实力”的研究对象截然不同，它的提出不但为国际关系研究提供了一个崭新的研究视角，而且为国际关系和文化的交叉研究创造了良好的条件。

其次，“文明冲突论”自从问世以来就充满了争议。在影响国际关系的诸多因素中，亨廷顿将文化放到了至高无上的地位，认为文明的冲突是影响未来世界和平的最大要素。虽然他的观点是崭新的，但是国内外的许多学者却认为其偏激、失当。但无论如何，围绕“文明冲突论”

的论争在一定程度上将文化推向了国际关系研究的前沿领域。

另外，以亚历山大·温特为代表的建构主义近些年来在国际关系研究领域中影响很大，其主要观点之一是强调国际体系建构中文化的作用，作为国际行为主体核心的国家要想在国际体系中有效构建自己的地位，其前提是要改造自身的文化观念直至得到国际社会的认可。

总之，近年来，基于国际关系视角的文化研究兴盛，国内外的学者提出了大量颇有见地的主张，不断夯实着该领域的研究基础。国外学者的主要代表作有罗伯特·基欧汉与约瑟夫·奈合著的《权力与相互依赖》、约瑟夫·奈的《注定领导世界：美国权力性质的变迁》《软实力：世界政治中的成功之道》、塞缪尔·亨廷顿的《文明的冲突与世界秩序的重建》、亚历山大·温特的《国际政治的社会理论》等。我国国内有些学者也已经意识到文化在国际关系研究中的重要性并提出了一些有代表性的观点。例如，王缉思在《美国外交思想传统与对华政策》一书中从外交政策的研究路径方面指出包括政治传统和价值观念在内的文化考察对于国际关系研究的重要性，他认为“研究一个国家，特别是大国的外交政策，必须联系该国的政治传统、价值观念以至广义上的文化来进行考察”[①]。王逸舟也认同国际关系的文化研究视角，他在潘一禾的《文化与国际关系》一书中作序道：“我赞成国际上的一种判断：文化、认同之类的‘风帆’，在经历几百年的漂泊之后，终于又回到了国际关系的‘港湾’，尽管停泊偏僻的一角；我还相信，不同质地、大小和色泽的风帆会越来越多，逐步占据最好的位置，从而完全改变一度沉闷、令人乏味的景观。”[②]

① 王缉思．“美国外交思想传统与对华政策”．中美关系十年[M]．北京：商务印书馆，1989：130.

② 潘一禾．文化与国际关系[M]．杭州：浙江大学出版社，2004：1-2.

二、关于外交文化的研究

由于外交政策是一国对外意图的主要体现，一直以来是国际关系研究的热点，而随着文化受关注的程度越来越高，二者研究的结合也成为必然。但如果把外交文化作为一个概念来看待的话，可以说当下国内外并没有相对权威的定义，更不用说将外交文化作为一个完整的概念来理解和开展研究了。目前国内外对于外交文化的研究，主要是从文化对于外交、特别是外交政策的影响这个视角展开的。例如美国学者迈克尔·亨特强调文化的作用，建议用“文化分析法去研究美国外交政策”①；美籍日裔学者入江昭认为，“相信任何一个国家的人至少都有共通的历史，有共同的价值观。从这个意义上说，国家原本就是文化组织。因为国家之间的联系是外交关系，因此（外交关系）中当然包含文化成分。可以说文化联系是外交的根本。”②我国学者秦亚青从中国文化对于外交影响的视角给出了自己的分析，指出“中国文化博大精深，其中包含了四个重要的元素，即环境性、互系性、互补性和可变性。这四‘性’在中国文化中至关重要，在中国人的日常生活中，特别是在思维模式中根深蒂固，影响着中国的行为及外交决策”③。另外，肖晞、牛勇也从类似的视角提出了自己的观点，认为“中华传统文化源远流长，博大精深，其所蕴涵的价值观念及行为准则不仅具有强烈的历史感，而且还带有鲜明的现实性，从最深处影响着包括中国外交在内的中

① [美]迈克尔·亨特. 意识形态与美国外交[M]. 褚律元等译. 北京：世界知识出版社，1999：16.

② [美]入江昭. 「文化と外交」. 『外交フォ·ラム』13·140号. 2000：12.

③ 秦亚青. “中国文化及其对外交决策的影响”[J]. 国际问题研究，2011（5）：22.

国社会的各个方面”[①]。刘慧则认为中国外交文化的国际体系根源和独特追求包括“平定天下的整体思维，阴阳对立又互补的中国式辩证法，建立在感性和类推分析上的综合治理观，国家间的中心与边缘关系及自然等级，克服被动和两难的当代外交创新意识等”[②]，楚树龙、王青认为，“传统文化的非宗教性质有助于保持中国外交的非扩张性；力求稳定、讲求秩序的保守性使中国更易于选择融入战略、维护现有国际秩序；整体主义的价值取向与整体性的思维方式令中国外交体现出独特的行为特征；道德本位的政治权力意识则赋予中国外交以自律性和理想主义风格，为中国承担起‘负责任的大国’这一角色注入了内在的精神动力”[③]。其他还有一些观点，不一而足。不过让人感到遗憾的是，这些观点均没有将外交文化作为一个完整的概念来看待，虽然涉及了外交文化的一些本质，但是在研究的完整性和系统性方面显然是有所欠缺的。

三、关于中日外交文化的研究

如前所述，文化与外交关系的研究，特别是文化对于外交影响的研究成果虽然不少，但是在全面性上有欠缺，另外二者紧密结合的深入的国别比较研究少之又少，中日两国亦是如此。现阶段国内外关于中日外交文化的研究可以说集中在两个层面：其一，分别从中国或日本的文化影响各自外交的视角展开研究。例如上述提到的秦亚青、肖晞、牛勇等从中国文化的视角来研究中国外交；申险峰在《外交的文化阐释 日本

① 肖晞，牛勇. 中国传统文化中的“和”对中国外交的影响[J]. 武汉大学学报（哲学社会科学版），2010（2）：187.

② 刘慧. 中国外交文化审视中的理性反思[J]. 党政干部学刊，2012（2）：17.

③ 楚树龙，王青. 传统文化对中国当代外交的影响[J]. 世界经济与政治，2007（12）：33.

卷》一书中则主要从民族特性、宗教、文化传统、政治文化等视角研究了日本文化对于日本外交的影响，提出“日本文化涵盖的内容是多个层面的，相互之间交叉影响才催生了日本独特的意识、理念及行为方式，日本人的岛民意识、‘耻感文化’、神教理念等元素总是你中有我、我中有你，无法清晰地分割。文化对于外交的影响，更是结合了文化全部的元素和内容，对于政府的外交战略和外交政策产生综合影响”[①]的观点；尚会鹏、刘曙琴则主要“分析日本国民性与日本外交的非理性、假想受害的特点，探讨日本人交往中的‘协调一致’与外交‘暧昧’特征以及‘amae’心理与日本外交政策的制定之间的关系”[②]；臧秀玲、宋小霞主要从日本政治文化对于日本外交的影响这个视角展开了研究，认为“日本政治文化的多元性特点，表现为日本外交政策的两面性和暧昧性；对外寻求在国际体系中‘各得其所，各安其分’的等级观，极力向外扩张，寻求扩大自身的国际影响力；神道教主要体现在对外交决策制定人员及外交政策的牵制作用；‘耻感文化’使日本外交具有敏感性，很大程度上是对外部世界行为的被动反应，同时也使日本外交很少考虑道德问题；‘集团主义’表现为在国际交往方面十分谨慎和追求与强国的结盟”[③]，另外，也有基于两国文化影响各自外交的比较研究角度的成果，例如张耀武在《论中日外交关系中的“文化因素”》一文中提到“以日本文化中的‘耻感文化’与‘等级观念’为视角，以中日恢复邦交和缔约谈判时的分歧为线索，探讨了中日两种文化对两国外交关系的

① 申险峰. 外交的文化阐释 日本卷[M]. 北京：知识产权出版社，2012：195.

② 尚会鹏，刘曙琴. 文化与日本外交[J]. 日本学刊，2003（3）：76. a

③ 臧秀玲，宋小霞. 日本政治文化对外交政策的影响[J]. 东北亚论坛，2006（1）：78.

影响”[①]，不过，从整体上而言这类研究成果虽然分析非常到位，但相对来说不是很全面，往往只是抓住了其中的一点或部分要点。其二，多集中在中日外交比较研究，例如中日经济外交、科技外交、军事外交、生态外交等，或是中日文化比较研究，多从思想文化、民俗文化、饮食文化、民族性等方面展开研究。第二个层面的研究相对来说比较厚实，相关著作、论文众多，在此就不一一列举了。

总而言之，现阶段国内外尚没有相对权威的外交文化定义，相关的研究也不能说非常厚实，而中日两国外交文化，特别是精神层面的比较研究更可以说是凤毛麟角。因此，从这个意义上来，本书的问世在一定程度上可以填补空白，增厚相关领域的研究基础。

第三节　本书的主要结构

本书分十章来展开论述。

第一章，绪论。分为三节，第一节主要包括研究的目的、意义、重要观点、主要思路以及应用价值；第二节主要分析国内外研究现状；第三节分析本书的主要结构。

第二章，文化与外交文化。分为两节，第一节主要讲文化的定义，在对中西文化定义进行一定梳理的基础上给出笔者自己的观点，并从三个方面总结文化的基本特征；第二节包括外交文化定义的探讨，并主要从两个方面总结外交文化的独立特征。

第三章，中日外交简述。把握重点时期，分为六节进行阐述。之所以是简述，是因为本书的重点为中日外交文化，对于两国之间外交的梳

① 张耀武.论中日外交关系中的“文化因素”[J].日本研究，2007（3）：86.

理不宜浓墨重彩，否则会影响主题的鲜明性，显得喧宾夺主。另外，设置该章的主要目的是通过两国外交关系的简述，使读者对于中日外交的重点时期再次有一个较为集中清晰的认识，特别是要理解中日外交复杂曲折的历史和背景，从而对于驱动外交的深层文化因素产生较为浓厚的兴趣，同时为之后章节的展开提供铺垫和参照。

第四章，中日外交文化中的儒家思想。分为三节，分别论述中日两国外交文化中的儒家思想以及二者的主要异同。我国是儒家思想的发源地，儒家思想对于我国的影响自不待言。儒家思想传入日本后，日本人经过消化吸收，对于传统的儒家思想进行改造，使其在一定程度上披上了日本民族的外衣。在这过程中，日本人虽然对于儒家思想的态度有过反复，例如，明治维新时期福泽谕吉出于政治目的及其他原因在其“脱亚论”中对儒家思想提出批判，但整体上而言直至今天儒家思想仍然深深扎根于日本社会的各个层面，它也是日本外交的重要理论依据之一。儒家思想对于我国外交影响较大的有“仁”和“义”，而对日本外交影响较大的有“忠”和“勇”。另外，由于儒家思想是否属于宗教在学界中还存有广泛的争议，因此在本书中将其单列一章，并没有归在第五章的宗教意识中。

第五章，中日外交文化中的宗教意识。本章中，在对两国宗教意识进行全面梳理的同时，将其中影响外交的部分总结出来，辅以实际案例进行重点剖析，在此基础上进行两国外交文化的深入分析。本章共分为三节，第一节主要是中国外交文化中的宗教意识，以道教和佛教的内涵及其对外交的影响为主；第二节是日本外交文化中的宗教意识，在分析神道教与佛教、儒教、道教和基督教关系的基础上，阐述神道教的内涵并分析其对外交的影响；第三节总结二者的主要异同。

第六章，中日外交文化中的国民性。本章分为三节，分别论述两国影响外交的国民性以及主要异同。国民性是一个民族和国家长期形成的相对稳定的基本特征。国民性的形成有诸多的影响因素，如地理位置、国土面积、人口状况、历史沉淀、社会制度、生产方式等。中日两国的国民性在细微之处有共通点，但总体上可以说是大相径庭的，因此投射在外交上的表现也迥然不同。我国外交文化中的国民性主要体现在：大气且注重细节；稳重，善创造；善于以退为进；不排外，善于团结外部。而日本外交文化中的国民性主要体现在：危机意识驱使下的模仿心理；受害心理导致的以攻为守和结盟的意识；岛国根性带来的排外意识；以町人根性为基础的原则性服务于实用性的心理；以语言暧昧为代表的暧昧心理。

第七章，中日外交文化中的文化类型。文化类型是指一国文化的最本质的特征，而非文化的种类。本章分为三节，第一节主要是我国外交文化中的文化类型，主要体现为乐感文化，其特点为：豁达乐观，积极向上；坚忍不拔，苦中作乐；知足常乐，不思进取。第二节是日本外交文化中的文化类型，主要体现为耻感文化，其特点是：强烈的集团意识塑造的从众心理；森严的等级意识塑造的从强心理；视外部压力而定的现实主义心理。第三节剖析二者的主要异同点。

第八章，中日外交文化中的政治意识。本章分为三节来阐述问题，第一节主要是分时期阐述我国古代到当代的主要政治意识及其对外交的影响。第二节主要是分时期阐述日本古代到现代的主要政治意识及其对外交的影响。另外，在本章中会辅以大量的相关案例来进行论证。第三节对于两国外交文化中的政治意识进行比较分析。

第九章，中日外交文化中的生死观。生死观是人生观和价值观的重要组成部分，体现着民族性的主要特征，对一国外交有深远的影响。本章分为三节，第一节是我国当代外交文化中的生死观，主要分为重生、不惧死和生死轮回；第二节是日本当代外交文化中的生死观，主要分为尊死和崇死；第三节对二者的主要异同进行归纳总结。

第十章，中日文化外交。外交文化和文化外交是一个问题的两个方面，相辅相成，互为影响，文化外交的研究有助于我们更清晰地把握外交文化的本质和特点。本章分为两节，第一节主要阐述对于文化外交概念的理解；第二节按照文化外交的方向性将中日文化外交分为三部分进行论述，分别是中国的对日文化外交、日本的对华文化外交和中日双向文化外交，并在各部分中采用典型事例列举法的方式来进行归纳，以期达到以点带面的效果。

第二章　文化与外交文化

第一节　对于文化的认识

一、文化的定义

近年来，随着软实力概念在社会各个层面受到越来越多的关注，各国文化产业的发展以及文化兴国战略的提出，文化一词变得越来越热，文化研究在广度、深度等方面也得到了空前的延伸。

实际上，可以说自人类出现以来文化一直伴随其左右。原始社会、封建社会、资本主义社会、社会主义社会都有其固有的文化，并且整体上体现了一种不断发展、进化的特点。虽然文化现象早就存在，可人类对于它的认识却经历了一个从朦胧意识到抽象总结的漫长过程，并且直至今天我们对于文化的认识还在不断地更新中。另外，虽然一直以来国内外的文化研究取得了丰硕的成果，但是我们遗憾地看到迄今为止并没有出现关于文化的权威定义，国内外学者对于文化概念的理解并没有得到统一，基于相同或不同研究视角的文化定义还在源源不断地问世。

在我国，对于“文化”一词的阐述最早源于汉代的刘向，这一点基本上得到了共识。“圣人之治天下，先文德而后武力。凡武之兴，为不服也，文化不改，然后加诛。”①这句话强调的是治理天下应先教化而后武力，因此这里的“文化”一词实际上大致可以理解为人文教化的意思。当然，在此之前，虽然没有发现文化作为一个完整的词出现在我国古籍中，但是类似含义的表述也并非没有。例如，孔子说过“周监于二代，郁郁乎文哉！吾从周”②，大致意为“周的礼仪等制度借鉴于夏、

---

①《说苑·指武》。

②《论语·八佾》。

商这两代，是多么丰富啊，我遵从周制”。实际上这句话中的“文”已经有了“文治教化、礼义廉耻”等含义，与后来刘向提出的“文化”一词的意思是相近的。

而在西方，文化研究一直以来也没有间断过。虽然我们可以梳理其历史发展轨迹和整理各流派的主要观点，但重要的是迄今为止对于文化一词也未达成共识，据不完全统计，仅在西方关于“文化”的定义已不下数百种之多。虽说并无权威性的说法，也没有完全的共识，但应该说西方学界存在比较接近达成共识的“文化”定义，这个定义是由英国学者爱德华·伯内特·泰勒提出的。他在其著名的《原始文化》一书中说“文化或者文明就是由作为社会成员的人所获得的，包括知识、信念、艺术、道德、法则、法律、风俗以及其他能力和习惯的复杂整体。”①在这里，我们可以看到泰勒主要从精神和思想意识层面对“文化”一词给出了解释，严格上说应该属于高级文化范畴。

从学术研究的严密性角度来思考的话，我们也可以简单梳理一下国内外关于文化定义的大致分类。

一种观点是将文化分为物质文化和精神文化，物质文化是指人类在改造自然的活动中创造的所有的物质文明，例如建筑、衣着、生活用品，属于外在的低级文化；而精神文化是指人的思想观念、宗教信仰、风俗习惯等，属于内在的高级文化。前面提到的泰勒的文化定义显然与精神文化的内涵是基本一致的。另外有观点是将文化三分为物质文化、制度文化和精神文化；也有按照广义和狭义的角度来划分的，认为广义的文化包括物质文化和精神文化；而狭义的文化主要指精神文化，亦称心理文化。此外还有一些分类法，不一而足。

---

① [美]马文·哈里斯著，顾建光、高云霞译. 文化·人·自然—普通人类学导引[M]. 杭州：浙江人民出版社，1992：136.

本书基本上是参照泰勒的定义对文化和外交文化等展开研究的，即研究对象主要为文化的精神层面，即从儒家思想、宗教意识、国民性、文化类型、政治意识和生死观的角度对中日两国的外交文化展开比较研究。如前所述，在国际关系研究领域中，研究文化对外交的影响多是从文化的内在的精神层面开展的，这也是研究的主流，从这个角度开展研究有利于透过现象看本质，把握外交文化的深层内涵和基本特征，而标新立异、舍本逐末的研究是不可取的。

二、文化的基本特征

1. 自然性和社会性

文化作为人类改造自然活动中创造的所有的物质文明和精神文明的总和，不可避免地带有一定的自然属性，是人与自然抗争、调和关系的必然反映。例如，建筑物的基本要求之一是通风，通风的根本目的是使空气清新，能与自然相通。这说明无论社会发展到何种程度，人类与自然的关系如何，在人类思想认识的深处，依然是下意识地将自身置于自然之中，而不是人为地将自己与自然分隔开来。既然文化是人类在改造自然活动中创造出来的，那它必然具有自然性。同时，文化还具有社会性。社会性并不是人类所特有的，却是人的基本属性之一。从整体上来说，人不能完全脱离社会而独立生存，人需要在社会中相互依赖、相互信任、相互合作从而获取生存和发展的保障。文化的产生也离不开人的这些特性，文化形成的过程也是人的这些特性相互作用、相互影响的过程。因此，文化也不可避免地具备了一定的社会性。

2. 继承性和发展性

最早的文化产生于什么年代、哪个地域、是什么类型等等这些疑问现在解答还为时过早，因为随着考古技术和水平的进步，关于人类历史发展的新成果仍在不断地问世，但是有一点是可以肯定的，即文化是具备继承性和发展性的。相信没有人会否认从原始文化到封建文化在整体上呈现出低级文化向高级文化过渡的特点，也没有人会否认原始文化中优秀的部分经过不断改进传承到封建社会乃至我们现在的生活中。例如在原始社会中自然条件恶劣，人们为了获取必要的食物来维持生命的最好的办法是群居，既然是群居，就必须考虑相互合作和相互照顾的问题，共同制造简单的工具，集体狩猎等，久而久之，就会形成一种原始的以合作为基本特征的群体意识；到了封建社会，这种群体意识不但没有消亡，而且经过不断进化使得内容更加丰富，并渗透在农耕、手工业等更广泛的领域中。在现代社会中，这种群体意识可以说已经被概括为诸如团队精神、集体意识等概念，并在社会生活的方方面面中都发挥着重要的作用。

3. 个性和共性

文化作为物质文明和精神文明的总和，必然具备一定的个性，同时也有共性。个性主要体现为民族性、地域性等，不同的民族都有自己独特的文化，而不同的国家、地区亦然。有中国文化、美国文化、俄罗斯文化；也有汉族文化、藏族文化、回族文化；亦有北方文化、南方文化、西部文化、东部文化等，不一而足。共性主要体现为超个体性，个人是不能代表一个群体的文化特点的。共性是一种高度总结概括的作为人类普遍具备的特性，不分民族、国家和地区。我们既要研究文化的个性，尊重文化的个性，也应该重视研究文化的共性；同时，应该注意避免研究的极端化。过度强调个性，忽视共性，有可能会加剧不同文化之间的冲突；而过度强调共性，忽视个性，不利于把握不同文化的特点，从而对于文化整体的认识造成偏差。

第二节 对于外交文化的认识

一、外交文化的定义

随着文化概念在社会生活中受重视的程度不断提高，文化与其他学科的结合研究成为一种趋势，文化与外交自然也不例外，如“文化外交”一词在一定程度上可以说已经深入人心。不过，文化外交在本质上同政治外交、经济外交、军事外交、科技外交、生态外交等概念并没有很大的差异，研究的落脚点依然没有摆脱国际关系研究的范畴，属于外交研究的一个方面。而笔者认为文化作为人类在改造自然过程中创造的所有的物质文明和精神文明的总和，应该在更广泛的范围中对其展开研究，换言之，不能只是局限于国际关系研究的领域中用文化的视角来研究外交，也应该摆脱这种束缚，本着大文化的视角把外交与文化研究的落脚点放在文化研究的范畴中。基于此，本书的研究对象最终定为外交文化。外交文化是从国际关系研究中的外交的视角来研究文化，属于外交研究和文化研究的有机组成部分，最终的研究落脚点在文化上。另外，笔者认为既然有政治文化、生态文化等说法的存在，那么外交文化一说也具备了相当的合理性和必然性。

迄今为止，外交文化作为一个全新的概念并未得到人们的广泛关注。虽然国内外也有一些学者对此提出了自己的见解，但是由于认识上的差异，似乎并没有产生较为深远的影响。魏斯曼尝试用较为宽泛的标准来定义外交文化，称外交文化是“（国家）间互动过程中所有交流、代表行为的规范、规则和制度的总和”①。可以看出魏斯曼主要是从外交业务操作的角度提出了这个定义，并没有能够很好地挖掘文化的内

① 熊炜. 外交共同文化：概念传统与变革[J]. 国际政治研究，2012（4）：41.

涵。美国学者夏普称“外交文化是外交活动中一系列经验、回忆、思考方式、推理和交流的总和。”[①]夏普的定义虽然较之魏斯曼的认识有一定的深入，触及到了高级文化的内涵，但仍然显得零散，不集中。另外，汉得利·布尔曾这样定义外交文化，即由国家或国家所代表的集团所持有的共同观念和思想的集合[②]，可以说这个定义指明了外交文化实施主体的政府性质以及精神文化的范围，属于狭义外交文化的范畴。我国的一些学者也对外交文化给出了自己的解释，例如，学刚、姜毅认为“外交文化，是一国在其历史发展进程中、在其与外部世界的交往中形成的一种独特的外交思想、认识和艺术综合体”[③]。在该定义中，明确提出了“思想”“认识”等字眼，而这显然属于高级文化的范畴，且是相对宏观的定义。另外，张宏喜认为“把那些所有在人类外交实践过程中所获得的物质、精神生产能力和所创造的物质、精神财富的总和称为外交文化，狭义的外交文化定义是指在外交实践过程中的精神生产能力和精神财富”，[④]这个定义较之前几种相对说来较为全面，属于宏观方面的理解。

总而言之，正因为这是一个新的概念，所以无论从定义的数量还是从权威性方面而言，国内外的外交文化研究整体上尚处于起步阶段，是接近于空白的全新领域。经过对于文化和外交文化研究现状的综合分析，笔者倾向于上述张宏喜给出的基于物质和精神这两个视角的定义，把外交文化理解为外交领域的物质文化和精神文化的总和。所谓外交的物质文化主要包括外交活动中的具体的业务、采用的方法、签署的国际

① 同上文， 41.

② 赵银亮.东南亚的安全和外交文化[J].南洋问题研究，2006（3）：22.

③ 学刚，姜毅.叶利钦时代的俄罗斯（外交卷）[M].北京：人民出版社，2001：257.

④ 张宏喜.打造外交文化[J].世界知识，2006（12）：54.

公约和双边、多边条约等，相对而言层次较低一些；外交的精神文化主要包括影响外交政策和活动的思想意识、国民性、文化类型、政治意识、生死观念等，相对而言层次较高一些。虽然外交的物质文化也非常重要，但其具体的研究内容、对象与外交政策等研究的相关领域必定会有重复的部分，因此在本书中虽有涉及，但不作为重点。而正如前面讲过的，本研究的理论依据是泰勒的文化定义，因此本书的主要研究对象是精神层面的外交文化，即能够影响外交的精神层面的文化因素。

二、外交文化的独立特征

作为文化的有机组成部分，外交文化也具备文化的基本特征，即自然性和社会性、继承性和发展性、个性和共性。同时，又有相对独立的特征。

1. 稳定性与多变性

一种文化一旦形成，往往具备很大的稳定性，外交文化亦然。（宗教意识、文化类型、国民特性、政治意识等精神层面的外交文化属于这一类。）精神层面的外交文化的形成会经历一个非常漫长的时期，虽然也会不断地变化和改进，但其核心的部分形成之后往往是相对稳定的，这种核心部分对于外交的影响也是相对稳定的。另外，物质层面的外交文化，比如前面提到的外交的具体业务、签署的条约等却是充满了千变万化，具备了灵活性和多变性的特点，有时还有一定的欺骗性。国际关系中强调的是永恒的国家利益，为了维护国家利益，需要制定并调整相应的外交政策来谋求利益的最大化。但是，一般而言，在相当的一段时期内，当然时间长短要视具体形势而定，无论外交条约、手段等物质层面的外交文化如何调整和变化，影响外交本质的精神层面的外交文化基本上不会变。因此，外交文化同时具备稳定性与多变性的特点。

2. 合作性和对抗性

外交文化研究的最终落脚点虽然在文化范畴中，但毕竟属于外交和文化的交叉研究，因此不可避免地也带有外交的基本特征。虽然外交活动由来已久，但是同文化概念一样，外交概念也有模糊、复杂、共通的特点。英国外交家哈罗德·尼科松对于外交的解释相对比较全面、具体，他认为“外交就是用谈判的方式来处理国际关系；是大使和使节用来调整和处理国际关系的方法；是外交官的业务或技术”[①]。从这个定义我们可以看出，外交的主要目的之一是规避战争风险，调整国际关系，换言之外交的主旋律是合作和协调。因此，外交文化也就具备了合作性的基本特征。另外，外交的根本出发点是国家利益，是为了争取最大化的国家利益的重要手段和途径。由于国家利益的神圣不可侵犯性，那么外交就不可避免地具备了对抗的特性，这也同时成为外交文化的基本特征之一。

---

① ［英］哈罗德·尼科松著，眺伟译. 现代外交学[M]. 北京：世界知识出版社，1957：23-24.

第三章　中日外交简述

一般认为外交的行为主体是主权国家、国家联合体、国际组织等，有其主体性特征；另外，外交的根本目的是维护国家利益，有其目的性特征；在其他国际行为主体还没有形成的情况下，外交的参与对象一般是国与国，有其对象性特征。近年来也有学者认为外交的行为主体应该包括企业和个人等，即企业和个人的对外交流行为也应该纳入外交的范畴。对此，笔者虽然部分赞同，但认为有一个前提条件是必须同时满足外交的目的性特征，即企业和个人的对外交流行为不以盈利而是以维护国家利益为根本目的，是作为政府外交的有效补充形式存在的，并且往往具有一定的政治色彩。因此，从这个角度来看，企业、个人的外交行为必定是在国家建立之后出现的，否则无法满足维护国家利益的目的性特征。

中日两国是一衣带水的邻国，友好交流的历史源远流长，并且随着考古新发现的不断问世，两国交流的起源也在不断地前移，甚至于有些学者已经将目光投向远古时代。但是，由于外交概念的目的性特征等限制，中日外交的起源显然不能等同于中日交流的起源。因此，最初以个人、部落等为主要参与对象、以通过物品交换以提高生存和发展能力为主要目的的中日交流不能纳入外交的范畴，当中日两国政府之间有了正式的交往，这才意味着两国外交的真正开端。

另外，中日外交是一个很大的研究范畴，仅用一个章节无法总结周全。因此，本章将着重论述并评价中日外交史上的几个重要时期，以此达到以点带面的效果。

第一节 汉、魏时期的中日外交

一、汉朝时期的中日外交

如何判断两国之间开始了外交，需要借助史书记载和考古发现的力量。就现在的研究成果显示，关于中日两国之间外交起源的记载多现于我国汉代。我国汉代的班固明确提出“乐浪海中有倭人，分为百余国，以岁时来献见”[①]。乐浪是当时汉武帝在现在的朝鲜半岛中西部设的一个郡，现在学界对于乐浪郡的具体位置一直还存有争议，但一般认为此处“乐浪海”指现在的黄海一带的可能性为最大。不过，受当时地理知识和思维认识的限制，班固提到的“乐浪海”的范围应该再扩大一些，加之现在的黄海、东海甚至于日本海一带则显得更科学一些。由于当时对于现在的朝鲜半岛有固定的称谓，剩余的可能性就只有日本列岛了，因此学界一般认为这里的“倭人”指日本人。

另外，我国汉代古籍中记载：“建武中元二年，倭奴国奉贡朝贺，使人自称大夫，光武赐以印绶。”[②]这条记载原本默默无闻，但随着1784年日本九州地区一颗刻有“汉委奴国王”字样的金印出土而广为人知。此外，1956年在我国云南地区出土的“滇王之印”、1981年在我国江苏扬州地区出土的“广陵王玺”在大小、式样、重量等方面均与“汉委奴国王”金印高度相仿，特别是“广陵王玺”的字体与该金印几乎完全一致，成为证明其为真品的有力证据。不过时至今日，日本学界仍有学者对金印的真实性持怀疑态度，主要原因有二：一是“委”字不合常理，应为“倭”字；二是怀疑金印为当时的伪造品。关于第一条，大多

---

①《汉书・地理志》。

②《后汉书・东夷列传》。

数学者认为在汉代，“委”字通“倭”，这一点已经形成一定的共识；至于第二点，暂时还没有有力的证据予以反驳，不过运用逆向思维来考虑的话，即便是伪造品，一般而言这种金印的字体尚可模仿，但外观、大小等要想做到高度相仿的话，除非见过类似的真品。而在当时，如果不是通过与我国朝廷的正式接触，倭人想要见到这种金印几乎是不可想象的。而代表自己的国家向当时的汉朝皇室进行“奉贡朝贺”，这是典型的朝贡行为，朝贡行为属于外交范畴这一点在学界已有公认，是弱国通过承认强国地位以换取政治认可的一种礼节性外交行为。

因此，无论从史书记载还是从考古发现的角度来看，至少在汉朝，我国与当时日本列岛上的国家之间就已经有了正式外交这一点是毋庸置疑的。至于在汉朝之前两国之间是否已有外交，虽然有学者在不断地进行相关的研究，但迄今为止并没有发现非常明确的让人信服的证据，因此在这一点上现在无法做出定论。

二、魏朝时期的中日外交

随着公元前108年汉武帝发起战争灭掉朝鲜，并在朝鲜半岛设置包括前述的乐浪在内的四郡，中日之间的交往通道被彻底打开。之后，两国之间的交流逐渐兴盛起来，到了魏朝，这种交流则更加成熟化和多样化。

这时期中日外交的一个标志性事件是魏与当时的邪马台国建立册封关系，而这种册封关系是汉光武帝册封倭王传统的一种继承。我国史书《三国志·魏志·倭人传》中记载邪马台国前后四次遣使入魏朝贡，而魏也有两次遣使回访。

相对于汉光武帝册封倭王，魏的册封在史书和考古发现方面获得的支持更多，在中日学界中异议甚少。例如，“汝所在逾远，乃遣使贡献，是汝之忠孝，我甚哀汝。今以汝为亲魏倭王，假金印紫绶，装封付带方太守假授汝。其绥抚种人，勉为孝顺。汝来使难升米、牛利涉远，道路勤劳，今以难升米为率善中郎将，牛利为率善校尉，假银印青绶，引见劳赐遣还。”[①]这是魏明帝给倭王卑弥呼的一份诏书的部分内容，可以看出，他对于邪马台国的朝贡非常满意，在对倭王进行册封表彰其忠孝的同时，也给了倭使以较高的封号，另外还赐了大量的珍贵物品让倭使带回复命。邪马台国一般被认为是现代日本的起源，从这个角度来看的话，魏的册封在中日外交史上的意义重大。

可以说相比于汉代，在中日外交方面魏朝虽然又有了一定程度的发展，但从同属朝贡外交这一点而言，汉魏时代的中日外交在本质上并无二异，应该说还处于萌芽阶段。

总结汉、魏时期中日外交的特点，可以认为是当时日本列岛上的倭奴国承认我国的强大，在政治上甘当名义上的附属国，同时希望借积极主动的朝贡行为打开经济交往的通路，学习先进的生产技术和工艺，以达到富国的目的。

第二节　隋、唐时期的中日外交

一、隋朝时期的中日外交

大约从我国南北朝的北朝中后期开始，当时日本列岛上的新政权不再向我国进行朝贡，即中日两国之间的外交基本上处于一种断绝关系，这段时间持续了近百年。581年我国隋朝建立，国家重新统一；593年倭国推古女皇登基，圣德太子摄政，开始积极寻求同隋朝建立外交关系。

---

①《三国志·魏志·倭人传》.

关于倭国遣隋使的派遣次数，学界存在3次、4次、5次、6次等四种学说，主要依据的是《隋书》和《日本书纪》两部8世纪20年代之前编纂成书的正史。[①]之所以出现这种争议，是由于《隋书》和《日本书纪》所记载的内容有出入，而中日两国的史学家又以各自的史书为主要参考依据，对对方史书记载的内容持怀疑态度所造成的。但无论如何，在隋朝短暂的历史中，倭国至少遣使入隋3次，隋亦有过遣使回访，这些史实已得到中日双方史学家的公认。换言之，当时两国已建立了较为正式、公开的外交关系。

这种外交关系同汉、魏时期的相比较既有相同点，又有不同点。相同点主要有两点，一是倭国积极寻求外交联系的目的是相同的，主要目的都是学习当时我国先进的政治、经济、文化、艺术、佛教、技术、医学、工艺等；二是当时我国皇帝对待倭国朝贡持欢迎态度这一点也是相同的，在他们眼中的海外蛮夷不远万里主动前来朝贡，说明国威已远播海外，虚荣心得到很大的满足，因此往往赐以非常丰厚的回礼来进一步宣扬国威。不同点亦主要有两点，一是外交深度截然不同。隋朝时期倭国的遣隋使在中日交流史上是非常有名的，遣隋使中既有倭王委派的使者，又有留学生和学问僧等，其中有一些人为了广泛学习隋朝的先进学问和技术而留隋多年，回国后为倭国的社会发展做出了很大的贡献；二是隋朝时期的倭王既想追求经济效果，又在政治上不甘臣服，极力谋求对等外交，这一点同汉、魏时期倭王的做法是大相径庭的。据《隋书·倭国传》记载，倭王607年遣小野妹子等人出访隋朝时的国书中有“日出处天子致书日没处天子，无恙”等字句就是最明显的证据。另外，隋608年遣使回访倭国，访问结束后小野妹子护送隋使于当年年

① 葛继勇.试论倭国遣隋使朝见炀帝的地点[J].唐都学刊，2010（5）：69.

底返隋，而据《日本书纪》记载这次倭国的国书中有“东天皇敬白西皇帝”的字样。倭国在对双方皇帝的称谓上可能经过了反复斟酌才得以确定，目的就是为了表明自己不是隋朝的附属国，自己的皇帝也是天子，而不是中国天子口中的倭王。

总而言之，无论在交流的范围还是在交往的深度上，隋朝时期的中日外交已经较之前的汉、魏以及两晋、南北朝时期有了更进一步的发展，并且交往的积极效果在后来的唐朝时期也有较大程度的体现。

二、唐朝时期的中日外交

唐朝时期的中日外交总体上呈现出一种非常活跃的特点，也可以说这时期的中日外交带给日本的影响是非常深远的。唐朝时期的中日外交有一个重要的节点，即发生在663年的白江口海战，这次海战是中日两国之间第一次有记载的战争，对于此后千余年的东亚政治格局有着巨大的影响。而发生在白江口海战前后的中日外交则呈现了不同的特点。

自618年我国唐朝建立之后直至663年，倭国四次遣使入唐，足见当时的倭王对于在与唐交好的基础上学习唐朝先进思想和技术的重视程度，而《旧唐书·东夷倭国传》中亦有唐遣使回访倭国的记录。李世民派出比以前各代赴日使节官职都高的高表仁，去倭国执行他的“抚”字政策，说明他重视与倭建立交聘关系。①另外，这时期的倭国继承了同隋朝建立外交时的主要思想，即谋求与唐朝的对等外交，虽然承认唐朝的强大，却也自视甚高。

然而，围绕着与朝鲜半岛新罗、百济、高丽三国的错综复杂的关系，唐倭之间爆发了中日外交史上著名的白江口海战。结果是唐与新罗

① 张声振，郭洪茂. 中日关系史（第一卷）[M]. 北京：社会科学文献出版社，2006：108.

联军大破倭国、百济和高丽联军，倭国势力退出朝鲜半岛。

白江口海战的惨败给倭国朝廷上上下下造成了非常大的震动。它让倭国意识到同唐朝的巨大差距，并且从根本上改变了之前自大的态度，开始真正谦卑、恭敬地频繁遣使入唐，全方位地学习唐朝的先进之处。外交的顺利开展给倭国学习吸收唐朝文化打下了坚实的基础，而正因为这种之前从未有过的交流鼎盛期的存在，遣唐使成为中日关系的代名词之一，唐朝文化也给倭国的社会生活、思想意识等各领域带去了深远的影响，并且一直延续至今。

另外，倭国改国名为日本发生在唐朝时期这一点已基本得到公认，但具体在何时，中日史学家之间各执己见，意见没有得到统一。不过，综合中日两国史书记载可以大致认为发生在唐太宗后期至武后末期这一段时期内。之所以在这里提出这个问题，是因为牵扯到在本书之后的章节中对于日本国名的称谓问题。

笔者认为唐朝时期中日外交的最大特点是具备了明显的阶段性和复杂性，而阶段性和复杂性出现的最主要原因是两国外交中掺杂了与朝鲜半岛三个国家之间的利益博弈，最后不得不通过战争做了断。战争的结果是使中日两国国家实力的巨大差距进一步显化，也使得日本当时的统治阶级彻底放弃了幻想，在一段时期内不再片面强调所谓的对等外交，而是对唐朝一心向好，学习和吸收其先进之处来发展本国经济，巩固统治基础。

第三节　元明时期的中日外交

一、元朝时期的中日外交

实际上，元朝时期中日之间并未建立正式的政治联系，即没有外交关系。但是，这段时期却是一个特殊的时期，中日之间的政治关系主要体现为元朝欲迫使日本臣服的强势与日本的戒备和不甘，并且两国之间发生了两次战争，最终以元未能如愿而收场。

1271年元朝建立，这是我国历史上第一个由少数民族建立的大帝国，不仅统一了全国，而且势力范围横跨欧亚大陆。然而，当时日本却没有被划入其势力范围，元世祖忽必烈为了进一步扩大霸业，自然不会任由日本独立在外，在元日战争之前他三次遣使赴日，希望日本能够自动地选择屈服，并入元朝的势力范围。忽必烈主要采用软硬兼施的手段，先礼后兵，但是由于威胁的意味太重，再加上当时日本实质掌权的是幕府而非天皇，幕府的执政者北条时宗年轻气盛、踌躇满志，根本未把元朝的威胁放在眼里，他严密戒备，积极备战，而天皇系虽无实权但碍于国体拒绝修好，使得元使无功而返。喜欢用武力解决问题的忽必烈看到劝服不成，便决心武力征讨，以实现前无古人的四海统一的伟业。

经过周密的准备，1274年忽必烈发动了第一次元日战争。元军虽在战争中取得优势，但无奈台风助日吹翻元军200多艘战船，剩余元军只能选择撤退，结果是以失败告终。不过由于当时元军统帅谎报军情，忽必烈以为大败日军，日本上下恐慌，初步达到了教训日本的目的，便于次年又派出使者访日，以期劝服。当时幕府的统治者北条时宗没有经过深思熟虑，并且不顾“两国相争，不斩来使”的惯例，竟然将元使悉数斩首，这大大地刺激了忽必烈，为第二次元日战争的爆发埋下了伏笔。

1281年，第二次元日战争爆发了。在战争过程中双方互有伤亡，不过因为元军不善海战，也没有海上生活的经验，特别是没有采取措施提防海上的台风，结果战船大部分被吹翻，战争又一次以元军的失败告终。

两次战争对元朝和日本都造成了不同程度的打击。但由于元朝国力雄厚，打击相对小得多；而日本为了抵御元朝的进犯，常年进行军备扩充，经济发展受到了严重影响，国内资源消耗巨大，使得原本就不雄厚的国力受到了很大的削弱。

总结元朝时期中日外交的主要特点为虽然没有建立外交关系，未能实现政治上的修好，并且两次战争的备战及影响几乎贯穿了元日关系的整个过程，但是民间的经济和文化交流等却一直没有中断。

二、明朝时期的中日外交

说起明朝时期的中日外交，有一个词不得不提，那就是倭寇。可以说，倭寇的活动伴随着整个明朝时期中日外交的全过程。另外，该时期的中日外交虽然同以往朝代的中日外交在本质上并无差异，同属于日本的一种以贸易为目的的朝贡行为，但有一个不同于之前的特点，那就是两国外交的一波三折——建交，断交，再建交，后至中断。当然，出现这种情况的主要原因有两点，一是日本国内形势动荡，明朝前期日本南北朝对立，国内战事不断，幕府后期各地豪强纷起，日本进入战国割据时代，幕府统治形同虚设；二是日本幕府掌权者更迭，为了巩固统治基础而改变对明政策。

其实倭寇并不是明朝时期才出现的。元朝到了末期国力渐衰，一些日本武士乘虚频繁乘船侵犯我国沿海地区，进行着类似于海盗的活动。1368年明朝建立之后，倭患不减，我国百姓谈倭色变。为了巩固统治，明太祖朱元璋几次遣使赴日，提出修好的要求，并要求日本肃清倭寇。然而，由于日本当时正处于南北朝对峙时期，国内形势错综复杂，无暇与明通好。朱元璋于洪武中期之后进一步严格实施禁海令，主要目的是对抗张士诚旧部与倭寇的勾结。然而，这种严格的禁海令的实施也使得日本无法从正常渠道获取明朝的商品。1392年幕府将军足利义满统一日本全国后，与明修好被提上了日程。1401年日本遣使入明要求建立外交关系，并明确了与明朝的臣属关系。这样一来，中日之间的贸易通路被打开了，日本得到了梦寐以求的明朝商品，明朝也在形式上为自己增添了一个臣属国家。足利义满于1408年去世，其子足利义持掌控幕府大权后迫于国内形势，为了巩固统治基础断绝了明日外交。1428年足利义持去世，其弟足利义教继承幕府将军职务后为了打击走私贸易，增加幕府的财源，经过一番努力于1433年与明朝重新建立外交关系，自称臣国，开始了与明朝以进贡为名的贸易外交。其后，共组织了11次朝贡贸易，规模之大，频率之高，前朝罕见。不过，在后期出现了地方大名打着国家的旗号与明朝进行朝贡贸易的现象，这是由于幕府势力渐衰，特别是1467年至1477年的应仁之乱后，各地大名富甲一方，各自为政，实质上架空了幕府，使得幕府成为傀儡政权的缘故。大名为了追求明朝的奢侈品，公然实施越位外交，这也就意味着明朝与日本的外交进入名存实亡的阶段，特别是1548年第11次日本贸易代表团访明归国后，日本进入战国中后期，国内的争权夺势使得大名虽有心但无暇顾及与明的朝贡贸易，而幕府失势后亦无力与明交往，自此明朝与日本的外交基本中断。

另外，说到明朝后期的中日外交，不得不提丰臣秀吉。丰臣秀吉统一日本后，流露出先灭朝鲜，后攻明朝，再进印度的狂热征服思想。日本出版的《日本战史》中记载了他写给其爱妾的一句话："在我生存之年，誓将唐（明）之领土纳入我之版图。"经过精心筹备，丰臣秀吉于1592年发动侵朝战争，由于朝鲜准备不足，日军初期势如破竹，攻占了朝鲜的大片领土，然而朝鲜海军将领李舜臣率兵两次大败日海军，控制了制海权。海战的胜利也成为战争的转折点。之后明朝援军以及朝鲜军队相继取得了一些重大战役的胜利，丰臣秀吉被迫议和。然而在议和过程中，小西行长等人通过伪造降表等实施蒙蔽双方的伎俩，议和虽然按预定计划进行，不过最终没能瞒过丰臣秀吉，其后明神宗也得知被骗，如此议和以失败告终，双方又走上了第二次战争的道路。1597年，日本第二次侵朝战争爆发，由于朝鲜海军将领李舜臣重新得到重用，取得了鸣梁海战大捷，再加之先前的稷山陆战的胜利，使得日军进展颇为不顺，已逐渐显现强弩之末的态势。1598年丰臣秀吉病故，日本几大重臣力主议和，日军锐气全无，于当年底全线撤退，自此第二次侵朝战争以日本告负而收场。

总结明朝时期的中日外交，与前朝皆有不同。不同之处体现在既有一波三折的外交关系，又有以朝鲜为主战场的两次大规模战争。这两次战争均是日本挑起的，并且以日本失败告终。

第四节　晚清时期的中日外交

日本德川幕府建立后，从1633年开始实施锁国政策，只允许同中国、朝鲜、荷兰等国在长崎进行贸易。无独有偶，1757年，清政府颁布“一口通商”令，除广州一地外所有的港口均停止对外贸易，即也实施了闭关锁国政策。这样使得中日两国之间在清初和清中期相安无事，也没有建立正式的外交关系。直至此时依然属于日本向我国学习的阶段。

1840年开始的鸦片战争和1868年的日本明治维新是造成中日外交关系逆转的最大契机。晚清政府的腐败、不作为使得我国成为欧美列强竞相争食的对象，鸦片战争的失败和《南京条约》的签订使日本认识到昔日的老师已经完全没落，不再有参考学习的价值。之后，1853年的黑船事件打开了幕府封闭的国门，日本看到了欧美国家的强大，转而以欧美为学习目标。1868年的明治维新使日本迅速走上了资本主义的发展道路，国力极大增强的同时，对于没落的清朝也有了非分之想。

日本为使以侵华为主要目的的大陆政策得以顺利推行，于1871年9月和清朝草签了《中日修好条规》和《中日通商章程》。通过《中日修好条规》的签订，日本取得了和我国对等的外交关系，从而对朝鲜取得优势，使“征韩论”进一步走向现实。而征韩的最终目的是侵华。

1874年2月，日本公然出兵台湾，清朝派沈葆桢率军赴台应对。10月，中日之间签订《北京专条》，清政府赔款50万两白银，日军从台湾撤出。这使得日本尝到了甜头，并对清政府的软弱无能有了进一步认识，于是又将矛头对准了清朝附属国琉球。1875年日本派兵入琉球，1876年实际控制琉球，清政府虽有交涉，接受了日本两分琉球的要求并草签了《琉球专案草案》，但其后由于日本侵朝问题使得琉球的归属在清政府眼中已经不再那么重要，日本实际侵占琉球的局面便一直持续下去。

1894年6月，“征韩论”开始付诸实施，日本通过日朝《江华条约》《济物浦条约》、中日《天津条约》、日英《日英通商航海条约》的签订，在英国、俄国的博弈以及清政府的软弱退让下，一步步地推行着征韩计划，并最终于1894年7月实现了占领朝鲜的目的。

1894年7月，日本单方面挑起了中日甲午战争。清政府在战争中采取一味避战求和的态度，北洋海军落后的装备，再加上日本国力的增强及精心准备等使得战争的结果毫无悬念。清政府的北洋舰队全军覆没，战争以清朝的失败告终，1895年4月中日两国签署了丧权辱国的《马关条约》。中日甲午战争及《马关条约》的签署对中日两国乃至亚洲格局都产生了巨大的影响。首先，清朝不得不付出巨额的战争赔款，而数额之巨甚至使清政府走上了借债的不归路。其次，中日两国之间的关系彻底逆转，昔日作为上国的中国被一直以来的朝贡海国击溃，割地赔款使得当时的中国人民族自豪感殆尽，民族危机迸发。再次，巨额的战争赔款使日本一夜暴富，给其发展资本主义经济提供了巨大的财政上的支撑，进一步加速了日本向帝国主义列强转变的脚步，并在使得亚洲格局发生了翻天覆地改变的同时，极大地刺激了日本人对外侵略的野心，军国主义思想大行其道。

一般认为晚清（1840-1911）是我国近代史的开端。这个时期，欧美列强用洋枪大炮强迫清政府签订不平等条约，大肆掠夺我国的资源和财富，而日本也加入了其中。这个时期的中日外交是清朝外交屈辱史的一部分。在中日关系史上，晚清时期可以认为是一个很大的转折点，中国不再是老师，日本也不再是学生，昔日对于我国的仰慕已转变为心理上的优势。另外，甲午战争的失败宣告了清朝洋务运动的落幕，战争结束两国恢复外交关系后，清政府开始派遣留学生赴日使得当时的中日两国之间好像进行了角色互换一般。

第五节　一战到二战结束的中日外交

这段时期的中日外交的主要特点是由于我国政权更迭频繁，日本不断地在我国国内扶持傀儡政府，同时制造摩擦，力图扩大在我国的利益，直至侵吞中国的野心付诸行动，发动了全面侵华战争；而我国人民自始至终反对日本帝国主义的入侵，奋勇反击，粉碎了日本全面侵华的企图。

1914年9月，日本借对德宣战之名出兵山东，从龙口登陆，一路烧杀掳掠，占领莱州、平度等地，10月攻入济南，侵占胶济铁路，11月完全占领青岛。

1915年1月，日本以助袁世凯称帝为诱饵，威逼利诱抛出了欲独占我国的“二十一条”。袁世凯政府深知这样的条约一旦签订将遭到全国人民的唾弃，但是又不敢直接表示反对，只能寄希望于欧美列强予以干涉。而欧美列强各有各的打算，英美两国只是关心本国在华的利益是否受到侵害，声明只要保证其在华利益将不加干涉；另外，由于是在一战期间，俄国正在同德国和奥匈帝国作战，既无暇分心，又不想节外生枝另树强敌。眼看不能寄希望于其他强国的调解和干涉，袁世凯政府便于当年5月签订了一系列包括“二十一条”为主要内容的丧权辱国的“条约”和“换文”。袁世凯顶住千古骂名签订条约的目的很明显，就是想要实现其梦寐以求的皇帝梦，希望日本不会加以干涉。然而，日本看到我国国内反袁之声如怒涛拍岸，担心支持袁世凯会损害其在我国的利益，因此转而公开表示反对帝制，袁世凯做了83天皇帝后被迫于1916年3月22日取消了帝制。

袁世凯死后，日本继续寻找在我国的傀儡，段祺瑞成了日本维护其在我国利益的新工具。段祺瑞对日本政府唯命是从，其代表的“国务院派”同黎元洪的“总统府派”进行了“府院之争”。由于黎元洪的后台是美国，所以“府院之争”的本质是美国和日本就双方在华利益进行的博弈。日本极力主张我国对德国和奥匈帝国宣战，企图把我国拖入第一次世界大战，并且最终得逞。段祺瑞赢得了“府院之争”，于1917年8月14日正式对德奥两国宣战。日本这样做的目的是不但可以发战争财，还可以通过给段祺瑞政府借款控制我国的财政。除了段祺瑞政府，日本还积极扶持奉系军阀张作霖，目的除了稳固对中国东北地区的控制外，还想把张作霖当成向关内扩张的工具。

第一次世界大战结束后，战胜国于1918年11月11日召开了以分赃为目的的“巴黎和会”。涉及中日外交的主要是“山东问题”。日本要求将德国在山东的权利转让给自己，作为战胜国之一的我国代表据理力争，坚决拒绝，但是英美法为首的列强为了各自利益而给我国代表施加了压力。当时的北洋军阀政府几近屈服。然而由于我国国内爆发了五四运动，全国人民拒绝签约的呼声高涨。迫于国内压力，经过多方面权衡，北洋军阀政府最终指示参会的我国代表拒绝签字，“山东问题”没有得到解决。其后，在1921年11月12日召开的华盛顿会议上，“山东问题”并没有直接成为议题，而是由美国代表休斯提议，转为中日两国会外直接交涉，同时接受美英代表的监督。经过36次艰苦的会外谈判，两国之间签订《中日解决山东悬案条约及附约》，日本有条件地归还山东，至此“山东问题”宣告解决。虽然是有条件的归还，但在当时的国际形势和中日两国的实力对比下，已经是比较可观的结果了。“山东问题”的解决以其复杂性、艰苦性和长期性等在近代中日外交史上占据了重要的地位。

从1924年6月起，日本一度对华推行所谓的“币原外交”，主张“协调”和“不干涉内政”。“币原外交”表面上标榜温和外交，实质上却保留了直接武力干涉我国的权利。尽管如此，日本政府内部还有人对此不满，认为其过于温和。1927年田中内阁成立，奉行“田中外交”，宣称要采取强硬态度对华进行直接干涉。同年6月底到7月初田中内阁召开了所谓的“东方会议”，在这次会议上把对华政策定调为积极侵略政策。从“币原外交”到“田中外交”的转变，以及其后“东方会议”的召开，反映了日本在对华政策方面进行了重大调整，这也间接揭开了日本全面侵华战争和我国人民誓死不屈抗争的历史篇章。

在“田中外交”的指导思想下，日本于1928年制造了济南惨案。当时，蒋介石为了不与日本发生正面冲突，一味姑息退让，更加引起了全国人民的不满，抗日情绪格外高涨。接下来，日本经过精心策划，于1931年9月18日晚制造了九一八事变。次年2月，日本全面占领了我国的东北地区，并扶持了伪满政权，直到日本二战战败，东北同胞都处在日本帝国主义的殖民统治下。九一八事变后，为了转移国际舆论的视线，日本于1932年制造了“一·二八”事变，亦称“一·二八”淞沪战争；1935年，日本为了推动所谓的“华北自治运动”又制造了华北事变。日本虽然制造了种种事端，并将我国东北地区收为己有，但是显然并不满足，其目标是整个中国。因此，可以将上述事变看做是日本帝国主义进行全面侵华的预演。

1937年7月7日，日军借口一名士兵失踪要求进入宛平县城搜寻，遭到拒绝后下令炮轰宛平，卢沟桥事变（亦称七七事变）爆发了。卢沟桥事变是日本发动全面侵华战争的标志，自此开始了我国人民八年抗战的可歌可泣的历史。在卢沟桥事变之前，日本做了大量的准备工作，在外交上麻痹国际上的其他竞争对手；在经济上实行国民经济军事化，积极扩充军备；在政治上，出台并修改了以《国策基准》和《帝国外交方针》为代表的一批方针、纲领，制定了全面侵华的罪恶计划。

1937年7月7日至1945年8月15日被称为中国抗日战争时期，亦称八年抗战时期。在战争初期，国民党充当了抗日的主要力量；1938年10月至1943年12月，抗日战争进入相持阶段，中国共产党领导的敌后力量逐步壮大，敌后战场也成了抗日战争的主战场，八路军、新四军和广大抗日人民成为抗击日寇的主力，而国民党则“消极抗日”，主要精力放在“积极防共”上；1944年1月至1945年8月，抗日战争进入反攻阶段，与国民党在正面战场上的节节败退形成鲜明对比，共产党领导的敌后力量发动了局部反攻，给日军造成了沉重的打击。1945年8月初，美国在日本的广岛、长崎投下两颗原子弹，同时苏联对日宣战，于8月9日出兵我国东北地区。毛泽东发表了著名的《对日寇最后一战》，抗日战争进入收尾阶段。1945年8月15日日本宣布无条件投降，至此八年抗战宣布胜利结束。我国人民虽然付出了巨大的牺牲，但是换来了无比珍贵的自由和民族解放，并且一洗自中日甲午战争以来对日本一味退让、委曲求全的屈辱史，极大增强了人民民族自豪感的同时，在我国抗击日本侵略的外交史上添了重重的一笔。

第六节　邦交正常化以来的中日外交

经过中日两国友好人士长期不懈的努力，1972年9月29日周恩来总理和田中角荣首相在我国北京人民大会堂正式签署了《中华人民共和国和日本国政府联合声明》，宣布实现“中日邦交正常化”。在这份声明中，首先强调了两国悠久的友好交流历史，阐明了邦交正常化的必然性和必要性；其次，日本对战争罪行表示深刻反省，重申理解我国提出的“复交三原则”；再次，日本承认我国人民政府唯一合法的地位，我国对台湾问题进行了重申，对战争赔款等问题表明了态度；最后，双方约定进行贸易、航海等方面的谈判。

按照上述《中日联合声明》中的要求，从1973年5月起，中日两国之间正式签署了一系列的包括海缆、贸易、航空等政府间协定，使得两国交往得到进一步实质性的发展。之后，在克服了各种阻力的情况下，1978年8月12日黄华外交部长和园田直外相在《中华人民共和国和日本国和平友好条约》上签字。《中日和平友好条约》的签署可以说在当代中日外交史上占据了重要的地位，进一步扩宽了中日友好交流的道路，为中日关系的发展揭开了新的篇章。这份条约共包括五条，主要强调了应该在遵守和平共处五项原则的基础上发展两国关系，提出任何一方不应谋求霸权并反对其他国家对于霸权的企图和努力，促进双方经济和文化关系的进一步发展等内容。

其后，虽然两国之间仍有历史教科书、靖国神社参拜、钓鱼岛归属、台湾问题等种种障碍的存在，不过从《中日和平友好条约》签署到

90年代初整体上可以说两国关系稳定，相对处在健康发展的时期，在经济、文化、科技等各个领域进行了广泛而深入的合作。期间，1983年11月胡耀邦总书记访日、1992年4月江泽民总书记访日以及1992年10月日本明仁天皇和皇后访华成为这个时期几大标志性的中日两国间的外交活动，在当时对于推动中日友好的进一步发展起到了很大的作用。

1993年之后，由于日本否认侵略战争罪行的言论抬头、钓鱼岛争端升级等原因，中日两国又一度陷入了冷淡期。不过，两国的有识之士没有放弃努力，1997年9月借中日邦交正常化25周年纪念之际，当时的日本首相桥本龙太郎正式访华，表明了日本官方的态度，就中日之间的一些敏感话题与我方达成了六点协议。1998年11月江泽民主席访日，与小渊惠三首相共同发表了《中日联合宣言》。《中日联合宣言》发表的意义重大，它与之前的《中日联合声明》《中日和平友好条约》都是中日外交方面的极具指导意义的政治文件。在这份宣言中，首先，对于冷战后的国际形势进行了简要的分析，在此基础上双方都认可和平共处五项基本原则和《联合国宪章》准则是处理国际事务的基本准则；其次，双方对联合国的工作作出了高度评价，还主张彻底销毁核武器；再次，双方重申了不谋求霸权、维护地区和平及发展的立场；另外，两国对于历史认识问题、高层互访、经贸合作、台湾问题等进行了重申和确认；最后，双方对于今后合作的前景进行了展望。

然而，《中日联合宣言》的签署并没有真正改善当时的中日关系，主要原因在于部分日本政客的言行损害了两国友好的基础。2001年10月日本首相小泉纯一郎访华之后，由于其无视以我国和韩国为代表的广大战争受害国的抗议一意孤行连年参拜靖国神社，中日之间虽然没有完全停止官员互访，但之间的首脑互访活动完全停顿，并且一停就是整整五年，两国关系重新陷入了低谷。小泉卸任后，新任首相安倍晋三对于前任小泉的对华策略进行调整，承认“村山谈话”，表示不参拜靖国神社，并于2006年10月访华，开启了“破冰之旅”。2007年4月，温家宝总理的访日，被称为“融冰之旅”。同年12月，日本首相福田康夫访华，被称为“迎春之旅”。2008年5月，胡锦涛主席对日本进行访问，这是1998年江泽民主席之后我国最高层的首次访日，在这次访日中，胡锦涛主席与福田康夫首相共同签署了《中日关于全面推进战略互惠关系的联合声明》。这份声明与之前的《中日联合声明》《中日和平友好条约》《中日联合宣言》并称中日四个政治文件。声明中，首先，确认了双方的战略互惠关系，重申了和平共处、世代友好、互利合作、共同发展的中日友好16字方针，强调继续恪守之前签订的三个政治文件；其次，两国还决定就增进政治互信、促进人文交流、加强互利合作、共同致力于亚太发展、共同应对全球性课题等五个方面构筑对话与合作框架。

不过遗憾的是，2010年之后中日关系再一次受到伤害。虽然两国的有识之士为了中日友好付出了大量的心血，然而日本的部分政客一意孤行挑起钓鱼岛争端。先是2010年9月7日在钓鱼岛海域日本的两艘巡逻船撞击我国一艘渔船，并于当晚非法逮捕中国船长，后经我方严正交涉，日方于13日上午释放了非法扣押的我方渔民，并于25日释放船长；2012年9月11日，日本野田内阁冒天下之大不韪宣布动用20.5亿日元从“土地私有人”手中购岛，悍然对自古以来就属于我国神圣领土的钓鱼岛实行所谓的“国有化”。我国立刻展开多种反制手段打击这种强盗行径，并于当年12月12日首次对钓鱼岛展开海空立体巡航。其后，巡航实现常态化，据我国国家海洋局发布的相关信息显示，截至2013年9月10日，即日方宣布所谓的“国有化”一年之内，我国政府公务执法船成功巡航59次。而飞机巡航次数在2012年9月11日之后激增，到2012年底仅仅不到4个月的时间里就超过了2011年全年的巡航次数。由于日方单方面撕毁“搁置争议”的协议，妄图对我国钓鱼岛进行非法侵占，造成了中日之间极大的危机，两国外交陷于中断的边缘。

在钓鱼岛争端丝毫未见缓和的形势下，日本首相安倍晋三悍然于2013年12月26日以内阁总理大臣的身份公开参拜靖国神社，在引起我国、韩国等战争受害国的严重抗议的同时，进一步加深了中日两国之间的信任危机，两国首脑会谈的大门被彻底关闭。另外，日本政府不顾国际和平力量和国内反战人士的强烈反对，于2014年7月1日通过内阁决议案宣布解禁集体自卫权，改变了其宪法中有关放弃使用武力的承诺。

近年来两国之间外交关系的严重退缩是由日本单方面的行为引起的，日本国内民族情绪的高涨也助长了部分政客倒行逆施、一意孤行的嚣张气焰，最终将中日关系拖向了谷底。如果日方在历史认识问题等方面不能真正改变态度的话，中日关系的这种冰封状态将会继续持续下去。

第四章　中日外交文化中的儒家思想

儒家思想属于思想意识的范畴，是高级层面的文化。而外交文化中的儒家思想，主要指外交领域中运用到的儒家思想，抑或表述成影响外交行为的儒家思想。众所周知，儒家思想是中华民族文化的核心之一，不但对我国产生了巨大的影响，对东亚乃至世界上的许多国家都有深远的影响。同时，儒家思想内容极其丰富，并且不同的发展阶段有不同的特点。本章主要是明确儒家思想的内核，并结合中日两国的外交分别进行综合论述。

第一节　中国外交文化中的儒家思想

儒家思想的创始人是孔子，但是孔子的学说并不能代表儒家思想的全部，在我国历史上，不同的时代有不同的代表人物丰富并完善着儒家思想。孔子提出儒家思想一些主要观点时，正值我国春秋时期。孔子在世时，他的学说因为并不能满足各诸侯国争夺地盘、扩张领土的需求，因此没有得到各国的重视，其传世之作《论语》也是弟子们编纂而成的。

孔子去世之后，其“仁义礼智”的主要思想仍未与当时的时代特征完全融合。春秋之后的战国时期阶级利益不断冲突，诸子百家各自提出自己的主张，出现了“百家争鸣”的现象。战国时期儒家思想的代表人物是孟子，主要思想是“仁政”和“民贵君轻”。到了秦朝，秦始皇实施“焚书坑儒”，实行思想上的控制。可以说直到这个时期，儒家思想并未受到特别的重视，这种状况一直维持到了西汉初期。西汉汉武帝统治年间，儒家思想发展史上的另一个重要人物董仲舒对儒家思想进行改造，提出以“天人感应，君权神授”为核心的新儒家思想。由于该主张迎合了统治阶级在思想上实行大一统的需求，汉武帝同意“罢黜百家，独尊儒术”，自此，儒家思想成为中国历朝历代封建社会统治阶级所信奉的治国之策，成为所谓的官学。从这个角度来说，董仲舒对于儒家思想的发扬光大可以说是居功甚伟。在其之后的各朝各代都有著名的儒学大家，例如唐朝的韩愈、宋朝的朱熹、明朝的王阳明、明末清初的顾炎武、黄宗羲和王夫之等，不一而足。

研究我国外交文化中的儒家思想，从其内核来进行分析显然更能接近本质。谈到儒家思想的内核，直至现在国内外也并未形成统一的认识。有人认为就是一个“仁”字，有人认为是“仁、义、礼、智”，也有人认为是“仁、义、礼、智、信、恕、忠、孝、悌”。另外，虽然国内外对于诸如“天人合一”“和合”“中庸”等儒家思想的研究基础非常厚实，但是笔者认为这些不能称之为内核。原因是“天人合一”和“中庸”思想的理论基础是孟子的“性善论”，而“性善论”来源于孔子的“仁”字；“和合”思想的理论基础则主要是“仁”和“义”。那么什么才是儒家思想的内核呢？我们在日常生活中经常会用到“仁”“义”“道”“德”这几个字，虽然现在有时用于贬义，但是“仁”“义”“道”“德”原本指的是儒家整套的道德规范，换言之“仁”和“义”就可以代表儒家道德，那么这两个字不是内核又是什么呢？因此在本书中，将儒家思想的内核理解为“仁”和“义”这两个字。另外，儒家思想中的“礼”“智”“信”“忠”“孝”“悌”“节”“恕”“勇”“让”又该怎样理解呢？如果说“仁”和“义”是儒家思想的内核的话，那么这些可以理解为内核的衍生物。既然是衍生物，就必然与内核有着千丝万缕的联系，既有继承的部分，也有独立发展的部分。但总而言之，笔者认为研究中国外交文化的儒家思想应该从“仁”和“义”这两大内核入手，主要研究其对外交的影响，在展开的过程中，必然也会涉及衍生出来的其他部分。

同时，我们也应该清醒地认识到，儒家思想对于我国外交的影响是一个由显化到内化的过程。在封建社会时期，儒家思想在成为当时社会伦理道德支柱之后的很长一段时期内，在社会生活的方方面面都起到了主要的指导作用，外交自然也不例外。在这个时期，“华夏中心说”可以说是儒家赋予我国外交的指导性纲领。“子欲居九夷。或曰：‘陋，如之何！’子曰：‘君子居之，何陋之有？’”[①]这段话中的“九夷”的称谓是相对于华夏而言的，主要是指一些文明开化程度较低、规模较小的部落，而当时的华夏指的是相对先进发达的诸侯国。在孔子眼中，华夏代表着先进文化，“九夷”代表着落后文化。虽然这段话中孔子认为自己可以感化处在落后文化中的蛮人，但在同时，一种民族优越感跃然纸上。孔子之后的另一大儒孟子对此持类似的观点，“吾闻用夏变夷者，未闻变于夷者也”[②]，也是有华夏与蛮夷之分。虽然“华夏”一说并不始于儒家，但是如前所述，从西汉汉武帝时期儒家思想开始取得支配性地位后，孔孟之说自然成为历朝历代皇帝在外交方面的指导性思想，“华夏”与“蛮夷”之分是其中的主要一点。当然，随着时代的变迁，“华夏”一词的范围也有所改变，到后来逐渐指的是我国领土，体现的是我国与外国的区别。“华夏中心说”强调的是当时的中国是上国，是文明礼仪之邦，是世界的中心，而其他周边的国家在文明开化程度上不可相提并论，因此属于“蛮夷”之列。在这种思想的影响下，“四夷”“九夷”“八蕃”等说法应运而生，用来衬托和强调华夏的中

①《论语·子罕》。

②《孟子·滕文公上》。

心地位。既然中国是上国，代表着最高的文明，自然在外交上对“蛮夷”不能奉行对等外交，否则便失了身份。“蛮夷”必须来上国朝贡，甘心称臣，接受上国的册封，从而以沐雨露，保一方平安；同时，作为儒家思想的精髓，“仁”“义”“德”等在我国古代外交中也起了很大的作用，既然“蛮夷”臣服，上国便应该仁慈对待，以义、德等服之，并赐以数倍于贡品的奖赏，从而弥显上国的富庶、威严和大气，在这种背景下形成了东亚朝贡体系。可以说自我国古代出现外交之日开始，直至近代中国没落，“华夏中心说”一直是我国最主要的外交思想之一，而在其中，儒家思想的影响甚巨，作为官方认同并力主的伦理道德，儒家思想对于我国古代外交的影响从整体上来说是显而易见的。

随着时代的变迁，儒家思想被赋予了更多的内涵，也衍生出了许多门派，新的理论不断问世。程朱理学、陆王心学等是其中的代表。然而从近代开始到改革开放之前，儒家思想被视为旧思想的代表，在我国的发展进入了沉寂期。直至1978年改革开放以后，作为千百年来中国最具影响力的伦理道德和我国民族文化遗产的重要组成部分，儒家思想得到了新生，上至国家领导，下至普通百姓，都对其有了新的认识，儒家思想也重新在社会生活的各个层面发挥起了重要作用。“摒弃糟粕，取其精华”应该说是新时期对待儒家思想的总方针。在我国当代外交思想中，并没有明确儒家思想的指导性地位，然而，思想影响行为总是一个长期的潜移默化的过程，个体如此，作为个体集合体的国家亦是如此，我们通过分析可以得知，儒家思想的精华已经构成了我国当代外交的重要组成部分，并正在发挥着越来越大的“正能量”。

为了最大限度地发掘儒家思想的现实意义，在本节中以儒家思想对于我国当代外交的影响为主要研究对象。

一、“仁”与我国外交

如前所述，“仁”不是儒家思想唯一的内核。有人说用一个“仁”字就可以概括儒家思想，这种理解是片面的，但我们可以认为“仁”是其最重要的内核。

在孔孟的学说中，“仁”占据着非常重要的地位，据统计在《论语》正文中“仁”字出现了104次。众所周知，《论语》中问答的形式出现的频率很高，既然是问答，那么“仁”既会在“问”中出现，也会在“答”中出现，例如“司马牛问仁。子曰：‘仁者其言也讱。’”[①]，问和答中“仁”字的意思显然是相同的；并且在同一段话中还有重复的情况，如“我未见好仁者，恶不仁者。好仁者，无以尚之；恶不仁者，其为仁矣，不使不仁者加乎其身。有能一日用其力於仁矣乎？”[②]，在这段话中“仁”字出现了7次，不过意思都是“仁德”。从以上的分析可以看出，104次这个统计数字即使没有很大的意义，不过却可以说明一点，即“仁”在孔子思想中的重要地位。而在《孟子》中“仁”虽出现了157次之多，但同《论语》相似的是也有许多重复的地方，如“仁之胜不仁也，犹水之胜火。今之为仁者，犹以一杯水救一车薪之火也；不熄，则谓之水不胜火，此又与于不仁之甚者也，亦终必亡而已矣”[③]，这短短的一段话中“仁”出现了4次，但仔细分析下来会发现这里的“仁”都是同义的。但无论如何，出现157次足可以说明“仁”在孟子的理论中同样占据了重要的地位。至于孔子和孟子提到的“仁”究竟是什么意思，他们并没有做出明确的定义性的阐述，因此我们只能通

---

①《论语·颜渊》。

②《论语·里仁》。

③《孟子·告子上》。

过其代表性的论述来进行提炼概括的同时，分析其对我国相关外交思想的影响。

“出门如见大宾，使民如承大祭；己所不欲，勿施于人；在邦无怨，在家无怨。”[①]这句话的意思是“出门做事（要认真对待）如同接见贵宾，治理民众（要仔细斟酌）如同承办重要的祭祀；自己不想做的，不能强加于人；在诸侯国做官不要（为名利）怨天尤人，在卿大夫家做事不要满腹怨言。”以上这几点是孔子解释的“仁”的内涵之一，这里的“仁”我们大致可以理解为一种为人处世的态度。“出门如见大宾，使民如承大祭”强调做事要谦虚、谨慎、严谨、仔细；“己所不欲，勿施于人”强调的是不能将自己的意志强加给别人，要会将心比心，能够相互尊重和换位思考；“在邦无怨，在家无怨”强调的是一种积极向上和自信的态度，不要事事计较，要学会豁达。可以看出这句话虽然寥寥数语，但可谓是字字珠玑，包含的内容非常丰富。

第二次世界大战后建立的国际政治经济旧秩序的本质是霸权主义、强权政治和殖民主义。以我国为代表的广大第三世界国家奋起抗争，勇敢地争取属于自己的神圣权益，特别是我国在20世纪90年代之后，在外交方面为推行建立国际政治经济新秩序作出了巨大的贡献。我国提出的国际政治经济新秩序理论中就包括了大量的儒家思想的积极论断，例如关于如何建立公正合理的国际政治新秩序，我国提出“各国有权根据各自的国情，独立自主地选择本国的社会、政治、经济制度和发展道路，任何国家尤其是大国不应把自己的意识形态、价值观和发展模式强加于别国”的观点，在这个观点中对上述《论语》中的“己所不欲，勿施于人”进行了一定的改造，取其精华，强调国与国之间要相互尊重，不能

①《论语·颜渊》。

恃强凌弱，不能将本国的意志强压给他国，妄想支配他国。另外，和平共处五项基本原则是我国在外交上的指导性原则，其中第一条就是“相互尊重主权和领土完整”，强调各国之间应相互尊重，而要做到相互尊重，重要的一点就是不要对他国指手画脚，强迫别国听命于自己，这在本质上还是属于“己所不欲，勿施于人”。关于这一点《论语》中不乏类似的阐述，如“能近取譬，可谓仁之方也已”[①]，这句话的中心思想是说能够做到将心比心、推己及人就已经找到了实现“仁”的方法了，实际上和“己所不欲，勿施于人”强调的内涵基本上是一致的。

2013年两会结束之后，新一代中央领导集体在短时间内开展了大量丰富的外交活动，体现了一种自信和积极向上的态度。然而，部分西方国家仍然在拿我国的人权说三道四，也有的国家仍在鼓吹“中国威胁论”，企图从各个方面压制中国。对此，我们并没有怨天尤人，没有对一些小事一直耿耿于怀，相反我们做到了“在邦无怨，在家无怨”，无论在他国眼中我国处在什么位置上，我们用自信、积极向上的态度和行动来证明自己，坚定不移地走“和平崛起”的道路。

孔子说“刚、毅、木、讷近仁”[②]，这里提到的四种品质大致可以理解为刚强、果敢、质朴、慎言。刚强，意味着不惧困难，不畏豪强，有一种不屈不挠的精神；果敢，意味着行事果断勇敢，不拖泥带水，实际上反映的是一种自信的态度；质朴，意味着诚实可靠，对人真诚，能够坦诚相见；慎言，意味着不花言巧语、不夸夸其谈，实际上是一种对自己的言论负责，言出必行的态度。如果这几种品质用来形容人的话，那可能是对这个人意志品质的极高评价，如果形容一个国家的话，那么这个国家就是一个值得友好交往、值得信任的国家。1949年建国以后，

①《论语·雍也》。
②《论语·子路》。

我们的人民既体验了当家做主的喜悦，也经受了许多磨难。特别是面对资本主义国家的歧视和排挤、苏联的转向和对抗时，我们依然坚持不结盟，坚持不向美苏等国家低头，奉行独立自主的外交原则，这是一种非常可贵的刚强的品质。建国初期，面对美国咄咄逼人的嚣张气焰，虽然党内也有一些争议，但是以毛泽东为首的中央领导人经过权衡果断决定出兵实施抗美援朝，打响了保家卫国、击退美帝的伟大战争，这样的事例在我国外交史上比比皆是，是我国果敢的外交政策的集中体现。作为广大的亚非拉第三世界国家中的代表，我国同长期以来被剥削被压迫的许多国家建立了坦诚相见、平等互利的外交关系，并没有因为这些国家贫穷落后而显得高人一等，在自己国家进行社会主义现代化建设急需资金的情况下，从并不富裕的国库中拿出钱来给这些国家提供力所能及的援助，并且不讲条件，这一点同有些资本主义国家打着援助的口号诱使他国接受不平等条件，大肆掠夺不发达国家的资源、实施劳动力剥削是截然不同的，这不能不说是一种质朴真诚的国际主义情怀的体现。中国从来就不是一个夸夸其谈、处处想当国际警察、对于世界上的大小事务都想插手的国家。新中国成立以来，我们在国际上从来都是言而有信，说话掷地有声，不会发表干涉他国内政的言论，这是一种慎言，但不意味着对于重大问题吝于发表自己的意见。例如，在以美国为首的西方国家打着人权的外衣妄图操纵联合国制裁叙利亚的紧要关头，作为联合国常任理事国的我国毅然在制裁叙利亚的联合国决议中投了反对票，使部分发达国家制造借口企图公然干涉他国内政的阴谋破灭。这体现了我国刚强、自信的外交态度，同时也体现了一种慎言，一旦出声就必对自己言论负责的态度。

“知者乐水，仁者乐山。知者动，仁者静。知者乐，仁者寿。”[①]这段话的中心思想之一是“仁厚之人的性格如山一般的稳重、宽容、大气，不易冲动”。而在国家层面上，深受“仁”思想影响的国家在外交政策方面，虽然也会注重灵活性原则，但是在基本方针和政策的执行方面往往具备了坚定不移、稳重大气的特点，不会轻易受外部因素的影响，也不会冲动行事。我国作为儒家思想的发源地，千百年来在社会生活的各个层面都深受其影响，特别是这里提到的“仁”思想。新中国成立以来，独立自主是我国在外交方面的根本原则，和平共处五项原则是我国外交的基本准则。几十年来，我们一直坚持运用这两项核心原则来处理外交事务，并逐渐获得了世界上绝大多数国家的赞同和认可，形成了稳重大气的外交风格。我国各层次的外交人员一般思维缜密，行事慎重，极少出现因冲动的言行在国际上造成恶劣影响的状况。另外，“仁者，其言也讱”[②]，意为受“仁”思想熏陶的人讲话是慎重的。

“有德者，必有言。有言者，不必有德。仁者，必有勇。勇者，不必有仁。”[③]这段话的意思是“有品德的人说话必定会有素养，而说话听上去有素养的人未必品德一定高尚；有仁德的人内心光明正大，行事必定光明磊落，充满勇气，而行事貌似勇敢的人却未必一定仁德。”这里的“仁”主要指仁德，即心地善良或者说宅心仁厚，有仁德的人气质一定会外显，人们可以感受到其魅力。在《论语》中，“仁”意为“仁德”的语句比比皆是，信手拈来如“巧言令色，鲜矣仁”[④]，另如“人而不仁，如礼何？人而不仁，如乐何？”[⑤]，再如“不仁者，不可以久

①《论语·雍也》。

②《论语·颜渊》。

③《论语·宪问》。

④《论语·学而》。

⑤《论语·八佾》。

处约，不可以长处乐。仁者安仁，知者利仁”[①]，同篇中的“唯仁者，能好人，能恶人”[②]等，不一而足。

另外，和仁德意思相近的有仁道和仁心。如“富与贵，是人之所欲也；不以其道得之，不处也。贫与贱，是人之恶也；不以其道得之，不去也。君子去仁，恶乎成名。君子无终食之间违仁，造次必于是，颠沛必于是”[③]，这里的“仁”主要指仁道。另如“人之过也，各与其党。观过，斯知仁矣”[④]，这句话中的“仁”意为仁心。仁道指的是仁爱之道，如果放在治理国家的层面上，仁道主要指仁政；放在个人修养的层面上，仁道指的是相互理解，相互支持，不做害人利己之事，不做违背社会道德之事。而仁心自然指的是仁慈之心、仁爱之心。

孟子对于“仁”的理解里最有名的是仁政思想，提出了“民为贵，社稷次之，君为轻”[⑤]的著名论断，“民贵君轻”仿佛成了孟子仁政思想的代名词。其实作为孔子仁德思想的传人，孟子的仁政思想也来源于孔门。“子张问仁于孔子。孔子曰：‘能行五者于天下，为仁矣。’请问之。曰：‘恭、宽、信、敏、惠。恭则不侮，宽则得众，信则人任焉，敏则有功，惠则足以使人。’”[⑥]从“得众”“使人”这些字眼可以看出，孔子强调的这五种品德实际上主要指当政者应该具备的基本素质，本意是希望国家施行仁政。因此，仁政思想并不是孟子独创的。不过孟子的仁政思想较之孔子又有了一定的发展，主要体现在“性善论”上。“人皆有不忍人之心。先王有不忍人之心，斯有不忍人之政矣。以

①《论语·里仁》。
②《论语·里仁》。
③《论语·里仁》。
④《论语·里仁》。
⑤《论孟子·尽心下》。
⑥《论语·阳货》。

不忍人之心，行不忍人之政，治天下可运之掌上。所以谓人皆有不忍人之心者，今人乍见孺子将入于井，皆有怵惕恻隐之心—非所以内交于孺子之父母也，非所以要誉于乡党朋友也，非恶其声而然也。由是观之，无恻隐之心，非人也；无羞恶之心，非人也；无辞让之心，非人也；无是非之心。非人也。恻隐之心，仁之端也；羞恶之心，义之端也；辞让之心，礼之端也；是非之心，智之端也。”[①]孟子认为，人从本质上都是善良的，是具有仁慈之心的，既然如此，国家君主在本质上也是具有仁心的，故实施仁政天经地义。孟子从人性的角度为仁政思想提供了朴素的唯物主义哲学论据。

其实不论是孔子的“仁德”“仁道”“仁心”思想，还是孟子的“仁政”思想，其核心都是一个“仁”字。这里的“仁”我们可以理解为仁慈、仁心、仁爱，可以用来描述个体的特征。国家虽然不是有血有肉的个体，但是同样具有国家的品质。国家是人的集合体，那么国家的品质必定也会受到人民品质的影响。我国是一个历史悠久的文明古国，几千年的沉淀使其具备了许多优秀的品质，特别是中国人思想深处具有的仁慈、仁心、仁爱精神也反映在外交思想中，在做一些重大外交决策的时候这种精神自然会影响人的意志和国家的决定，从而发挥巨大的决定性作用。例如，在八年抗战中，虽然我国人民奋勇反抗，浴血奋战，最终打败了日本帝国主义，但是自己也付出了惨烈的代价。据有关专家统计，八年抗战我国军民伤亡不下3500万人，战争损失高达5600亿美元，这是个触目惊心的数字。日本战败投降，多个受害国向其索取战争赔款，作为最大受害国的我国按照国际惯例向日本索取相应的赔款无可厚非，然而，我国却主动放弃了索赔要求。当时周恩来总理代表我国政

---

①《论孟子·公孙丑上》。

府给出的理由之一是“广大的日本人民也是受害者”，虽然也有其他的原因存在，但不可否认的是，这是中国人几千年来积累的根深蒂固的“仁”思想在发挥作用，是崇高的人性在发挥作用，是一种以德报怨的思想体现。而这种品质笔者认为其主要来自儒家思想，它的形成不是一日之功，是千百年来儒家“仁”思想在潜移默化下赋予了中华民族这样特有的品质，从而使中华民族能够堂堂正正地屹立于世界民族之林，得到了许多国家的尊重。

关于“仁”，孔孟之后的儒学大家虽然也有独到的解释，但归根结底是孔孟学说的继承，摆脱不了其思想框架的束缚。如上所述，孔子和孟子提到的“仁”虽内容丰富，但仔细想来其核心是相互尊重、积极向上的为人处世的态度，是刚强、果敢、质朴、慎言的体现，是蕴含在仁德和仁政之中的仁慈、仁心、仁爱。虽然后世也有人批判这其中的仁慈、仁心等儒家思想使国家的民族性变得软弱，但笔者不这样认为。从批判地继承和吸收的角度来说，我们可以认为儒家思想中的“仁”在现实中是一种近来被大家常提到的“正能量”。人民心中有“仁”，国家施行仁政，这样对外才可以呈现出一种自信的积极向上的国家形象，在外交上也能够更加游刃有余、有理有据，容易获得他国的尊重。党的十八大为我们带来了“中国梦”，实现中华民族的伟大复兴并不是一时的豪言壮语，而是我们国家的一个奋斗目标。“中国梦”是“正能量”的集中体现，是中国人“仁”心的集中体现。在这个目标的指引下，我国的外交呈现出欣欣向荣、自信成熟的景象，这其中“仁”的作用不可谓不大。

二、“义”与我国外交

一般认为在儒家的代表人物中，孔子最早提出了“义”的思想。

在其代表作《论语》中对于“义”的阐述也不在少数，有近半数篇章都有与“义”相关的语句，这样的篇章有《学而》《里仁》《述而》《颜渊》《宪问》《卫灵公》《季氏》《阳货》《卫子》等。著名的语句有“子路曰：‘君子尚勇乎？’子曰：‘君子义以为上。君子有勇而无义为乱，小人有勇而无义为盗。’”①，这段对话与其说是孔子在回答子路的问题，倒不如说是在更进一步地阐述自己对于“义”的理解，特别是其中的“君子义以为上”，说明孔子对于“义”是非常看重的，把“义”提到了一个非常高的道德标准上。另如，“子曰：‘君子之于天下也，无适也，无莫也，义之与比。’”②，这句话中强调“义”是君子为人处世的重要标准。再如“见义不为，无勇也”③；“不义而富且贵，于我如浮云”④。总结孔子提出的“义”，可以认为其是正义和义气的综合体，其中以正义为主。而这里的正义应该是指当时志向高尚的人所应遵循的道德规范。同时，“义”往往与“仁”结合，形成所谓的“仁义”。

说到儒家思想中的“义”，就不得不提义利观。自古以来，学术界对于儒家思想义利观的研究和争论就没有停止过。起因是孔子在阐述“义”的同时，有时经常会用其对立面的“利”来说明问题。如“君子喻于义，小人喻于利”⑤，这句话的意思是“君子看重的是义，而小人则青睐于利。”虽然孔子把“义”和“利”作为对立的双方，但并不是完全排斥“利”，如“子路问成人。子曰：‘若臧武仲之知，公绰之不

---

①《论语·阳货》。

②《论语·里仁》。

③《论语·为政》。

④《论语·述而》。

⑤《论语·里仁》。

欲，卞庄子之勇，冉求之艺，文之以礼乐，亦可以为成人矣。’曰：‘今之成人者何必然？见利思义，见危授命，久要不忘平生之言，亦可以为成人矣。’”[①]，其中的“见利思义”意为见到财物（利益）要先考虑是否合乎“义”的标准，从这个角度看来，孔子对于取“利”并不是完全排斥的，只不过需要加一个前提，即符合“义”的要求。对于义利观，后世的儒学家们提出了大量的观点，同时旁征博引，多方论证。不过，本部分阐述的重点是儒家讲的“义”对外交的影响，而儒家思想中的义利观，即“义”与“利”的关系问题并不是论述的重心，因而在此一笔带过。

孟子对于“义”有较多的阐述，以至于有人将孟子的中心思想认定为“义”。不过总体上看，孟子对于“义”的理解并未全面超越孔子，基本上属于一种继承和部分发扬，并且以继承为主。同孔子一样，孟子也强调“仁义”的重要性，这一点在《孟子》中有较为明确的体现。例如，“告子曰：‘性，犹杞柳也，义，犹桮棬也；以人性为仁义，犹以杞柳为桮棬。’孟子曰：‘子能顺杞柳之性而以为桮棬乎？将戕贼杞柳而后以桮棬也？如将戕贼杞柳而以为桮棬，则亦将戕贼人以为仁义与？率天下之人而祸仁义者，必子之言夫！’”[②]可见在孟子心中，“仁”和“义”是紧密联系在一起的，因此“仁义”一词经常出现在其论著中。另如“先生以仁义说秦楚之王，秦楚之王悦于仁义，而罢三军之师，是三军之士乐罢而悦于仁义也。为人臣者怀仁义以事其君，为人子者怀仁义以事其父，为人弟者怀仁义以事其兄，是君臣、父子，兄弟去利，怀仁义以相接也，然而不王者，未之有也。何必曰利？”[③]，不一而足。

---

①《论语・宪问》。

②《孟子・告子上》。

③《孟子・告子下》。

对于“义”的诠释，在《孟子》的多个篇章中都有涉及，较为集中的有《孟子·公孙丑上》《孟子·万章下》《孟子·告子上》《孟子·尽心上》《孟子·尽心下》等。如“羞恶之心，义也”①，这种观点强调具备廉耻心才有可能行“义”。“万章曰：‘庶人，召之役，则往役；君欲见之，召之，则不往见之，何也？’曰：‘往役，义也；往见，不义也。’”②这句话是说“服役是老百姓的本分，是符合当时社会规范的‘义’；君主欲召见有德之士，而作为平民的德士如果迫于权势去见则不合‘义’字精神。”“鱼，我所欲也，熊掌亦我所欲也；二者不可得兼，舍鱼而取熊掌者也。生亦我所欲也，义亦我所欲也；二者不可得兼，舍生而取义者也。”③在这里孟子是将“义”视作最高的道德规范，在“生”和“义”面前，孟子毅然选择后者。“尊德乐义，则可以嚣嚣矣。故士穷子失义，达不离道。穷不失义，故士得己焉；达不离道，故民不失望焉。”④这句话强调的是“义”的重要性，即便是不得志时，也不能丢弃“义”字，只要心中有“义”，行“义”事，哪怕是处在人生的低谷心里也是快乐的、充实的。另外，孟子说“春秋无义战”⑤，表达了一种反对非正义战争的思想。同篇中还记载“人皆有所不忍，达之于其所忍，仁也；人皆有所不为，达之于其所为，义也。人能充无欲害人之心，而仁不可胜用也；人能充无穿逾之心，而义不可胜用也；人能充无受尔汝之实，无所往而不为义也”⑥，在这段话中，孟子阐释的是作为“义”的几条具体的行为标准，一是要乐于做自己不喜

①《孟子·告子上》。
②《孟子·万章下》。
③《孟子·告子上》。
④《孟子·尽心上》。
⑤《孟子·尽心下》。
⑥《孟子·尽心下》。

欢的事情；二是不能有害人之心；三是不能行偷窃之事；四是要自尊自强，以免被人蔑视。

从以上的分析中可以看出，孟子口中的“义”同孔子的主张并没有大异，主要是指正义、善行以及作为一个高尚的人所应具备的道德品质。

在孔孟之后的儒学大家对于“义”也有过一些阐述，但并不是他们主要的思想主张，并且在整体上无法超越孔孟对于“义”的理解，因此，可以认为孔孟之“义”代表着儒家思想的“义”，即包含正义、公正、自尊自强等思想内涵。

儒家思想中的“义”长期以来在我国的外交事务中发挥着巨大的作用。那么，上述的“义”的内涵是如何体现在我国外交中的呢？用邓小平1974年在联合国第六次特别会议上的表态或许可以说明这一点。在这次会议上，邓小平庄严地向世界宣布：“作为社会主义国家，中国永远不会称霸，永远不会欺负别人。我们中国不打别人的牌，也不允许任何人打中国牌”。

建立在战争废墟上的新中国在成立之初虽然国民经济基础薄弱，但在党的英明领导下，在全国人民万众一心的努力下逐步摆脱了困境，在实现了经济持续高速发展、国际政治地位不断提升的同时，也赢得了世界上绝大多数国家的尊重和承认，然而一小部分国家在同我国交往时始终带着一副“有色眼镜”，即不想失去中国这个庞大的市场，在经济上依赖我国，又时不时制造出一些事端、提出一些借口百般刁难，其中以“中国威胁论”为代表。自新中国成立之后“中国威胁论”是一直存在的，一小部分国家总是在用不同的说辞渲染来自我国的“威胁”。建国初至冷战前，美国炒作过“中国威胁论”，其主要指导思想是反社会主义制度和民族革命；冷战第一阶段末到第二阶段初期，即20世纪60年代美国扩大“中国威胁论”的宣传，主要目的是打击中苏同盟，促使其内部瓦解；近些年随着我国经济、政治实力的迅速增强，这时期的“中国威胁论”的主要着眼点不单纯限于政治和军事方面，经济方面占的比重越来越大，提出的理由也更具体化，如“操纵人民币汇率”“能源消耗世界第一”等。

党和国家领导人是充满智慧的，对于国际形势的变化了然于心，对于我国今后走什么样的发展道路成竹在胸。针对甚嚣尘上的“中国威胁论”，面对少数国家别有用心的质疑，以邓小平为核心的党和国家的第二代领导集体早在上世纪70年代就提出了“不称霸”的外交主张。“霸”是“霸主”之意，在我国的字典中既可以用于褒义，也可以用于贬义。“不称霸”即不在世界上谋求霸主地位，不充当世界的单极，处处颐使气指，无视世界正义和公正原则总想以利己的方式处理问题，并且总是表现为一种最终仲裁者的姿态。“不称霸”的外交主张表明了我国愿意在和平共处五项基本原则的基础上同其他国家开展平等外交，公正处理国际事务的和平意愿。

历史事实证明，大国的崛起往往伴随着国际秩序的颠覆，因此有些国家以此为借口对于我国的崛起公开表达了担忧和不信任。我们国家深谙这一点，在21世纪初又适时提出了“和平崛起”的外交理念。“和平崛起”强调在中国变大变强的前提下我们会自觉遵循“和平”理念，不恃强凌弱，不干涉他国内政，严格遵循国际上大多数国家认可的准则和规定，缔造和维护良好的公正的国际秩序和规范，而在这一点上显然与儒家强调的公正、恪守规范等“义”思想的诸多内涵不谋而合。因此，从这个角度来看，“和平崛起”和“不称霸”在本质上是相通的，并且前者是对后者进一步的诠释和发展。

另外，在许多国家，特别是第三世界国家的眼中，我国是一个正义的大国。之所以这样说，是由于作为发展中国家之一，新中国从来就没有向强权和霸权屈服过，在国际上行事依据的是正义和公正原则，不怕得罪发达国家，也从不歧视和欺负弱小国家。我国从来不参与无礼干涉他国内政的行径，并且能够在自己的权力范围内积极地抵制这种行径以维护相关国家的正当权益，例如我国3次否决了少数国家炮制的干涉他国内政的联合国决议草案，分别为2007年1月份的缅甸问题决议草案、2008年7月份的津巴布韦决议草案和2012年3月份的叙利亚问题决议草案，正确行使了联合国常任理事国的神圣权力，挫败了少数国家的阴谋，维护了国际正义和公平。

我国的正义还体现在与各国通力合作致力于解决诸如生态、饥饿、恐怖主义、跨国犯罪等全球性问题上。严格来讲，恐怖活动也属于跨国犯罪的一种，不过由于恐怖主义的影响越来越大，在本书中将其单独列出予以说明。

生态问题是全球性问题，关系到子孙后代的生活环境和质量。国际生态环境早已亮起了红灯，无度的开发、资源的浪费、工业化的污染等虽然换来了经济的发展却使得越来越多的人深受其害，甚至于因此罹患重病。让人略感欣慰的是，近年来，许多国家已经意识到这个问题的严重性并积极投身到保护自然环境、开展国际生态合作等活动中来，我国就是其中的代表。虽然国内环境问题依然不少，但是我国逐年加大环保投入，加强整治力度，积极开展同他国的联合治污等，并且在近几年的世界气候大会上大力倡导减排和生态履约，同一些发达国家对于减排的消极态度形成了鲜明对比，展现出新兴的环保大国的正面形象，体现了我国正义的一面。

在消除全球饥饿问题上，我国主要通过世界粮食计划署来开展活动。据统计，直至现在，世界上的饥饿人口仍有近10亿，有三十多个国家面临着较为严重的粮食危机。饥饿问题正在凸显其负面作用，成为影响国际安全和稳定的重要因素之一。虽然我国的粮食自给率不足90%，但一直以来我国高度重视粮食安全问题，克服种种困难，加大科研力度，连年实现粮食增产。据2013年底国家统计局发表的相关数据显示，2013年我国粮食总产量突破了6亿吨大关[①]，实现了连续10年增收，这是一个了不起的成就。除此之外，在消除全球饥饿活动中，我国态度明确、积极主动，逐年提高捐款额度，在这个领域中的国际影响力和认可度越来越大，已经成为提供援助的主要力量之一，同时也成为世界粮食计划署的主要合作国之一。总而言之，我国在努力保障自身粮食供应、为世界粮食安全做出突出贡献的同时，还积极加入到消除全球饥饿的行动中，这也显示出我国是一个负责任的正义的大国。

在反对恐怖主义问题上，我国起步较晚，在美国9.11事件之前恐怖主义这个词很少出现在人们的视野中，反恐问题也不为广大的老百姓所了解和关心。9.11事件给包括我国在内的绝大多数国家造成的震撼或许是近几十年内其他的恐怖事件所不可比拟的。应该说9.11事件给世界各国的反恐事业敲响了警钟。近年来，我国国内发生的恐怖袭击事件有抬头的趋势，特别是疆独分子和部分邪教组织等制造了一些骇人听闻的惨案，给我国的国家安全和民族团结造成了极大的危害。对于这些恐怖分子，国家在提高防范等级、加大打击力度的基础上，还积极谋求国际合作，开展国际协同作战。在尽力消除国内恐怖威胁的同时，对于国际上的恐怖势力也持强烈谴责和配合打击的态度。另外，我国在一些地区反恐事业中也充当了主要角色，利用日益提升的国际政治、经济、军事和科技影响力对恐怖分子持续施压，对维护世界安全和稳定做出了突出的

① 参考“国家统计局关于2013年粮食产量的公告”http://www.stats.gov.cn/tjsj/zxfb/201311/t20131129_475486.html

贡献。例如2001年在我国成立的上海合作组织的宗旨和任务之一是：维护和加强地区和平、安全与稳定，共同打击恐怖主义、分裂主义和极端主义。多年来该组织在反恐领域中做出了突出的贡献，在成立当日各成员国便签署了《打击恐怖主义、分裂主义和极端主义上海公约》，设有秘书处和地区反恐怖中心两个常设机构，将反恐作为重要使命之一，除了实施反恐军事演习对恐怖分子进行震慑之外，还采取了破坏恐怖组织资金链等多项有效措施，切实有效地为世界反恐大业贡献了力量。

跨国犯罪问题近年来日益突出，我国一直以来投入了大量的人力和物力对其进行了严厉打击。跨国犯罪的种类众多，包括洗钱、非法买卖武器、劫机、海盗、计算机犯罪、国际贩毒等，并且随着经济和科技的发展，犯罪手段越来越隐蔽，影响的范围越来越广，对于主权国家造成的危害也越来越大。世界各国也意识到跨国犯罪的巨大威胁，于2000年11月15日在第55届联合国大会上通过了《联合国打击跨国有组织犯罪公约》，这是世界上第一项针对有组织的跨国犯罪的全球性公约，我国在当年12月签署了该公约。在全球协同合作的背景下，近年来我国联合其他国家对发生在我国境内及海外与中国公民权益相关的跨国犯罪行为进行了整治和打击，维护了我国公民的合法权益。其中最为突出的代表是湄公河惨案相关应对问题。2011年10月5日发生的湄公河惨案中共有13名中国船员罹难，这次惨案震惊了国内外。我国政府在第一时间内做出反应，立即启动应急机制，并协同老挝、缅甸和泰国迅速展开联合勘查和执法，在巨大的压力下，9名犯罪分子投案自首。2012年11月6日，我国云南省昆明市中级人民法院一审对包括糯康在内的四名主犯判处死刑。这次打击跨国犯罪的行动是捍卫我国国家尊严和保障公民利益的集中体现，极好地伸张了国际正义。

总而言之，不难看出，在我国当代外交理念中，儒家“义”思想牢牢地占据了一席之地，在外交政策的制定和外交事务的操作过程中起到了重要的指导作用。

第二节 日本外交文化中的儒家思想

一般认为，将儒家思想首次传入日本的是应神天皇时期从朝鲜赴日的五经博士王仁。然而，对于这种说法，有些学者认为值得商榷。例如王勇认为“‘能读经典’的阿直歧早于王仁渡日，《海东绎史》说他带去《易经》《孝经》《论语》诸书未必可信，但在教授太子菟道稚郎子时，极有可能使用某些儒学‘经典’”①。这种观点不无道理，作为当时先进思想文化代表的儒家思想无疑是中国和朝鲜学者们竞相研究的对象，既然“能读经典”，那么知晓儒家思想的可能性极大。因此，王勇认为“儒学作为一种学术思想体系东传，始于继体天皇招请五经博士”②，在这里，王勇并没有提人名，而这种观点显然更容易让人接受，即儒家思想传入日本的是五经博士，但究竟是谁首传的，由于中国古书中并未记载，而日本的《古事记》《日本书纪》和《续日本纪》中有关王仁的记载并未统一，所以暂应谨慎对之。但不管如何，儒家思想在公元5世纪左右已经传入日本这一点似乎已基本上得到学界认可。

如果说引入日本之后直至江户时代之前日本人对儒家思想以吸收消化为主的话，那么从江户时代开始（1603年）儒学可谓是在日本形成了自己的特点，披上了日本民族的外衣。当时的儒学大家以藤原惺窝为主要代表，他终身研究儒家思想，注释了四书五经，为儒学日本化做出了重要的铺垫和贡献。后又有其弟子林罗山等在儒学研究方面做出了突出

① 王勇.《日本文化》.北京：高等教育出版社，2001：146.

② 同上书，146-147.

的成绩，林罗山的主要贡献是将儒学中的朱子学官学化。其后也出现了许多杰出人物，如日本古学派的代表山鹿素行提出在遵守道德前提下的义利观统一问题；而古学派的另一代表荻生租徕对于儒家的“道”给出了新的见解，另外还主张顺应天命，认为天命和圣人之心都是深不可测的。可以说，日本儒学的发展在江户时代达到了全盛时期。

明治维新后，日本开始全面向西方学习，西学成为一部分人眼中先进文明的象征，而以儒家思想为代表的传统思想则成了腐朽落后的代名词。在这种背景下，日本人对于儒学的态度发生了转化，出现了所谓的“德育之争”。一部分的学者，例如思想家、教育家福泽谕吉著书批判儒家的孝道和仁政，对于儒家思想进行正面攻击；教育家杉浦重刚认为应该重视西方的自然科学；还有一部分的学者作为保守派的代表，出于维护皇权的目的批判明治维新带来的文明开化现象，这其中的代表有教育家西周，政治家福地源一郎、井上毅、山县有朋，时任宫内天皇侍讲元田永孚等。由于保守派的目的是保皇，自然得到了当时日本明治天皇的支持，并于1882年颁布了《军人敕谕》、1890年颁布了《教育敕语》，明确了忠孝为日本国体的精华，运用行政力量确立了儒家思想的在军队和民间的地位，同时也终止了“德育之争”。

《军人敕谕》中的内容抛除皇国史观的部分不谈，儒家思想的精髓广有体现，特别是其中的五条训诫部分更是如此。这五条训诫各有一句总括，将其翻译过来意思大致如下：

（1）军人当以尽忠尽节为本分。

（2）军人应以礼仪为重。

（3）军人应当倡导武勇。

（4）军人应当以信义为重。

（5）军人应当以简朴为旨。

可以看出，在《军人敕谕》这五条训诫的总括部分明确提出了“忠”“礼”“勇”“信”“义”等儒家道德规范，并且在每一条中都有详细的解释，虽然由于篇幅问题在此没有一一列出，但仅从这五句话中便可略见一斑。

另外，《教育敕语》在日本近代儒家思想传播史上占有极其重要的地位，为更好地理解该问题，在此也将其译文呈现如下：

朕唯我皇祖皇宗肇国宏远，树德深厚，我臣民克忠克孝亿兆一心，世济其美，此我国体精华，而教育渊源也实存于此。尔等臣民尽孝于父母、友爱于兄弟、夫妇和睦、朋友信任、恭俭持己、博爱及众、修学习业从而启发智能、成就德器。进广公益、开展世务、常重国宪、遵守国法。一旦缓急则义勇奉公以扶翼天壤无穷之皇运，如是者不独为朕之忠良臣民，又足以彰显尔等祖先之遗风矣。

斯道也，实为我皇祖皇宗之遗训，子孙臣民俱应遵守。通诸古今而不谬，施诸中外而不悖。朕庶几与尔等臣民俱应拳拳服膺咸一其德。

从《军人敕谕》和《教育敕语》的内容可以看出，明治天皇所强调的军人和臣民应恪守的道德均源自我国的儒家学说，在突出强化“忠孝”的基础上，提出了“孝、友、和、信”等诸多德行，并且对于“义勇”也有特别的论述。明治天皇的初衷是为了维护皇权，但之后“忠、孝、义、勇”等则成为皇国史观的核心思想，《军人敕谕》和《教育敕语》自然也被赋予了军国主义的色彩。

《军人敕谕》和《教育敕语》虽然在战后1948年6月16日被废止，但其中提倡的儒家思想在日本已深入人心。当然，儒家思想在日本扎根是一个长期的过程，《军人敕谕》和《教育敕语》不过是在其中起到了一定的作用而已，但是如果提到近代日本儒家思想传播的话，《军人敕谕》和《教育敕语》的颁布和施行则是不得不提的事件。

综上，虽然儒家思想在日本社会中得到广泛的认同，但是具体到外交文化的话，日本对于儒家思想的认识与我国相比可以说是大相径庭。如果说“仁”和“义”是我国外交文化中儒家思想的代表的话，“忠”和“勇”则是日本外交文化中儒家思想的集中体现。

一、“忠”与日本外交

“仁、义、礼、智、信、恕、忠、孝、悌”是儒家思想的主要内容。从这个顺序看来，“忠”虽非儒家首推的道德，不过也是儒家所极力推崇的。在儒家代表人物中，孔子对日本的影响最大，日本所信奉的“忠”也多来自孔子的思想。孔子的“忠”有几个内涵：首先是忠诚，这是孔子提得最多的。“君使臣以礼，臣事君以忠”[①]，这句话的内涵是君主要礼待臣子，臣子对君主要忠诚或忠心。另外，“爱之，能勿劳乎？忠焉，能勿诲乎？”[②]里的“忠”也是同样的含义，意为如果忠于他，就要（在一些事情上）劝告他。关于这个内涵，《论语》中还有一些类似的言论，不一而足。孔子“忠”的其他内涵多从品性的角度来阐述的，有的指尽心尽力，如“吾日省三身：为人谋而不忠乎？与朋友交而不信乎？传不习乎？”[③]，这句话据记载原本是曾子说的，作为孔子的主要门生，曾子的这些思想和言论传自孔子这一点毋庸置疑。有人认为这里的“忠”意为忠心或忠实，如果这样理解的话则过于牵强。“为人谋而不忠乎？”中的“人”未必一定就是指君主或主人，理解为普通人更加合情理，因此，这句话的意思应该是“替别人出谋划策是否尽心尽力？”还有的“忠”指诚心诚意，如“居处恭，执事敬，与人忠；虽

①《论语·八佾》。
②《论语·宪问》。
③《论语·学而》。

之夷狄，不可弃也”[①]，这里的“与人忠”意为对人要诚心诚意，也是孔子认定的“仁”的三项标准之一。

儒家思想中的“忠”对日本，特别是近代日本影响巨大。儒家的“忠”传入日本后，由于其内涵与日本人所信奉的“诚”有相通之处，因此在日本得到了广泛的认可。日语中的“诚”，在现代多指诚实、真诚、诚心、真实、诚意等，原本也是来自我国的儒家思想，孟子提到“是故诚者，天之道也。思诚者，人之道也”[②]，这句话意为“诚信（诚实）是自然之道，追求诚信（诚实）是做人的根本道理。”既然是同源，日语中的“诚”与《论语》中“忠”有共通之处是不足为怪的。到了江户时代，日本的一些儒学家又对“忠”给出了自己的见解。例如日本近代著名的儒学家伊藤仁斋在《语孟字义》中提出“忠”的内涵，大致可以理解为“给别人做事就像给自己做事一样，替别人出谋划策就像给自己出主意一样，没有丝毫的懈怠和不尽心。”实际上将此内涵与孔子的“为人谋而不忠乎？”相比较的话会很容易地发现，伊藤仁斋对于“忠”的认识并没有摆脱孔子学说的影响，只不过进一步细化了而已。当然，从伊藤仁斋历来对《论语》推崇备至，并且总是在极力地维护孔子思想这个背景来看，他如此定义“忠”又是完全可以理解的。

不过，随着江户时代武士道的兴起，日本人对于“忠”的认识则更偏向孔子提出的“臣事君以忠”的理念，“忠”成为武士的第一要素和美德。并且，日本人的“忠”更多的属于一种死忠，即不加任何条件的忠诚，在这一点上与孔子的主张还是有区别的。因为孔子虽然主张“臣事君以忠”，但是又加了一个前提条件，即“君使臣以礼”。而武士提倡的“忠”，是对主君而言的，为了维护主君的利益和尊严，可以

①《论语·子路》。
②《孟子·离娄上》。

不讲任何条件地牺牲自己的生命。在幕府统治时期，日本武士和平民百姓效忠的对象是掌握实权的将军以及各地的大名，因为在这个时期，他们被灌输“对将军尽忠等同于对天皇尽忠”的思想，是当时的幕府将军进行了概念上的偷梁换柱，为自己实质上的统治加上貌似正义的光环。幕府时代结束后，日本重新恢复了天皇的实质统治。天皇非常强调臣民对于自己的效忠，采用各种手段加强皇权，例如通过前述的颁布《教育敕语》等行政手段，并结合神道教在日本社会中的影响不断地神化自己，最终形成了一种日本特有的天皇信仰。这种信仰主张天皇为最大的主君，为了天皇的尊严而战是至高无上的荣誉，天皇的命令需要无条件地遵从。特别是明治维新之后，保守派在维护儒家思想地位的时候，将“忠”字发挥到了极致，大力宣扬皇国史观，为日本之后发动对外侵略战争提供了思想上的支撑。天皇信仰是近代日本社会发展的产物，也是“忠”字在日本文化中的集中体现之一。

自从形成了天皇信仰，在近现代日本外交中，“忠”思想发挥了巨大的作用。二战期间，日本的外交以对外侵略战争为主要的表现形式。天皇成为日本人的精神领袖，效忠天皇成为日本军人的精神支柱，一旦战败天皇就会蒙羞，因此这种事情绝对不能让其发生。可以说大多数的日本军人都有这种想法，对他们来说，天皇和日本是分不开的[①]。

从明治维新时期天皇信仰的形成一直到二战战败，以大陆政策为主的东亚地区强权外交、大国协调外交、包括自主外交和武力外交在内的战时外交等日本所有的外交政策的推动在物质上依靠的是国内经济的发展、军工产业的大量投入，在精神上依靠的主要是天皇信仰。“忠”对日本外交影响最大的可以说就在这个时期。因为在这期间，日本人认

---

① [美]鲁思·本尼迪克特.《菊与刀（增订版）》. 北京：商务印书馆，2009：31。

为天皇是神在现世中的代言人，日本人民均为神的后裔，其他民族均不如本民族优越，因此对于天皇的效忠等同于对神的效忠。这种日本化的儒家和神道教紧密结合的思想教育使得日本人，特别是日本士兵具备了极强的精神力，崇尚精神不死，二战时期的神风突击队就是一个典型的例子。另外，在许多战线中日本士兵的投降率惊人地低，宁可战死、绝不投降已经成为铭刻在他们心中的信条，并且绝大多数日本士兵都在无比忠实地执行着这一信条。例如在北缅会战中，被俘与战死者的比例为142比17166，也就是1比120[①]。究其原因，除了日本军部发布的禁止投降的命令起到主要作用之外，日本士兵骨子里的以愚忠为代表的天皇信仰也是重要的决定性因素。

随着昭和天皇以“御音放送”的形式宣读《终战诏书》，日本宣布战败，虽然这也同时宣告了天皇信仰的破灭，不过人们惊讶地发现之前一直负隅顽抗几乎看不到一丝投降迹象的日本士兵却纷纷放下武器选择了遵从天皇的旨意，这也从侧面说明了天皇在日本人心中的地位。

二战结束并非意味着“忠”对日本外交失去了影响。经过日本化的儒家“忠”思想已经成为日本人民族性的重要组成部分，虽然对于日本天皇的“忠”在名义上并没有改变，但实质上二战后日本人“忠”的对象已经实现了转移，强大的美国成为日本效忠的对象。日本人的民族性里，自古以来就有强者崇拜的意识，从古代的中国到现代的美国，无疑都是日本人学习膜拜的对象。二战后，日本在外交上实施吉田路线，于1951年与美国签署了《日美安全保障条约》，1952年签署了《日美行政协定》，1960年签署了《日美共同合作和安全条约》。依托日美安保体制，日本在美国的羽翼下一心一意地把精力投到经济发展上，实现了战

① 同上书，36。

后经济的腾飞，迅速从战争废墟上崛起。到了20世纪90年代日本外交的主要特点之一是强调在日美安保体制下与美国的对等外交，同时，“入常”战略和“普通国家化”也是这时期日本外交的重点。进入21世纪，小泉政权之后，日本首相开始了走马灯似的更替，日本的外交指导思想也在不断地发生着变化，“自由与安全之弧”“新福田主义”、以亲美入亚为本质的“友爱外交”等纷纷问世，不过这些外交政策普通短命，主要原因是日本政权的稳定性太差，首相更迭过于频繁。在这一时期内，日本继续谋求政治上与美国对等，想摆脱附庸美国的国际形象，但是效果不佳。2013年12月，日本首相安倍晋三不顾我国和韩国等国家的强烈反对，悍然参拜靖国神社，并且只是于参拜前1小时知会美国。参拜后安倍对来自我国和韩国等国的严厉指责百般狡辩，没有显示出示弱的迹象，这说明安倍早就对形势做了预判，预料到了我国和韩国等国家的反应。然而当美国公开对安倍的参拜行为表示“失望”时，安倍明显没有预料到这一结果而显得非常不安，日本各大媒体也重点报道了美国的态度并表示担忧，事后安倍服软，表示“将真诚地为获得美方的理解而努力”，这足以证明日本所谓的与美国对等外交在现阶段根本就没有实现。

严格地说，二战后日本外交的基轴就是日美同盟，一切外交活动都是在日美同盟的基础上展开的。关于这一点，日本的多届首相已经在不同的时期和不同的场合进行了强调。随着日本经济实力的增长和国际话语权的提升，虽然在整体上唯美国马首是瞻，处处体现出忠诚的跟随者的形象，然而日本人对美国的“忠”毕竟不等同于对天皇的“忠”。对天皇的“忠”是无条件的，是骨子里带来的东西，而对美国的“忠”是有条件的，即在日本还无法成为所谓的“正常国家”的时期内，美国必须对日本实施包括核保护在内的军事保障，承认日本的盟友地位并遵守《日美安保条约》的规定。如果美国没有满足这些条件的话，很难想象日本对于美国的忠诚还会保留几分，因为前者对后者的“忠”实际上出自强者崇拜心理，并不是非常稳固的。事实上在当代外交中，日本在政治军事方面依然表现出对美服从的特点，所谓的对等外交并没有取得突破性进展，但是同美国在诸多国际问题上出现不同声音的倾向越来越强，特别是在经济等其他领域中有时甚至会出现针锋相对的情况，呈现一种经济上对美的强势，这也说明日本对美国的“忠”是相对的，并且是附加了条件的。

总而言之，经过了甄选和改造的儒家“忠”思想对于日本近现代外交影响巨大。而这种“忠”思想整体上表现为两个阶段，一是二战前的以无条件服从为特征的对于天皇的“忠”；二是战后的以附加条件为特征的对于美国的“忠”，并且这两种“忠”在各自的时期内成为日本外交行为和指导思想的最大的决定性因素。

二、“勇”与日本外交

如果说“忠”位于“仁、义、礼、智、信、恕、忠、孝、悌”之列，属于儒家重要思想之一的话，那么“勇”在儒家学说中的地位则明显不在前列。以《论语》为例，孔子对于“勇”的论述本身就不是很多，而且其中约有半数给其加上了限定条件。“勇而无礼则乱”[①]，讲的是虽然勇敢但是不守礼节的话就会违法。这里的“勇”貌似指勇敢，不过更多侧重于指莽夫之勇，并且给其加上“礼”的限定。同样的观点例如“好勇疾贫，乱也”[②]，讲的是喜欢蛮勇却对自身的贫苦处境不满，就有可能犯上作乱，在这句话中孔子对于“勇”明显不是一种抬

①《论语·泰伯》。
②《论语·泰伯》。

高的态度。另外，“仁者必有勇，勇者不必有仁”①，讲的是有仁德的人必定充满勇气，而有勇气的人未必有仁德，在这句话中，“仁”与“勇”的地位更是高下立判，“仁”是“勇”的先决条件，而“勇”只是有可能成为“仁”的条件之一。同样，当“勇”和“义”做比较时，孔子采取的是重义轻勇的态度，其证据是“子路曰：‘君子尚勇乎？’子曰：‘君子义以为上。君子有勇而无义为乱，小人有勇而无义为盗。’”②，讲的是子路向孔子请教君子是否看重勇气，孔子回答的是“君子最看重道义。君子只有勇气而无道义就可能会作乱；小人只有勇气而不讲道义的话就会偷盗。”当然，除去以上提到的这几种观点，孔子作为儒家思想的创始人对于“勇”也有正面的评价，而他提出的“勇”多为勇气、勇敢之意。如“知者不惑，仁者不忧，勇者不惧”③，强调的是有勇气的人不会畏惧怕事。另如“若臧武仲之知，公绰之不欲，卞庄子之勇，冉求之艺，文之以礼乐，亦可以为成人矣”④，在这里孔子将勇气或者说勇敢看做是完人的必要条件之一，也属于正面的评价。那么，为什么孔子在有的言论中对“勇”不甚看重，在另外一些言论中又对“勇”进行抬高呢？这难道不是前后矛盾吗？其实，笔者认为其原因除了就事论事之外，主要是由于孔子考虑到了当时的时代背景和社会环境。众所周知，孔子所处的春秋时期，各诸侯国之间频有战乱，崇尚武力是当时的社会风气。孔子周游列国，宣传的仁义思想却始终未得到各诸侯的青睐，为了迎合当时的社会风气，或者说为了迎合各诸侯国当政者好“勇”的心理而使自己的主张能够得以推广，

①《论语·宪问》。

②《论语·阳货》。

③《论语·子罕》。

④《论语·宪问》。

抑或是由于其他一些原因，孔子对“勇”也给出了积极评价。

儒家思想传入日本之后，在相当长的一段时间内，“仁、义、礼”等核心理念是日本人集中研究学习的对象，“勇”的思想并未得到日本人的高度重视。原因是在引入当初，日本作为受教国，还没有精力和能力对于儒家思想进行筛选并进行有条件地吸收利用，只能是全盘引入，只有经过很长一段时间的领会后才可能对儒家思想进行改造并实现本土化。因此，以孔子为代表的儒家学者不抬高“勇”的传统在最初也是原封不动地传到了日本，儒家三德理念在当时并未引起很大的反响。

到了江户时代，日本的儒家思想研究进入了全盛期，对于儒家思想的细致解读也成为一种趋势。将“勇”的精神在日本普及的代表人物是江户初期的著名儒学家林罗山。为什么说林罗山有此贡献呢？林罗山在其代表作《三德抄》中详尽地对于《中庸》中提到的“智、仁、勇”三德进行了说明，三德理念也在日本社会中形成了相当的影响。并且随着武士阶级和武士道的出现，“勇”字在日本人心中的地位越来越重，而“勇”也成了日本武士的代名词之一。

武士道的核心思想来源之一是儒家思想，“忠、勇、义、礼、诚”等被奉为武士应遵守的美德。而“忠、勇”是其两大支柱，其中“勇”又包括尚武的精神，但主要是要求武士敢作敢为、坚忍不拔。由于武士道在日本影响很大，其许多道德也为一般日本民众所接受，其中“勇”也越来越受重视。其佐证之一是许多日本男孩的名字中都带有勇这个字，或者是单独一个勇字，或者是包括勇字；另外，每年的5月5日是日本的男孩节，到处都可以看到鲤鱼旗飘扬，在我国有鲤鱼跃龙门的传说，这种传说也传到了日本，日语中也有“登龙门”的说法，寓意男孩茁壮成长，勇敢坚韧。

这种“勇”思想极大地影响着日本的外交。首先，在作为外交极端表现形式的战争中，日本士兵以“忠”为信条，以“勇”为武器。其次，在外交行为中，“勇”的理念也往往会有所体现。以战后靖国神社参拜事件为例，日本很多政客不顾邻国的强烈反对，经常选择日本二战战败纪念日即8月15日，或其他对日本人而言特殊的日子去参拜，这其中，以日本前首相小泉纯一郎最为出格。在我们看来，小泉近乎不可理喻地先后6次参拜靖国神社，极大地伤害了我国、韩国等在内的广大受日本军国主义迫害的国家人民的感情，使中日、韩日关系跌至谷底，然而其本人却丝毫不为所动。同时，小泉能够执掌日本政权达5年半之久，且长期维持了相对高的国内支持率，究其原因，一方面是由于日本民族情绪主义上升，另一方面我们也可以从日本人对待“勇”的态度上寻求答案。或许在许多日本人眼中，小泉是一个“敢作敢为”和有“勇”的人，对邻国保持强硬态度，同之前的多届日本首相形成了鲜明的对比，因此纵使政治主张可能不合，但是在一个素有武士情节的国家中，小泉这样的人往往会得到较高评价，因此在进行选举投票时，在没有其他更加合适的人选出现的情况下，把票投给他倒也不难理解。有了小泉这样的参照，安倍晋三在二次上台后，基本上也是采用了同样的方式，尽管他在表面上显得比小泉更圆滑一些，但是其本质同小泉几乎没什么区别。这或许是他本性使然，或许是在故作姿态，演戏给日本民众看，因为他知道什么样的首相可能得到支持和拥护。2013年底安倍参拜了靖国神社，并且以日本内阁总理大臣的名义献上祭品。安倍选择参拜的原因有很多，除了日本人固有的生死观在起作用外，笔者认为还有两个主要原因：一是迎合日本保守势力的要求，从日本遗族会那里继续获得支持；二是期望以这样貌似“勇敢”的行为迎合日本国民的心理。而据日本《读卖新闻》2014年1月份的民调结果显示，支持安倍参拜和不支持参拜的比例非常接近，分别是45%和47%，而安倍内阁整体的支持率为62%，为他在任期间的高点。单凭这个民调结果还不能说明安倍的参拜行为给其提升支持率加了多少分，因为我们知道所谓的安倍经济学的噱头和日本申奥成功对于提高其内阁的整体支持率也是起到至关重要作用的，但是从这个结果中至少可以得出一个结论，即近半数的日本民众支持参拜说明安倍的博弈是有其国内基础的，当今日本的民族主义情绪和军国主义倾向值得我们保持高度的警惕。

实际上，日本少数政客参拜靖国神社的行为在他们自身看来也是实现日本政治大国外交目标的必要措施之一。日本政治大国的目标最初是在20世纪90年代初由小泽一郎提出的“普通国家论”转变来的。“普通国家论”表面上欲使日本成为所谓的正常国家，实质上是想让日本突破宪法第九条的限制，重新拥有军队并可以海外派兵。2014年7月1日安倍内阁通过决议，宣布解禁集体自卫权，已经部分实现了颠覆宪法第九条的目的。总而言之，“普通国家论”的观点一直以来得到了日本保守人士的大力支持，修宪也成为一部分人一贯的政治主张，而这些也成为他们参拜靖国神社的借口之一，既然是要谋求做一个“正常国家”，那么是否参拜就是日本本国的事务，外国无权干涉，这是其主要主张。其实，纵观战后日本右倾势力的活动和发展过程可以发现，其主要体现为保守和强硬。特别是强硬这一点被许多日本人理解为敢说敢做，这是日本根深蒂固的“勇”思想的集中体现。当然，我们知道，这种所谓的“勇”只不过是一种被扭曲的意识，是在日本人的需求下被有意识改造过的思想，有很大的牵强附会的成分在内。

总而言之，经过日本化的儒家思想中的“忠”和“勇”对于日本外交有着深远的影响。并且如前所述，“忠”是起决定性作用的，“勇”在本质上服从于“忠”，但这不意味着“勇”一直从属于“忠”，在某些特定的历史条件下，有可能暂时性地实现逆转。例如，进入20世纪90

年代，虽然在政治和军事上日本依然听命于美国，但是两国间长期的贸易逆差以及在诸如超导、超级计算机等新兴高科技领域中的日趋激烈的竞争使得日美之间经济摩擦严重，甚至于在美国出现了“日本威胁论”的舆论导向。虽然对于美国，日本基本上是“忠”字当头，一直在刻意压抑骨子里的“勇”，不过这种“勇”偶尔也会爆发，其体现之一是日本在这个时期出版了一本《日本可以说“不”》的书，这本书一经问世，迅速风靡全日本，其主张强硬自主和放弃对美屈从外交的观点大大迎合了日本人的心理，燃起了日本人对于“勇”的向往。在这种思想意识的复活下，日本的少数政客甚至公开发表抨击美国的言论，而这在之前的战后日美关系史上几乎是不可想象的。这次的爆发给日本积攒了实现政治大国外交目标的资本，让美国也意识到调整对日战略的必要性，开始让日本承担更多的责任，满足日本所谓的“对等外交”的诉求。其后随着美国经济实力的相对减弱，日美之间的这种调整一直在不断地博弈和继续着。

第三节　中日外交文化中儒家思想的比较

一、主要相同点

1. 历史悠久，对包括外交在内的社会生活各层面的影响巨大且延续至今。

虽然我国是儒家思想的发源国，日本是儒家思想的受教国，在接受时间上晚于我国，但儒家思想在两国可谓是都有悠久的历史，在包括外交在内的社会生活的各个层面都有着巨大的影响，并且这种影响延续至今。

从孔子创办儒家学派开始，在我国的历朝历代儒家思想几乎都被赋予了新的内容，有些与当时的时代精神高度吻合，有些则成为“放之四海而皆准”的万世不变的真理，共同构成了中华思想文化的一块瑰宝。儒家思想内容深邃丰富，自从西汉时期确立了其在思想领域的统治地位之后，在我国社会生活的方方面面都留下了很深的印痕，特别是对于我国外交思想和理念的形成和完善产生了深远的影响，在当代也有很强的现实意义。

另外，日本可以说是中国之外受儒家思想影响最深的国家。儒家思想在传入日本之后，特别是孔子的“仁、义、礼、智、信”思想在当时的皇室中得到了推崇。以《论语》《礼记》等为代表的儒家专著成为统治阶级的必读书目，其中的经典语句更是得到了广泛的应用。例如公元603年圣德太子推出的“冠位十二阶”的依据就是孔子的“仁、义、礼、智、信”，在“仁、义、礼、智、信”的基础上略加改造，添了“德”字，顺序微调，从而构成了“德、仁、礼、信、义、智”，又各分为“大小”组成十二个级别，并配以相应的颜色制成官帽来区分官员的职位。当然，圣德太子推出“冠位十二阶”的目的不只是划分官职高低，还有希望臣民谨遵儒家教诲之意。在次年的公元604年，圣德太子制定了《十七条宪法》，在该部法典中，前无古人地摘用了大量的儒家语句，如第一条中的“以和为贵”出自于孔子的“礼之用，和为贵”[①]。信奉儒家教条的例子在日本皇室中比比皆是，这说明儒家思想对于当时的日本已经产生了非常大的影响。之后，儒家思想在日本的发展又经过了几个阶段，总而言之，其在日本社会中的巨大影响一直延续了下来，而日本自古以来的外交理念中也有很明显的儒家思想的痕迹。

2. 其传播都有过一波三折的经历。

如前所述，儒家思想在中日两国各自的发展史上，都有为统治阶级所青睐成为官方主导思想的时期，这一点不再赘述。另外，在各自的发展过程中都不是一帆风顺的，也都有过遭到排挤打压的阶段，不过程度不同而已。

在我国到了近代，新文化运动向孔孟之说开炮，宣扬民主科学，号召民众摒弃封建守旧思想；新中国成立后，讲科学蔚然成风，儒家思想不但没有重新得到重视，反而在“文化大革命”期间，在“破四旧”的风潮下遭到了毁灭性的打击，老百姓一时间谈孔色变。可以说从近代开始的这个时期，儒家思想在我国的发展陷入了谷底。

在日本，儒家思想传入之后经过长期的吸收和发展，于江户时代达到了全盛期。然而，明治维新后，日本崇尚西学，以福泽谕吉为代表的部分学者开始抨击儒家思想为落后的愚民思想。由于这部分学者在当时日本社会的影响较大，儒家思想也因此遭到了一定程度上的质疑和排斥，其社会影响也大为削弱。但是从总体上说，其受打压的程度与我国文革时期时相比还是要小得多。

儒家思想在两国的发展陷入低谷的时期，其影响力，包括对外交的影响力自然也随之大为降低，甚至到了可以忽略不计的程度。

二、主要不同点

1. 在日本传播过程中日式改造的痕迹明显。

众所周知，日本是一个善于吸收他国文化并能有效地进行实用性改造，使其融合成为本民族文化的国家，对于儒家思想亦是如此。即便是在引入之初，也不是全盘吸收，是有目的的选择性吸收，且选择的标准因时代不同而各异，特别是统治阶级的需求在其中起到了很大的作用。以孟子的学说为例，在中国有“二圣”之说，即孔孟二人是儒家思想最主要的代表人物，然而儒学传到日本，二人学说的命运却大相径庭，“尊孔排孟”成为日本江户时期之后的主旋律之一。其实，在《孟

①《论语·学而》。

子》初入日本时，作为儒家思想的代表著作，得到了相当的重视，流传甚广。不仅地方学者研习《孟子》，朝廷幕府及博士家亦讲读传授。[①]然而为什么后来孟子的学说在日本受到排斥呢？其最根本的原因在于孟子的革命思想与日本万世一系的皇权发生了本质上的冲突。孟子革命思想的本源在于民本论，他认为“民为贵，社稷次之，君为轻。是故得乎丘民而为天子，得乎天子为诸侯，得乎诸侯为大夫”[②]，在孟子的学说中，君主的地位不再是高高在上，天子也不一定必须来自于皇室，有仁德并能得到百姓拥护的人就可以成为天子，一切是由百姓来决定的，因此天子必须实行仁政，否则百姓有权进行革命来推翻暴君的统治并另选仁君。孟子的这种思想在其代表作《孟子》一书中有较为充分的体现，其他类似的较为有名的论述例如“齐宣王问曰：‘汤放桀，武王伐纣，有诸？’孟子对曰：‘于传有之。’曰：‘臣弑其君，可乎？’曰：‘贼仁者谓之贼，贼义者谓之残。残贼之人，谓之一夫。闻诛一夫纣矣，未闻弑杀君也。’”[③]，这段话更是直白地表述了孟子的革命思想，“弑君”在他看来不过是杀了一个残暴的人而已。统治者如果残暴荒淫，不但可以推翻他，还可以弑杀他，这种观点放在皇权社会中应该属于极其忌讳的言论，而日本自认天皇的统治万世延续，天皇是现人神，也是日本的象征，臣民受其统治是理所当然的，任何想要推翻天皇统治的想法都是大逆不道的。单从这一点上来考虑，孟子的学说在日本无法得到普及是可想而知的。“尊孔贬孟”是儒家思想在日本传播过程中被有意识地取舍剪裁的有力证据之一，既反映了吸收先进文化思想的需

① [日]井上順理.『本邦中世までにおける孟子受容史の研究』.東京：風間書房，1972：214.

②《孟子·尽心下》。

③《孟子·梁惠王下》。

求，更是维护政治稳定的必要手段，而在日本皇室的眼中，后者显然更加重要。

总而言之，日本对于儒家思想的改造是不断持续的，特别是到了近代，为了在国内维护天皇的统治，在国外发动侵略战争、实现殖民统治，日本将儒家思想的部分内容改造成为实施扩张主义外交政策的思想工具。

2. 对我国外交影响巨大的是“仁”“义”思想；对日本外交影响巨大的是“忠”“勇”思想。

虽然儒家思想博大精深，但是我们不得不承认其中既有精华，也有糟粕。“取其精华，为我所用”可以说是新时期我们对待儒家思想应有的态度。在其精华中，“仁、义、礼、智、信、恕、忠、孝、悌”等传统的儒家思想对我国外交理念的形成都起到了一定的作用，其中特别是“仁”和“义”对我国当代外交理念的构建和外交方针的制定指导作用重大。在“仁”“义”思想的作用下，我们国家在外交上行事大气，光明磊落，刚正不屈，言出必行，在国际事务中发挥着越来越重要的作用，“大气”“正义”“道义”等已然成为了新中国国家形象的代名词。而日本在吸收引进儒家思想之后对其进行了全面的学习和剖析，并在这过程中有意识地进行了取舍剪裁，特别是如前所述在近代对儒家思想进行了所谓的日本式改造，将其中的“忠”和“勇”提到了首要的位置。作为武士道的主要道德，“忠”和“勇”很容易被一般的日本民众所认同，因此这种改造在实行过程中并没有遇到很大的阻碍。当然，我们必须清醒地认识到，近代日本对于儒家思想的这种改造其最主要的目的是强调对天皇的效忠和作战勇猛，实质上属于一种思想上的愚民手段。

第五章　中日外交文化中的宗教意识

宗教是人类社会发展的产物，是特殊存在的社会现象，属于高级文化中的思想意识范畴。宗教区别于其他文化形态的最大特点是对于虚无神明的信仰和崇拜。在宗教的诸要素中，宗教意识是最核心的部分，宗教的特点在很大程度上是由宗教意识决定的，宗教宣扬的教义和思想都是宗教意识的组成部分，因此宗教研究的核心为宗教意识这种说法是成立的。

现在有基督教、佛教和伊斯兰教三大宗教之说，即在全世界范围内综合来看的话，这三大宗教的影响是最大的，但并不意味着每个国家皆是如此，特别是从外交文化的视角来考量的话更是这样。各国的传统文化和历史积淀千差万别，在外交方面对于宗教的解读和吸收也大相径庭，因此即便是同种宗教意识投射在各国外交中也呈现出丰富多彩的特征。

第一节　中国外交文化中的宗教意识

我国是一个多宗教共存的国家，主要的宗教派别有佛教、道教、伊斯兰教、天主教、基督教等。具体的信教人数目前还没有官方的统计数据，但2014年1月27日中国新闻网的相关报道给出的说法是“中国信教群众上亿”[①]。另外国家宗教事务局局长王作安在2008年发表的文章中说“我国到底有多少人信仰宗教，没有准确的统计数据。通常的说法是大约有1亿多人信仰各种宗教，这仅仅是一种统计加估计的结果”[②]，根据这些信息基本上

① “中国信教群众上亿　俞正声冀其理解支持投身改革”．http://www.chinanews.com/gn/2014/01-27/5785295.shtml

② 王作安．“我国宗教状况的新变化”．《中央社会主义学院学报》，2008（3）：51。

可以判断我国信教人数有“一亿多”是较为可信的数据。

在众多的宗教中，对于我国外交理念构建影响较大的是本土宗教的道教和外来宗教的佛教，因此在本书中将这两种宗教作为重要研究对象。而其他的主要宗教，如伊斯兰教的信徒人口虽然不下2000万，但是毕竟受民族限制较大，在我国的受众面实际上算不上宽泛；天主教和基督教的影响虽然很大，传入我国后也经过了一定的磨合，不过许多理念强烈地反映了西方世界的价值观。另外，我国的外交事务是在党的领导下进行的，无神论是党的基本要求之一，纯粹的宗教信念一般不会体现在我国的外交理念中。

除去以上提到的五大宗教之外的众多小宗教，不是人数、规模、影响等较小，就是教义与五大宗教多有重合部分，也不宜在我国外交文化的范畴中加以重点研究，否则得出的结论反而会显得偏颇，不具代表性。

综上所述，本节中拟将道家思想和佛教思想作为主要研究对象来分析我国外交文化中的宗教意识。

一、我国外交文化中的道家思想

我国的道教历史悠久，派系众多，有全真教、茅山教、正一教等。既是同宗，就必定有一些共通之处，而我们可以将这些共通之处理解为道教的核心思想。一般认为道教的核心思想类似于道家的核心主张，之所以这样说，是因为虽然道教素有宗教神秘色彩，神鬼之说贯穿其中，但追溯其思想根源是老子、庄子等的道家学说，也可以将道教思想近似地理解为加了神鬼外壳的道家思想。在外交文化的研究领域中，神鬼之说自然无须理会，剩下的就是分析道家思想对于外交的影响即可。

我国的道家思想内容丰富，以“道”为基本信仰。本着科学分析和借鉴的理念，我国的当代外交思想中吸收了不少道家的元素，而这些元素对于指导外交事务起到了重要的作用。

1. 天人合一与和谐

天人合一与和谐是道家的标志性理念。老子说“人法地，地法天，天法道，道法自然”[①]，意思是说“人效法于地，地效法于天，天效法于道，而道法无需效法于其他的事物，道法本来就是这样的。”虽然这句话强调的最核心的内容为“道”是一切事物运行所依据的规律，但是“人法地，地法天，天法道”体现的是一种朴素的天人合一思想，天、地、人三者要调和统一。庄子说过“天与人不相胜也”[②]，强调自然与人不会相互对立而超越对方，即自然与人类处于一种和谐的状态，与老子的天人合一理念有共通之处。另外，庄子还说“天地与我并生，而万物与我为一”[③]，这是典型的天人合一的思想。

道家的天人合一思想体现在我国外交中是一种和谐理念。在国际关系中和谐的内涵主要有两点：一是自然与人类的和谐。地球只有一个，自然是相通的，维护自然与人类的和谐需要各国之间加强生态合作。包括我国在内的许多国家已经意识到这个问题的重要性，正在加强环境外交，积极签署并履行环境公约，积极通过环境ODA对于他国的环境事务给予资金和技术支持，进行环保技术和经验的交流，在维护和改善地球环境上不遗余力。二是国家行为主体、国际组织等国际体系各构成要素之间的关系融洽，和平共处，互惠共赢。我国历来将“和平”作为外交政策的核心，“和平共处五项原则”“和平与发展”“和谐世界”等外交理念无一不体现着道家天人合一的和谐思想。

---

①《道德经》，25章。

②《南华经·大宗师》。

③《南华经·齐物论》。

2. 柔能克刚，弱可胜强

柔能克刚，弱可胜强的理念贯穿于老子的思想中。例如他说“天下之至柔，驰骋天下之至坚”[①]，意思是“天下最柔弱的东西可以穿过最坚硬的东西。”研究《道德经》我们会发现，这种柔弱和坚硬的东西老子分别以水和大地为比喻，大地如此坚韧而水可以穿透它。众所周知，老子的核心主张之一是“无为”，因此这句话的内在含义是强调“无为”的巨大力量。不过，舍弃“无为”的思想再来重新体会这句话，我们会发现这里蕴藏着深刻的辩证法则，即“柔”与“刚”、“弱”与“强”是相对而言的，如果满足了一定的条件可以相互转换。

柔能克刚、弱可胜强的思想在我国外交中多有体现。例如2009年11月美国总统奥巴马对我国进行了国事访问，同胡锦涛主席在政治、金融、经贸、安全、环境、教育等各方面进行了对话。在金融和经贸方面，美国的主要意图之一是游说我国继续增持美国国债，同时促使人民币进一步升值。而当时的国际背景是2008年金融危机以来，美国增发美元，发行国债，用美元贬值的手段来降低本国的经济风险，同时却加大了各债权国美元资产贬值的风险。针对美国的这种别有企图的要求，我国不但没有增持美国国债，反而减持了一部分，并且通过黄金等其他的资产配置转移了一定的风险；同时顶住来自美国等一些国家的压力维持了一贯的人民币政策，保持了人民币对美元汇率的相对稳定，也确保了我国的经济安全。另外，我国在不同的时间段，在多个场合公开表示美国应该采取积极行动稳定美元币值，保障各债权国的利益，这种表态使得美国也失去了进一步制造摩擦的借口。这在我国经济外交史上是典型的柔能克刚、弱可胜强的案例，虽然2010年我国GDP总量达到世界第二

①《道德经》，43章。

位，但是仍然无法与美国相提并论，在金融和经贸方面整体处于劣势。在现有的条件下，如果只是一味地硬碰硬，可能会加深摩擦，最终可能会是一种双输的结果。应该在保持一定硬度的基础上，强调战略战术的灵活性，以柔克刚，且让对方无从挑剔，保证国家利益的最大化。

3. 反战而不惧战

道家提倡无为而治，反对统治者使用暴力，其思想中有反战的特征。老子说“以道佐人主者，不以兵强天下，其事好还”[①]，意思是“以道辅佐君主的人，不能以武力逞强天下，否则必有报应。”老子还说“夫兵者，不祥之器，物或恶之，故有道者不处”[②]，意思是“兵器乃不祥之物，人皆厌恶，因此有道之人是不会用的。”从以上这些言论中可以看出，老子有明显的反战思想。老子的这种思想对于后来的道家人物影响较大，例如庄子的主要思想之一也是反战，他认为“今兵不起七年矣，此王之基也”[③]，意思是说“已经7年没有战争了，这是王业的基础。”如果战事起，不仅生灵涂炭，而且可能会动摇君王统治的根基，甚至于王位不保。

除了反战是道家主张的基调之外，道家对于战争还有更深的理解。老子说“兵者不祥之器，非君子之器，不得已而用之，恬淡为上，胜而不美，而美之者，是乐杀人”[④]，这句话中的“不得已而用之”实际上反映了老子对于战争还有一层不惧怕的含义，该来的一定会来，没有其他办法的情况下战争也是选项之一。庄子也说“故圣人之用兵也，亡国而不失人”[①]，意思是“圣人通过战争虽然灭掉了敌国，却没有失掉敌

①《道德经》，第30章。

②《道德经》，第31章。

③《南华经·则阳》。

④《道德经》，第31章。

⑤《南华经·大宗师》。

国的民心。”也就是说庄子虽然反战，但是他也认为战争在某些情况下是不可避免的，关键是战争是否具有正义的色彩。

道家的这种反战而不惧战的思想是我国军事外交理念的重要依据之一。新中国成立以来，在经受了长期残酷的战争之后，我们更加珍惜和平的来之不易，因此，反战是我们的主张之一。但是，反战是有前提的，即反对的是非正义的战争。打着冠冕堂皇的旗号，为达到私利的战争或者是地区争端，我们是绝不会赞同甚至加入的。2003年3月20日，美国不顾多数国家的反对，绕开联合国安理会，以伊拉克支持恐怖主义和藏有大规模杀伤性武器为由发动了伊拉克战争。美国发动这场战争的主要意图之一是攫取石油资源，我国多次在不同场合对这次悍然侵犯主权国家的非正义的军事打击进行了谴责，这充分表明了我们反战的一贯立场。但是同时，我们不惧怕战争，对于一切非正义的军事挑衅决不退缩。抗美援朝战争就是一个很好的例子。1950年6月25日，朝鲜战争爆发，虽然是朝鲜首先入侵韩国，但是其后所谓的联合国军打着制裁的名义出兵朝鲜，实际上将矛头指向了我国，公然干涉我国内政，并多次发生越界行为。在这种情况下，应朝鲜的请求我国不得不迅速做出决断，实施“抗美援朝，保家卫国”的战略决策。事实证明我们的决策是正确的，这也很好地诠释了反战而不惧战的外交主张。另外，中印自卫反击战、对越自卫反击战等都直接体现了我国的这种军事外交思想。

4. 不敢为天下先

老子说“不敢为天下先”[①]，意思为“不敢居于天下人的前面。”这和老子的“不争”思想是较为近似的，他说“以其不争，故天下莫能

①《道德经》，第67章.

与之争”[①]，另外还说“不争而善胜”[②]，可以看出老子非常推崇“不争”。虽然“不敢为天下先”和“不争”思想的内涵实际上都是老子一贯提倡的“无为”，强调顺其自然，不露峥嵘，但二者之间还是有细微差别。“不敢为天下先”更像一种策略，而“不争”则更多侧重于人生态度。

“不敢为天下先”的思想在我国外交理念中占据了重要地位，得到了很好的应用，其代表之一是邓小平提出的外交指导方针。20世纪80年代末到90年代初，东欧剧变，苏联解体，社会主义国家阵营受到了很大的冲击，中国作为继苏联后最大的社会主义国家，被以美国为首的西方国家视为眼中钉，这些国家污蔑1989年我国制止国内政治动乱的事件为践踏人权，宣布实施所谓的“制裁”。在这个关键时期，邓小平提出了新的外交指导方针，其中包括“绝不当头，韬光养晦”。可以说这是道家思想在我国外交中的完美体现。这八个字体现了保持低调的重要内涵，同时，这并不意味着示弱或是胆怯，而是一种高超的策略，显示出能屈能伸、成竹在胸的气魄。在这种外交方针的指导下，我国没有受复杂国际环境的过多影响，埋头搞好经济建设，实现了做大做强自己的预定目标。

5. 国家平等

老子向来主张人与人之间应该平等谦让，并且对于国与国之间的关系也清晰明了地做出了阐释，“故大邦以下小邦，则取小邦；小邦以下大邦，则取大邦。故或下以取，或下而取。大邦不过欲兼畜人，小邦不过欲入事人。夫两者各得所欲，大者宜为下”[③]，意思是“大国谦让于

---

①《道德经》，第66章。

②《道德经》，第73章。

③《道德经》，第61章。

小国便可得其信任；小国谦让于大国，便可见容于大国。或者大国谦让于小国得到小国的信任，或者小国谦让于大国而见容于大国。大国不要老想着过度统治小国，而小国也不要老想着顺从依附于大国。双方都想得到想要的，大国更应该谦让。”这里讲的是大国与小国的相处之道，国与国之间应该平等相处，大国不能用实力压迫小国，而小国也不宜过度顺从于大国，特别是大国应该摆出姿态，礼让小国，这样才能够做到协调发展，和平稳定。

我国在处理大国和小国关系的问题上，一直以来秉持国家不分大小、强弱、贫富，一律平等的外交原则，强调各国都是国际社会中平等的一员，国际事务应该由各国平等协商处理。另外，我国提出的“和平共处五项原则”中对如何处理国与国之间的关系也做出了明确的规定。可以说这些原则的理论基础之一来自于上述老子的国家平等的思想。在这个思想的指导下，虽然近年来我国综合国力不断增强，国际影响力日盛，但是我们在同弱小国家打交道的时候能够严格遵循上述的原则，特别是产生纠纷摩擦的时候并没有恃强凌弱，不在政治上打压或在经济上制裁，而是在联合国的框架内，依据联合国宪章的宗旨和绝大多数国家公认的国际关系基本准则客观妥善地处理出现的问题，尽可能地以和平的方式解决各类争端。

二、我国外交文化中的佛教思想

在我国，佛教不同于土生土长的道教，是典型的外来宗教。虽然学界关于佛教传入我国的具体时间还存在一定的争议，但是较为普遍的认识是西汉末期至东汉初期。佛教传入我国后，与我国的政治、经济、文化等进行了融合，特别是在隋唐时期达到了相对全盛期，隋唐佛学也成为我国传统文化的符号之一，中国化的佛教逐渐为人们所接收。另外，我国历朝历代的统治者中不乏佛教的虔诚信徒，其中特别以南北朝和隋唐时期居多，在此影响下佛教的影响日盛，其中的许多基本教义也逐渐地为国人所熟知。

虽然佛教的派系众多，流传的佛经不计其数，教义五花八门，不过同种宗教一般在基本教义方面都有共通之处，佛教亦是如此。而这些基本教义自古以来在社会上流传甚广，其中一部分对我国的外交思想也不可避免地产生了重要的影响。

1. 众生平等

众生平等是佛教最基本的思想之一。佛教提倡众生平等是有其渊源和历史原因的。众所周知，佛教起源于古印度，而古印度执行四种姓等级制度，不同种姓之间有严格的区别，社会地位天壤之别。因此释迦牟尼在推广佛教的时候就不得不面对一个很现实的问题，即把佛教的受教群体定位于哪个种姓合适。为了使佛教得到最广泛的传播，他推出了众生平等的思想，低种姓群体也获得了同高种姓群体同样的受教权利，在当时的印度社会中自然是引起了广泛的共鸣，平民百姓纷纷自愿加入。由于众生平等是佛教的思想根基之一，因此在各门派的佛经中广有这种思想的论述，略举几例如下，“尔时无有男女、尊卑、上下，亦无异名，众共生世故名众生”①“于诸众生，视若自己”②。

佛教众生平等的思想与道教的国家平等思想共同构建了我国的各国平等外交理念。为什么可以这样说呢？“和平共处五项原则”是由周恩来在1953年提出的，其主要内涵之一就是“平等”。而新中国外交平等理念的形成时间更早一些，有学者认为“中华人民共和国外交的核心价值如独立、平等和尊严，以及以平等为中心的现代国际正义诉求等，

①《长阿含经》。

②《佛说大乘无量寿庄严清净平等觉经》。

都是在革命运动时期酝酿成熟并最终转移到60年的外交之中并逐步扎根”[①]，这种观点应该说是较为客观的。当时我国的主要领导人毛泽东对于佛教思想持较为积极的态度，“毛泽东出生在一个佛教氛围相当浓厚的家庭，在他的母亲——一个虔诚的佛教徒的引导下，自幼深受具有典型的中国民间色彩的佛教文化的熏陶”[②]，佛教的一些基本教义可以说是深深扎根于毛泽东的思想深处。而另一位领导人周恩来对于佛教的教义提出过深刻的见解。两位伟人都与佛教颇有渊源，在外交政策和基本原则的制定过程中，吸收众生平等的思想，并结合其他的传统文化提出国家平等的理念也在情理之中。

2. 命运自定

佛教对于命运的认识去除宗教色彩之外，有其积极的一面。例如佛教不主张人听天由命，主张命运把握在自己手中，幸福的生活需要自己去开创，希望人能够自己去积极地改变命运。改变命运的方法有很多，借鉴我国著名的佛学大师、临济正宗第四十八代传人星云大师的观点，佛教认为信仰可以改变命运，信仰有着不可思议的无穷的力量，即便在艰苦困顿中，即便是抛头颅洒热血，信仰可以成为人毕生前进的动力。佛教认为结缘可以改变命运。佛家常说未学佛法，先结人缘。广结人缘，与人方便往往也会给自己带来方便。佛教还认为持戒可以改变命运。抛除一些贪婪的欲望，改正一些恶习，规范自己的行为，不给别人带来麻烦，往往会给自己带来幸福和满足。

① 牛军．“论中华人民共和国对外关系之经线（1949~2009）”．《自主·理解·合作　中华人民共和国对外关系60年》．北京大学中国与世界研究中心．许振洲，汪卫华主编．北京：当代世界出版社，2012：109.

② 新华网．“毛泽东眼中的佛教文化”。http://news.xinhuanet.com/theory/2007-08/04/content_6469460.htm

命运自定的佛教观有着积极的现世意义，在我国外交思想中也多有体现。既然命运是掌握在自己手中的，就应该执行“自力更生、独立自主”的基本外交政策，不依赖他国，不通过结盟牺牲一些核心利益来换取暂时的安定。佛教认为信仰的力量是无穷的，我国确立了共产主义的远大理想，并且从确立之日起就一直在包括外交在内的社会生活的方方面面起着重要的指导作用，而历史事实证明，这样的远大理想确实改变了并正在继续改变着我们的命运。佛教认为结缘会给自己带来方便，虽然我国奉行不结盟的外交策略，虽然社会主义意识形态在一段时期内为西方国家所排挤，但是我们通过自己的努力赢得了尊重，国际影响力日益强大，我们奉行正义和道义原则，在国际上广结人缘，对于弱小国家不恃强凌弱，经常提供无私的援助，同先进国家交往秉持真诚合作，不卑不亢的态度，获得了广泛的赞誉和支持。佛教认为持戒有诸多好处，我国在外交上强调“和平崛起”“不称霸”，坚持“和平共处五项原则”，不为满足自己的私利和欲望而粗暴干涉他国的内政或支持他国的一些恶行。

3. 遵守秩序，和谐共处

佛家历来主张人和人之间应该相互尊重谦让、遵守戒律、和谐共处。例如佛家重要思想之一的“六合敬”，即“见和同解、戒和同修、身和同住、口和无诤、意和同悦、利和同均”包含着重要的人生哲理，“见和同解”强调的重点是建立了共识就能和谐共处；“戒和同修”强调的重点是人人遵守制定了的规矩就可能免除争端；其他四条的核心思想也与和谐共处理念密切相关。类似的主张在佛教思想中比比皆是，哪怕是外域的佛家亦然，例如“应学和敬法，贤者赞和敬，和敬住正法，不失瑜伽乐”[①]，意思是“人应该学习和敬之法，贤者都称赞和敬，如

①《泰国南藏佛陀语录》。

能以和敬的心态领悟正法，则必得佛法之乐”。这里的“和敬”即是尊重谦让、和谐共处之意。

佛教的这些思想在我国外交理念中有着充分体现。自1971年10月25日我国恢复了在联合国的合法席位以来，我们在外交上一贯主张遵守联合国宪章的各项规定和世界上绝大多数国家认可的国际条约，主张建立“和平共处五项原则”的共识，相互尊重相互理解，不能为了一己私利而制造借口违背这些规定和条约。同时，我国作为联合国常任理事国之一，对于破坏国际秩序，干涉他国内政的草案数次行使否决权，以实际行动向世界表明了我们的立场。另外，“和谐共处”一直以来是我国在外交上的主要主张之一，从“独立自主与和平”的外交政策、“和平共处五项原则”“和平与发展”的时代主题到“和谐世界”理念的提出，均是我们不随意挑起事端、提倡和谐共处的最好证明。可以说，佛教的这些思想是我国外交理念的重要的有机组成部分。

4. 因果业报

“因果业报”是佛教的主要思想之一。“善恶之报如影随形，三世因果，循环不失”①，虽然听起来有较为明显的宗教色彩，但仔细分析下来就会知道这句佛偈实际上充满了辩证主义的道理。其实，众所周知，佛教作为外来宗教，之所以能够在我国扎根并发扬光大，其主要原因之一是佛教思想中包容了例如儒家、道家等我国许多传统文化的元素，因此中国人对于佛教理念容易产生共鸣。而“因果业报”的思想如果去除其宗教色彩，我们会发现在我国的传统文化中也有类似的主张。例如在儒家的典籍中提到“积善之家，必有余庆；积不善之家，必有余殃”②，强调的核心与“因果业报”思想不谋而合。因此，虽然佛教为

①《涅·经》。

②《周易·坤为地》。

“因果业报”思想加了些宗教色彩，但其内涵还是有相当积极的现世意义的，用通俗的话来解释就是善有善报，恶有恶报，强调做事要三思，要考虑后果，如果动了邪念做了恶事，到头来吃亏的还是自己。

“因果业报”在国际关系中是有明显佐证的。第二次世界大战后，美国的经济实力在西方国家中开始全面占优，在国际货币基金组织、世界银行和关贸总协定中成为了领导者；政治上也通过操控联合国取得了空前的话语权；同时军事和科技实力也遥遥领先于其他传统强国，可以说是当时不折不扣的超级大国。由此美国开始充当国际警察的角色，趾高气扬，处处指手画脚，粗暴干涉他国内政，世界上大多数的地区争端都有美国的影子。然而这种恶行也使美国自尝恶果，其标志主要有两点：一是朝鲜战争的失败，二是越南战争的失败。朝鲜战争中，在我国和朝鲜军民的奋力反击下，以美国为首的联合国军不但遭受了二战以来的首次大败，也付出了极大的代价，单以死亡士兵人数来看，美国朝鲜战争阵亡将士纪念碑上刻的数字为54246人。越南战争是美国历史上持续时间最长、损耗最大的战争，历时30年，死亡士兵3.8万人，负伤30万人，越南战争不但对于冷战格局的转变产生了重要影响，最主要的是成为美国人的噩梦，造成的心理上的创伤无法估量。所以说，“因果业报”不但适用于人和人之间，国家与国家之间亦是如此，多行不义必自毙。而另一方面，“善有善报”在国际关系中也多有体现，例如自新中国成立以来，我国奉行和平的外交政策，同其他国家睦邻友好，和平共处，不主动挑起事端，不主动制造地区紧张局势。我国在国际上的一些善行也得到了善果，如在不附加任何条件的前提下几十年来对非洲开展援助，支持非洲国家坚持走自己的发展道路，从不附带输出自己的价值观，从而受到了非洲绝大多数国家的忠心感激，中非之间建立了牢固的友谊。当我国在国际上处于困境时，非洲国家也总是及时地伸出援手。

略举一例，西方国家一直以所谓的人权问题诋毁我国，从1990年起多次在联合国提交反华人权提案，然而在非洲国家的大力支持下，我国坚决反击，使这些阴谋没有一次得逞。

第二节　日本外交文化中的宗教意识

据日本《宗教年鉴》中的统计数据显示，截至2010年底，日本神道教的信徒人数为102,756,326人，佛教的为84,652,539人，基督教的为2,773,096人，总数为199,617,278人，超出当年日本人口总数7000多万。这个统计结果不足为怪，因为日本的宗教信仰相对来说较为多样化，有的日本人甚至很难说清楚自己到底信奉哪个宗教，很多人则是信奉两种以上的宗教。在日本人的生活中，神道教、佛教、基督教等是穿插交错在一起的。略举几例，日本有一个传统节日叫“七五三”，即家里的女孩到了3岁和7岁，男孩到了3岁和5岁，就在当年的11月15日由大人带去神社参拜祈求神灵保佑其健康成长；孩子长大结婚时，有人前式、神前式和基督教式三种结婚仪式可供选择；当离开人世之后又会按照佛教的仪式进行安葬，会请僧人念经超度。因此，一般而言，在日本人的一生中至少会有两种以上的宗教对其产生较大的影响。另外还有一点是可以断言的，那就是当你询问日本人是否信奉神道教时，几乎所有人的回答都是肯定的，明显高于其他宗教信仰的比例。综上所述，笔者认为从古代直至现代，日本人宗教信仰的核心是神道教，神道教之于日本正如道教之于我国一样，是日本土生土长的本民族宗教，主要分为神社神道教和教派神道教，佛教和基督教等属于外来宗教。而日本人宗教意识的特点是以神道教为核心，佛教、基督教等并存，并且神道教中融合了佛教、儒教、道教等的一些思想。

一、神道教与佛教、儒教、道教、基督教的融合

1. 神道教与佛教的融合

正如许多其他民族一样，当外来宗教入侵后，同本土宗教之间不可避免地会发生摩擦、相斥，严重时甚至会发生宗教战争。日本亦是如此，佛教在大约5世纪左右传入日本后，起初也经历了与神道教的严重冲突。后来，5世纪末圣德太子提出了“神儒佛融合”的理念，很好地解决了这个问题。之后，在日本历史上围绕神道教和佛教谁主谁从的问题出现了两次思潮，一是日本平安时代，即大约8世纪之后出现的“本地垂迹”思想；二是14世纪左右出现的反“本地垂迹”思想。“本地垂迹”思想原本来自佛教，“本地”是指佛教之佛、菩萨等，“垂迹”是指日本神道教中信奉的诸神，“本地垂迹”是说佛教之佛到了日本化身为日本神道教中的诸神。这种思想是由日本的最澄、空海等高僧极力提倡的。实际上在佛教传入我国之后，为了调和儒家思想和佛教思想的矛盾，促成儒佛融合，“本地垂迹”的思想已经被应用过，因此，可以说日本的“本地垂迹”思想的目的无非是想促成神佛融合。之所以一定要促成这样的融合，原因有三点：一是佛教影响甚大，对其进行限制已不可能；二是神道教作为日本本土宗教，既无教义，又无经典，与传统的宗教在形式上有很大区别，需要加一个权威的外壳来巩固自己；三是两种主要宗教并存，如果不能相互融合吸收，日后难免会留下隐患。“本地垂迹”思想在日本宗教史上占据了重要的地位。而反“本地垂迹”思想顾名思义是指反对“本地垂迹”的思想，主要因为“本地垂迹”实际上灌输的是一种佛祖神从的思想，长此以往将不利于神道教的发展，所以反“本地垂迹”思想对这种状况进行了批判，主张神佛分离和神主佛从，宣称日本自古以来就是神国，神道是一切宗教的根本。反“本地垂

迹”思想的实质是民族主义思潮，对于明治维新之后日本国家神道的出现起到了思想铺垫作用。

2. 神道教与儒教的融合

儒教传入日本后，在全盛期江户时代之前，虽然对于日本原始的神道信仰产生了一些影响，但与神道教并未形成实质上的融合。圣德太子时期主张“神佛儒”融合，提出“以神道为干，佛教为枝而扩展、发扬儒教的礼教，成就现实的繁荣”的理论[①]，但是这种主张提出的最根本动机是想解决神道教和佛教并存的问题，即化解来自佛教发展势头迅猛的压力。因此可以说，在江户时代到来之前，由于儒家思想并未得到统治阶级的垂青，神道教和儒教之间并没有机会进行大规模地实质性的融合。

江户时期是日本儒家思想研究的全盛期，学者们试图将儒家思想同各个领域的学说建立联系。神道教作为日本本民族的宗教，无疑是研究的重点之一。既然是想建立联系，毋庸置疑强调的是如何融合，即神儒合一思想，特别是为了尽量消除佛教在神道教上的烙印，儒学家们借助儒学的理论，改变说法来试图解释神道教，从而形成了儒学神道。在这种背景下，儒家思想被神化，也得到了统治阶级的青睐；神道教的思想中也被添加了浓厚的忠孝观、王道思想等儒教色彩。

3. 神道教与道教的融合

道家传入日本的时间并没有确切的定论，在遣隋使和遣唐使将包括道教思想在内的我国传统文化精髓带到日本之前，道教或许也有零星传入，但是还没有得到考古等方面的支持。至于徐福将道教思想和炼丹之术带到日本一说更是无法考证。

---

① 贾华.《双重结构的日本文化》. 广州：中山大学出版社，2010：82.

道教传入日本后，与日本的神道思想有一定的结合。原因主要有两点：一是由于道教与日本皇权尊严并不冲突，且得到了部分统治者的支持，例如7世纪后期在位的日本天武天皇笃信道教，其谥号为“天渟中原瀛真人天皇”，颇具道教特色；二是道教驱鬼辟邪、劝人行善的一面在日本民间得到推崇，认为信奉道教可以祈福，消灾避难，因此日本的神话和民俗中多有道教的痕迹。如我们经常在影视作品中看到道士在作法驱邪时使用桃木剑的画面，而在日本的神话中桃木也被赋予了驱邪的功能，并且日本家喻户晓的神话人物形象桃太郎就是从桃子中出生，长大后去鬼岛为民除害的，再如我国道教中的守庚申等习俗在日本也有一定的影响。

4. 神道教与基督教的融合

基督教虽然在当代日本也有较大的影响，但是由于传入日本的时间较晚，大约在15、16世纪左右，而在这个时期，神道教和佛教、儒教思想已经进行了较为充分的融合，思想已经相对成熟，并且基督教的造物主之说与神道教的多神论存在着较大的矛盾，因此在最初的一段时间内基督教遭到了神道教的排斥。到了德川幕府时代，日本的当政者实施了禁止传播信奉基督教的政令，甚至发生了残酷迫害基督教众的行为。虽然明治维新之后禁教令被解除，基督教又逐渐焕发了生机，并对日本近现代的思想观念等产生了很大的影响，但是对于神道教思想的影响相对而言是比较小的。

总而言之，日本神道教在发展过程中融合了大量的佛教、儒教思想这一点是毋庸置疑的。因此佛教和儒教对于日本外交的影响，基本上可以统一到神道教的影响上来。

二、神道教的主张及对日本外交的影响

1. 王权神授和日本人优等论

日本神道教中的王权神授思想的形成主要经历了两个大的时期：一是明治维新之前；二是明治维新之后到第二次世界大战结束。神道教原本就有众神之说，其中天照大神被视为日本天皇的先祖。另外，儒教和佛教对于神道教有很大的影响，也是日本王权神授思想的主要源泉。儒家思想中有宣扬王权神授的内容，其目的显然是利用神话色彩维护君主专制，“有夏服（受）天命”①就是我国已知的对于这种思想最早的记载。另外“曰肃、时雨若；曰乂，时旸若；曰晰，时燠若；曰谋，时寒若；曰圣，时风若。曰咎徵：曰狂，恒雨若；曰僭，恒旸若；曰豫，恒燠若；曰急，恒寒若；曰蒙，恒风若”②则是原始的天人感应思想，意思是统治者的治国策略可以影响天气。到了汉代，董仲舒以上述的天人感应思想为基础提出了“天人相与”之说，认为皇帝是天子，其统治地位是上天赋予的，老百姓必须无条件服从。儒教的这些思想在传入日本后被神道教所吸收，成为日本式王权神授思想的主要理论基础之一。另外，佛教本来宣扬的是众生平等，但是当佛教进入中国后，统治阶级想利用其来巩固政权，而佛教为了生存必须得到统治阶级的支持，因此王权神授也成了佛教的主张之一。以北魏佛教为例，“法果每言，太祖明睿好道，即是当今如来，沙门宜应尽礼，遂常致拜。谓人曰：‘能鸿道者人主也，我非拜天子，乃是礼佛耳。’”③，在这种说法中，把皇帝与如来进行了合一，皇帝即是如来的化身，其权力来自佛，其行为代表着

---

①《尚书·召诰》。

②《尚书·洪范》。

③《魏书·释老志》。

佛的意志。而佛教传入日本后，我国佛教中的王权神授的思想与日本的皇权神授思想相互支持，使这种思想得到了进一步加强。但是，严格地说，在明治维新之前王权神授思想虽然得到了广泛的宣扬，但是并没有达到疯狂的地步。而在第二个时期中，日本实施国家神道政策，天皇被宣传成为“现世神”，神道与军国主义、民族主义高度结合，王权神授思想成为当时最主要的愚民思想之一，为日本发动侵略战争，走上军国主义的道路提供了思想上的支撑。

近代之后的日本形成了所谓的日本人优等论，其理论和思想依据就是王权神授的思想。特别是明治维新之后，出于赶超欧美列强的需要，日本人将神道教与政治进行结合，形成了“皇国史观”，强调日本皇室是神的直系后裔，日本民族是在神领导下的世界上最优秀的民族。既然是所谓的最优秀的民族，周边的民族就应该受其同化，归附于日本并同样受神的统治。这种以王权神授和日本人优等论为核心的皇国史观使日本的平民百姓也逐渐地迷失了心智，形成了盲目的民族优越感，为之后一系列对外侵略战争的发起提供了主要的思想依据。

神道教的王权神授思想和日本人优等论对于外交的影响主要体现在日本近代的对外侵略战争上。在日本明治天皇1890年颁布的《教育敕语》中这两种思想就有直接的体现，首先强调自己的皇帝地位，夸赞自己的功德，接下来不忘表彰日本人万众一心，世济其美，是国家之精华。由于《教育敕语》具有国家主义倾向，之后成为日本军国主义的圣典之一。另外，在当时的日本对外交往中，日本人言必称“大日本帝国”，这也是典型的上述两种思想的体现。

在这种荒谬的精神信仰和错误史观的引导下，日本悍然发动了一系列侵略战争。在战争中，日本士兵对这种思想的信仰一度达到了疯狂的程度，甚至出现了“精神不灭”的荒唐说法。同时在当时的外交思想中，日本强调所谓的“各得其所，各安其分”，实质上就是这两种思想的外交体现。时任日本企画院总裁铃木贞一对这句话中的“分”的解释是：有“指导国”（日本）和“一般国”之分，“一般国”中又有“独立国”和“被保护国”之分，“被保护国”应当并入对其“保护之国”。亚洲各民族应以日本为“本家”，把自己作为“分家”，彻底消灭自己的民族观念。①这种外交观点的本质是强调日本是所谓的神领导下的民族，因此是最优秀的民族，自然是亚洲的核心，代表着最先进的文化，亚洲的其他国家应该承认这种自然形成的等级制度，恪守本分，以日本为学习膜拜的对象。

2. 注重现世

日本的神道教整体上不强调来生，只强调现世性。关于这一点，有学者认为“与佛教强调来世、来生等特征不同，神道教作为一种产生于自然、来源于农耕社会的宗教，其最初的目的便是为了祈求风调雨顺、五谷丰登等现实社会中的利益。这种根源性的要素成为了神道教的一种根本性特征，决定了在不同时期、不同社会环境、不同现世利益面前，神道对外物采取不同的、弹性的对应姿态”②。实际上神道教的这种现世性主要受到了儒教入世思想的影响。儒家的入世观广为人知，影响深远，略举几例，孟子说“穷则独善其身，达则兼善天下”③，曾子也说过“士不可以不弘毅，任重而道远。仁以为己任，不亦重乎？死而后已，不亦远乎？”④，这种积极的入世观对于日本的神道教思想也产生

① [美]鲁思·本尼迪克特.《菊与刀（增订版）》.北京：商务印书馆，2009：40.

② 方海燕.“论日本神道教的现世性特征---以中世以前神道和佛教的相互关系为中心”.《日语学习与研究》，2007（2）：43.

③《孟子·尽心上》。

④《孟子·泰伯》。

了很大的影响。神道教认为人应该最看重现实世界中的生活，不存在佛教提倡的轮回转世的可能，因此应该积极面对人生。在这种思想的影响下，日本人到神社拜祭许的愿望等也具有明显的现世性特征。

神道教注重现世的主张在个人的现实生活中虽然起到了积极的作用，但投射在日本外交上却主要呈现出善变、重实用的特点。日本在明治维新之后，以福泽谕吉为代表的思想家将信奉儒家思想的我国和朝鲜视作落后愚昧的国家，不欲与之为伍，提出了“脱亚入欧”论。这种“脱亚入欧”论也是日本军国主义的主要思想来源之一。而日本在第二次世界大战战败后被美国单独占领，“脱亚入欧”实际上转变为“脱亚入美”，一切以美国的意志优先，主要目的是要靠住美国这棵大树，在其保护伞下安心发展经济。后来为了扩大商品销售市场和廉价获取原材料及劳动力，日本在1957年发布的《外交蓝皮书》中提出“坚持作为亚洲一员立场”的外交政策，声称要为亚洲地区的稳定与发展做出贡献，但实际上在冷战结束之前日本并未真正实现这个外交目标，不过在一定程度上修复了同亚洲各国的关系。冷战结束后，日本又提出“脱美入亚”的外交口号，转而将重心真正放到亚洲，但是这种外交战略依然是建立在日美同盟基础上的。可以说二战后日本的这种外交路线的调整充分体现了神道教的现世性特点。在日本近现代外交史上类似的例子并不少见，例如日本自1989年提出环境外交的战略主张之后，在国际上大打环境牌，一直以生态大国的姿态积极参与国际环境合作事务，并将环境外交定为外交的重点之一。然而从2009年左右开始，日本的这种积极的环境外交态度出现了较大的变化，其标志是对于《京都议定书》第二期中的减排承诺从倡议到拒绝履行，可谓是180度的大转向。转向的真正原因是日本国内企业界强烈反对减排目标，而日本执政党为了确保不触犯作为经济中流砥柱的企业界人士的利益，保证政权稳定而选择了屈服。由以上这些外交案例可以看出，在日本近现代外交中，非常重视把握当下的利益，以后会产生什么样的后果并不是第一位被考虑到的，这是典型的现世思想的体现。

3. 忠诚意识

日本神道教特别强调对于天皇的忠诚，“忠君爱国”是其主要主张之一，而这种忠诚意识主要来源于我国的儒家思想。如前章所述，从儒家思想“仁、义、礼、智、信、恕、忠、孝、悌”的顺序来看，“仁”显然是儒家首推的。然而，儒家思想传入日本之后，日本人对其进行了选择借鉴，“忠”被推到了很高的位置。随着武士阶级的崛起，“忠”更多地被理解为一种愚忠，即不加任何条件的忠诚，并且这种忠诚被视作无上的美德。到了明治维新之后，日本军国主义借助国家神道教大肆宣扬皇国史观，强调对天皇的效忠，借助《教育敕语》的颁布并强制国民背诵等行政手段对老百姓进行精神统治，最终把日本整个国家推上了侵略战争的不归路。

神道教宣扬的忠诚意识与前述的王权神授思想是互为补充、互为支撑的。因为王权神授，所以对天皇忠诚自然是作为日本国民的本分，而对天皇的无条件效忠又可以巩固天皇的统治，使王权神授的理念得以维护。多数的日本民众就是被这种带有极大欺骗性的精神愚民政策所洗脑，在一种狂热情绪的支配下抛却一切参军进行所谓的“圣战”。因此，在日本外交中神道教宣扬的忠诚意识主要还是体现在侵略战争这一方面，从日本踏上近代化道路到二战战败，所有的外交政策的制定和执行，包括大陆政策、战时外交政策等，其背后都是这种忠诚意识在发挥巨大的作用，外显为狂热的天皇信仰。

第三节 中日外交文化中宗教意识的比较

一、主要相同点

1. 均为多宗教信仰的国家，宗教对于各自的外交均产生了较大的影响。

我国是一个多宗教信仰的国家，在主要的宗教派别中，道教是我国土生土长的宗教，虽然在信教人数上并不占优，但是道教的宗教意识是我国传统文化的有机组成部分，并且在社会生活中受认可度较高。虽然道教不等同于道家，但是去除神鬼等宗教性因素，道教的宗教意识近似于隶属古代哲学分支的道家思想，二者互相包容，而这些思想在我国外交理念中多有体现。另外，佛教虽然是外来的宗教，但是据不完全统计，我国的佛教信徒人数在各宗教派别中占第一位，影响也是最大的。并且佛教在传入我国后，与儒家思想进行了一定程度的融合，部分具备了我国传统文化的特征。总体上来说，在我国众多的宗教中，对于我国外交影响较大的是道教和佛教。

日本也是一个多宗教信仰的国家，主要包括土生土长的神道教、外来的佛教和基督教等。日本人宗教信仰的气氛浓厚，信教人数众多，可以说宗教给社会生活的各个方面都带来了较大的影响，外交自然也在其列。而对于日本外交影响最大的是神道教这一点毋庸置疑，另外，佛教和基督教等其他宗教对日本外交也产生了一定的影响。

2. 在两国的历史上都出现了三教合一的现象，三教的一些思想也体现在各自的外交理念中。

在我国传统文化的发展史上，“儒释道”三教合一可以说是一个非常重要的文化融汇现象。“儒”指儒教，“释”指佛教，“道”指道教。“儒、释、道”作为中国传统文化的中流砥柱，最初体现为三教并立的特点，且时有冲突对立现象发生，三教合一历经了漫长的岁月，大致经过了魏晋南北朝、唐宋、元明清这几个阶段可以说才真正实现了相互之间的渗透和吸收，一些核心思想也借鉴吸收了各教派的精髓得到了整合和提升。以和谐理念为例，和谐理念在儒教、道教和佛教中都有体现，随着三教合一的推动，和谐理念逐渐脱离了教派之间的限制得到进一步的整合，对我国外交产生了重要的影响，“和平共处五项原则”“和平与发展”“和谐世界”等外交理念和方针就是最好的例证。

日本历史上的三教合一指的是“神儒佛”的融合，“神”指神道教，“儒”指儒教，“佛”指佛教。日语中称为“神儒佛习合”，“习合”意为“整合、折衷”之意，如前所述，这种思想的创始人是圣德太子，作为对日本思想文化贡献深远的历史人物之一，其提出“神儒佛习合”思想的真正用意是在大力提倡佛教发展的同时强调不能排斥神道教，另外儒学作为修身养性的道德也在鼓励的范围内。我们必须承认，圣德太子的这种主张首先避免了大规模的宗教纷争，很大程度上维护了政治上的稳定；其次极大地影响了日本人的宗教信仰观念，使得日本人对于信奉两种以上的宗教不持排斥态度；另外还影响了日本民众对待外来文化和先进文明的态度，能够在“整合、折中”的思想下对于先进的、有用的东西进行积极地学习和借鉴。日本的三教合一现象对于其外交也产生了重要的影响，如王权神授观念就源自神道教、儒教和佛教的思想，并且成为日本维护皇权，形成所谓的日本人优等论，实行“各得其所，各安其分”外交策略的思想依据。

二、主要不同点

道教和佛教对我国外交的影响难以判断孰重孰轻，神道教对日本外交的影响“一家独大”。

道教和佛教对于我国外交的影响很难说哪个更大一些，在我国的外交理念中既能看到道教的影子，也能觅到佛教的踪迹，应该说“并重”这种说法可能相对客观些。但是在日本，与神道教比较起来，其他宗教对于外交的影响要小得多，理由有两点：一是作为日本土生土长的原始宗教，神道教既无教义又无典籍，迫切需要吸收正统宗教的元素来加强自身的合理性，因此神道教在发展过程中逐渐成为众多宗教的融合体，而其他宗教对于日本外交的影响也基本上可以归结到神道教对外交的影响上来；二是特别是近代以来神道教得到了日本统治阶级的热捧，甚至被列为国家宗教，基于以上理由，神道教对于日本外交的影响是其他宗教所远远不能比拟的。

第六章　中日外交文化中的国民性

所谓国民性，顾名思义是指一国国民所拥有的共通的性格，是一个国家长期形成的相对稳定的基本特征。国民性的形成有诸多的影响因素，如地理位置、国土面积、人口状况、历史积淀、社会制度、生产方式、文化传统。从总体上说国民性是经过高度抽象总结出来的共通特性，一般可以忽略阶级、性别、年龄等差异。

国民性是精神文化的重要组成部分，研究国民性对于理解一国文化的本质有着重要的意义。作为外交文化的内核之一，国民性对于外交的影响是相对长期且稳定的，因此对研究一国的外交行为和思想有着极大的帮助。

第一节　中国外交文化中的国民性

中国人的国民性历来是我国文化研究的重点之一。据不完全统计，仅研究中国人国民性的专著就有五六百部之多，其中还不包括译著、论文等其他研究成果。早在19世纪末，美国传教士明恩溥（本名亚瑟·史密斯）(1845-1932）根据在中国25年的居住生活经历写成了《中国人的气质》一书，于1894年首次出版，问世后即在美国国内外受到了广泛的关注，并被译成了多国文字。该书得到了鲁迅、费正清、周作人、马君武、美国总统西奥多·罗斯福等国内外名人的高度评价，被公认为“世界上研究中国人民族性最早、最详尽、最切实的著作”之一。明恩溥在其《中国人的气质》一书中总结的中国人的国民性主要包括以下内容：

（1）重视面子

（2）勤劳节俭

（3）恪守礼节

（4）缺乏时间观念

（5）习惯估量，忽视精确

（6）容易误解别人

（7）长于欺瞒

（8）顽固保守

（9）思想混乱

（10）麻木不仁

（11）轻视外国人

（12）缺乏公共道德

（13）因循守旧

（14）不求舒适和方便

（15）生命力强

（16）忍耐坚韧

（17）知足常乐

（18）讲究行孝

我们发现，即便是100多年后的今天，明恩溥总结的中国人的国民性也有许多为国人所认同的，例如“重视面子、勤劳节俭、忍耐坚韧”等。但是同时我们不得不说其总结的中国人国民性受到时代的限制，有些说法主要是反映了当时中国人的生活和思想状态，放在当代则没有什么写实意义。例如“麻木不仁”一词主要指鸦片战争之后生活在底层的国人贫穷愚昧、思想落后，习惯于逆来顺受的精神状态，而这一点也成为鲁迅等我国进步文人在其许多著作中提出的中心论题和批判对象之一。

除了明恩溥之外，国内外的许多名人学者在中国人国民性的研究领域也颇有建树，例如国内的有孙中山、鲁迅、林语堂、胡适、梁漱溟等，国外的有黑格尔、罗素等。如果将这些研究成果在本书中一一罗列的话，那将是一个惊人的工作量，并且也是不现实的。不过，有的学者却甘于常年坚持这种看似繁琐的搜集总结工作，并且在一定程度上归纳了部分关于中国人国民性观点的共性，虽还不甚全面，但是却给我们开展进一步的比较研究打下了良好的基础。例如我国著名的心理学和国民性研究专家沙莲香教授出版了两本《中国民族性》，分为一和二。在第一本著作中，沙教授主要把历史上跟中国人研究相关的著作和观点一一整理，制成了共包括500多个观点的资料库，虽然是非常大的工作量，但是为进一步深入地研究提供了客观真实的数据，打下了坚实良好的基础；在第二本著作中，沙教授采用了实证研究的方法，通过问卷调查的方式使我们对于中国人的民族性有了更为客观直接的了解，特别值得一提的是该研究采用的是随机抽样的方式，范围包括全国13个省市，数量有两千多份，并配合有实地调研和考察，因此可信度高，说服力强。沙教授在其著作《中国民族性》中总结了历史上关于中国人国民性的主要观点，可提炼成8项并为其排序，分别如下：

（1）勤俭耐劳，安贫乐道（24.4%）

（2）自私自利，虚伪嫉妒（22.3%）

（3）家族至上，权威主义（12.9%）

（4）仁爱慈悲，反躬修己（11.6%）

（5）笼统无知（8.5%）

（6）中庸谦恭，圆熟含蓄（8.3%）

（7）聪慧灵巧，自强不息（6.8%）

（8）至大至刚，和平宽厚（5.2%）

接受调查的普通中国人对于其中较为积极正面的评价持认同态度

较高，反之则较低甚至是否定的态度。可见随着时代的发展和国力的增强，当代的普通民众对于本国的国民性有着较强的自豪感和乐观情绪，对于负面的评价基本上持一种排斥的态度。另外，还有一些当代的学者也通过系统的研究对于我国的国民性给出了一定的总结，例如赵子祥、王铁军两位学者对中外历史上关于中国人国民性的诸多观点进行了梳理，并在此基础上提出了中国人传统国民性的16条特征，如下所示：

（1）勤劳节俭，胆小自私

（2）知足常乐，保守怀旧

（3）消极忍耐，力求克己

（4）中庸和平，不走极端

（5）家庭中心，祖先崇拜

（6）尊重权威，注重等级

（7）差不多主义，缺乏精确度

（8）谨慎多疑，缺乏合作精神

（9）不求舒适方便，只求平安顺利

（10）长于顺应变通，讲究适度表现

（11）讲面子、爱排场，自卑感强

（12）不排外，好自大，缺少同情心

（13）讲道德，重礼法，缺乏公共意识

（14）多神、泛神、无神，功利性强

（15）恩怨分明，有报恩意识

（16）坚守个人秘密，好刺探他人隐私①

面对着这令人眼花缭乱的诸多见解，综合考量之下，笔者认为较好的方法是在中日外交文化比较的视角下，选择部分有代表性的观点进行梳理总结，并在此基础上提出自己的见解。不过，因为需要同时满足以上两个条件，因此这种选择和笔者的见解注定在全面性上有较大的欠缺，只能理解为近似于两个条件的最大公约数。

一、大气且注重细节

我国幅员辽阔，民族众多，气候类型多样，自然资源丰富，山川、河海、湖泊、平原等地貌多样。同时，我国人口众多，圣贤辈出，有着五千多年灿烂无比的文明发展史，是世界上四大文明古国之一，也是华夏文明的发源地，并且一直到近代都是东亚朝贡体制的中心，是周边国家膜拜学习的对象。这些给国人带来了极大的民族自豪感的同时，还使国人拥有宽广的胸怀和包容四海的气量。同时，古代的先哲思想对于塑造中国人大气的国民性起到了重要作用，例如以大气著称的道家强调的是“道”的永恒和无边，没有时间和空间的束缚，大至浩瀚无边的宇宙，小到身边的一草一木都遵循“道”的运行规律。这种思想深深地影响着国人的观念意识，当“永恒”“无边”“宇宙”等成为人们思想的一部分时，大气的个性也就自然而然地形成了。因此就中国人的民族特性而言，可以说首先体现为行事大气，并且注重细节。

国民性的大气投射在外交中是一种“大国外交”，无论从政治、军事、经济、科技还是软实力等方面来说，现在的中国都是一个真正意义上的大国。政治上，我国是联合国五大常任理事国、金砖国家和20国集团的成员之一，国际话语权今非昔比，国际影响力也越来越大；军事上我国是世界上少数拥有核打击能力的国家之一，陆海空三军的实力较之以往有了显著提升，“辽宁舰”作为我国第一艘航母已经在出海执行

① 赵子祥，王铁军.《文化差异与冲突—中日文化精神与国民性的社会学比较》.沈阳：辽宁人民出版社，2009：48.

任务；经济上我国已经成为世界第一大外汇储备国、第二大进出口贸易国、第二大经济实体和对世界经济增长贡献率最大的国家，在国际经济新秩序的构建和国际金融体系改革中的话语权日益加大；科技上在航天活动、智能机械、生物工程等人类高端科技领域中不断取得新的突破，越来越受到全世界的瞩目；软实力方面，“有中国特色的社会主义”“北京奥运会”“中国梦”等一系列的中国元素正在深刻影响着全球，海外汉语教育机构——孔子学院的蓬勃发展势头也是有力的佐证之一。在这种背景下，我国的外交愈发大气磅礴，视野辽阔，处理大国、周边国家和发展中国家关系越发得心应手。对于美国、德国等大国，我们不卑不亢，平等共处，力图构建抛弃对抗、和谐共赢的新型大国关系；对于周边国家，我们在强调睦邻友好，和平共处，共同发展，搞好双边、多边关系的同时，也高度注重细节，在一些领土争端问题上把握原则，绝不退让半步；对于发展中国家，我们强调传统，纠正之前为了经济发展而相对忽视一些发展中国家问题的做法，本着国际正义和道义的原则正确处理相关问题，高度重视同发展中国家的关系。我国的国民性和民族文化决定了我们实施的是有中国特色的大国外交，同美国等大国的外交思路是截然不同的。我们不争霸，主张和平崛起，尽管西方一些国家对此屡表质疑，但是我们在用行动证实这一切。我国秉持和平共处五项基本原则，不当世界警察，坚决反对干涉他国内政，作为联合国常任理事国已经数次行使否决权使几项干涉他国内政的草案破产。关于我国外交大气磅礴的特点从我国外交官的话语中也可以窥见一斑，例如2011年8月17日外交部副部长傅莹在接受德国《明镜》周刊采访时说：“中国无意统治世界。如果你们认为自己处于世界的中心，认为自己垄断了一切真理、一切正确的理念和价值观，那当你们意识到世界上存在价值观和文化的多样性时就会感到不舒服。如果你们认为自己赢得了冷战，那冷战已经过去了，结束了，终结了。这是一个崭新的世界，不要再居高临下，也不要试图包办代替，请与我们平等对话，学习去尊重其他人，而不是以冷战方式去臆造一个新对手，让我们一起合作”。[①]

2005年时任国家主席的胡锦涛提出的“和谐世界”理念和2012年国家主席习近平提出的“中国梦”理念可以说是有中国特色大国外交理念的集中体现，也是近年来我国外交愈发具备全球视野，恢弘大气特点的有力证据。

二、稳重，善创造

我国是礼仪之邦，自古以来在儒家等先哲思想潜移默化的影响下，中国人形成了遇事不慌、行事稳重的性格。孔子说过“君子不重则不威”[②]，意思就是说“君子不庄重、不稳重就显得没有威严。”中国人历来对于稳重是非常推崇的，有大量相关的成语，例如“稳如泰山”“镇定自如”“从容不迫”“安之若素”等，不一而足。另外，中华民族有着悠久的历史，我们的祖先创造了灿烂的文化，其中以指南针、造纸术、火药和活字印刷术的四大发明为代表，这些发明不仅对我国，而且对世界文化事业的发展做出了突出的贡献。这足以证明中国人是一个善于发明创造的民族，有着高超的智慧和创造力。

稳重的国民性使得中国人在行事的时候，注重“沉稳”和“慎重”，这在我国当代外交中多有体现。首先，外交指导思想和理念经过慎重地论证一经提出便会保持相对稳定。例如1949年新中国诞生之后，我国提出了“独立自主与和平”的外交理念。“独立自主”是我国保持

① “外交部副部长傅莹就中国航母海试等接受外媒采访” http://www.chinanews.com/gn/2011/08-23/3278454.shtml

②《论语·学而》。

国家独立性的根本所在，从提出之日起一直严格贯彻至今。即便在建国初期与以苏联为代表的社会主义阵营有过一段时间的结盟，但是历史事实证明，这是特定时期的特殊外交政策，我们并没有也绝不会牺牲国家的独立性来换取其他国家的援助和支持。在与苏联决裂之后，我们一直奉行不结盟的外交政策，这是我国独立自主外交理念的最直接的体现。“和平”理念提出后，虽然随着国际形势的变化和时代的发展在不同的历史时期又添加了新的内容，但其核心和本质没有丝毫动摇，一直以来也是我国当代外交的基本特征之一。其次，外交理念和方针稳中有变，在稳的基础上强调发展性。时代的变化要求外交理念和方针不能因循守旧，一成不变，但同时也要求如非出现特殊情况，不能做出颠覆性的改变，要遵循稳中求变、循序渐进的原则。我国在上世纪50年代初提出的“和平共处五项原则”是建立在“独立自主与和平”理念基础上的外交方针。“和平共处五项原则”中，“互相尊重主权和领土完整、互不侵犯、互不干涉内政、平等互利”这四项是“独立自主”理念的具体描述；“和平共处”则是“和平”理念的表现形式，也是前四项的最终目标。20世纪80年代邓小平提出了“和平与发展”的外交理念，在十三大上将其定义为时代主题。从“独立自主与和平”到“和平与发展”，体现了良好和科学的继承性与发展性。21世纪初，我国根据新的国际形势又确立了“和平崛起”的外交理念，还有之后的“和谐世界”外交理念，均是在继承核心外交理念的基础上结合新的时代特征进一步提出新内容的典范。这说明我国当代外交理念的变化贯彻了稳定性和发展性的原则，这对于更好地理解我国外交理念的本质、提高政策执行效率等大有裨益。

同时，中国人善于创造的国民性在外交中也有充分的体现。善于创造是高度智慧和精准研判力的外部特征，同时在外交中又要特别注意绝不能违背原则性问题。我国在解决台湾、香港、澳门问题上提出了著名的“一国两制”的外交构想，这是我国传统文化和政治智慧的高度体现，是以邓小平为核心的党中央领导集体在把握“一个中国”基本原则下提出的创造性的外交主张，事实证明“一国两制”构想具有强大的生命力，在解决香港和澳门问题上已经发挥了决定性的作用。当然，我国在外交方面体现出的创造性远不止于此，例如前述的“独立自主与和平”“和平共处五项原则”“和平与发展”“和平崛起”“和谐世界”等都是我国独创的外交理念，具备典型的中国特色，并且其科学性和有效性都已经在实践中得到了很好的验证。

三、善于以退为进

中国人有句老话，“退一步海阔天空”，强调的是一种为人处世的人生哲学。退，不代表胆怯或者是懦弱，有时是一种谋略，这种例子在我国历史上比比皆是，例如有名的“卧薪尝胆”“胯下之辱”等；有时则是一种态度，是一种类似于道家“无为”的境界。另外，以退为进和中国人谦虚、内敛的性格有很大关系，遇事以理为上，不咄咄逼人，得饶人处且饶人。当然，从另一个角度来说，缩回来的拳头打出去更有力，我们自然明白这个道理，因此一般不会一直让对手处于受到强烈攻击的状态，以免给对手爆发的机会。

“以退为进”的思想在我国外交观念和策略中占据重要的地位，特别是在综合国力不强、国家相对较为贫弱的时期发挥了显著的作用。改革开放之后，我国虽然经济增速明显，国际话语权也在不断的提升，但直到亚洲金融危机之前的外交指导方针中还严格贯彻着“以退为进”的思想。新加坡《联合早报》的中文网在2013年12月16日刊登的文章中指出“中国改革开放时代的外交政策基本上是在邓小平‘韬光养晦，有所作为’的外交总路线指导下进行的，中国外交风格在过去三十多年中保持了低调、平和和克制的特点”[1]。“韬光养晦”“克制”的本质是“以退为进”，在以综合国力说话的国际社会中，只有把自己的经济搞好，国家富强之后才可能真正提高话语权。以邓小平为代表的第二代中央领导集体深知稳定的外交环境对于发展经济的重要性，在不损害国家利益的基本前提下尽可能低调处理各种外交事件。在台湾、西藏等事关国家核心利益的问题上绝不退让半步的同时，提出了大量经典的“以退为进”的外交思想，例如钓鱼岛、南海问题上的“搁置争议，共同开发”等。之后的我国中央领导集体也忠实地执行了这一外交基本指导方针，尽量保持了低调实干和规避锋芒的外交策略，在国际上努力做到尽可能不树敌和少树敌，为我国营造了相对稳定和平的外部环境，为我国经济常年保持了高增长率，国家实力不断增强提供了坚实的保障。

四、不排外，善于团结外部

我国位于亚洲的东部和中部、太平洋的西岸，毗邻15个国家，陆上疆界长达两万多公里，从地理位置上来看与其他大陆也有接点，并不是一个独立的板块，因此，中国人在心理上并不闭塞。自古以来，我国是亚洲经济文化的中心，特别是当时经济较为发达的城市中有外国商人、僧人、留学生等云集，而中国人与在自己国家居住学习的外国人往往能够和平共处，不存在崇洋媚外的心理，也不存在歧视外国人的情况。同时，我国在历史上非常重视海外交流，陆路、海路交通发达，出行便利，几乎每个朝代都有大批的商人到异国经商，并且其中还有不少人定居海外。因此可以说中国人没有明显的排外心理，比较容易团结外国

① 陈刚.“中国开启强势外交时代”. http://www.zaobao.com/special/report/politic/cnpol/story20131216-288813

人，外国人在中国也容易融入当地社会，获得中国人的认可。

早在新中国成立之初，周恩来总理就提出了六条和平外交政策，其中之一明确提出“团结世界人民——巩固国际和平力量，扩大新中国影响”[①]。“团结世界人民”的外交政策可以说是中国人不排外，努力团结外国人民的国民性的集中体现。不过，在当时的社会主义制度受到严重排挤的国际历史条件下，我国想要做到这一点无疑是不现实的。从严格意义上说，在当代外交中，我国“团结世界人民”是从开展全方位外交开始的。“中国全方位外交的真正确立和实施是在80年代前期美苏关系的缓和与中苏关系的改善以后。1982年中共十二大前后中国确立独立自主的不结盟外交战略之时，也就是中国全方位外交的真正开始之日。”[②]全方位外交意味着同世界上不同的国家建立友好关系，努力开展双边、多边外交。另外，我国在20世纪80年代由邓小平提出了建立“国际政治经济新秩序”的构想，之后在邓小平的相关论述和观点的基础上，我国形成了以和平共处五项原则为核心的国际政治经济新秩序的主张，其中强调“世界各国主权平等。所有国家不论强弱、贫富都是国际社会平等的一员，都有平等参与世界事务的权利。各国的事情要由各国人民做主，国际上的事情要由各国平等协商，全球性的挑战要由各国合作应对。”这里讲的“各国合作应对”就是我国对于加强外部团结的明显态度。在这些外交原则和政策的指导下，我国努力团结世界上绝大多数国家，为世界和平和国际社会的协调发展做出了卓越的贡献。1979年中美建交以来，虽然波折不断，但是邓小平、江泽民、胡锦涛、习近

① 外交部、中共中央文献研究室编.《周恩来外交文选》.北京：中央文献出版社，1990：48-50.

② 宫力，刘德喜，刘建飞，王红续著.《和平为上　中国对外战略的历史与现实》.北京：九州出版社，2007：222.

平等国家领导人的访美和尼克松、福特、里根、老布什、克林顿、小布什、奥巴马等美国总统的访华为两国的交往保持了畅通的渠道，总体上来说中美两国处于对抗与合作的相对平稳的关系中。1989年中苏两国关系实现正常化后，两国在政治、经济和军事方面交往频繁，解决了悬而未决的大部分国界划分问题。另外，我国加强同周边国家的睦邻友好关系，截止到1991年底同东南亚各国建立或恢复了外交关系。1988年底随着印度总理甘地的访华中印关系实现了重大的突破；1978年8月《中日和平友好条约》签订后，1983年11月胡耀邦总书记访日、1992年4月江泽民总书记访日，1992年10月日本明仁天皇和皇后访华，在一段时期内中日两国关系实现了相对稳定；我国还同朝鲜、蒙古、韩国等其他周边国家加强了联系。作为最大的第三世界国家，我国一向注重加强与其他第三世界国家的团结与合作，遵循国际正义与道义的原则，尊重各国自主选择社会制度、发展模式和生活方式的权利，从不把自己的做法强加给其他国家，帮助这些国家维护正当的国家权益，并通过经济和技术援助等帮助其恢复和发展民族经济，在第三世界国家中赢得了广泛的赞誉。我国还注重发展同其他西方国家的友好关系，在政治、经济和文化等多个领域同这些国家开展了卓有成效的合作，努力做到相互尊敬、求同存异，加强在国际事务中的磋商与合作，使其基本上抛弃了对于社会主义国家的偏见和歧视，并获得了这些国家广泛的尊重和理解。

第二节　日本外交文化中的国民性

在我国近现代史上，学界对于日本人的国民性研究呈现了明显的阶段性特征。20世纪20年代至50年代形成了日本人国民性研究的阶段性高潮，其中以戴季陶于1928年著的《日本论》、叶树芳于1941年著的《论日本人》等为较典型的代表。自20世纪50年代至80年代末，我国的日本人国民性研究相对陷入了低潮，无论是论文还是专著抑或是其他形式的成果数量都极其有限。从20世纪90年代以来，我国的日本人国民性研究呈现出了明显的上升势头，但是就成果而言，整体上以论文为主，专著相对匮乏，并且与20世纪20年代至50年代间的成果相比，在社会影响力方面基本上可以说是无法相提并论，说明我国今后在日本人国民性研究方面还需进一步加大投入，提高重视程度，结合时代的发展及日本社会最新的动态，以得出能够真正透析日本人的国民品性、能够为研究对日政策提供谏言的有影响力的成果为指导思想。

而日本人历来对于自身国民性的研究非常重视。例如南博在其1994年出版的《日本人论：从明治维新到现代》中，将日本明治时期至现代的日本人研究自身国民性的成果进行了梳理和总结，其中涉及的论著有近五百本，堪称是涵盖面最广的探讨日本人论的专业书籍。并且，南博在该书的绪论中明确提出日本人最频繁出现的人格特质中被认为最重要的有两点：第一，绝大多数的日本人对于人际关系都很敏感，不太会去自我主张，偏向采取以他人为重的态度。正如谚语“棒打强出头”所说的，不愿妥协一意孤行的人“在日本人当中算是很稀有的”。第二，日本人不仅在面对自己同胞时，会呈现人际关系上的敏感，在面对外国人时，也常常存在着“和外国人比起来，日本人是……”这种强烈的比较意识，这是日本人过于意识到自我的结果，也就是说，日本人有“太多的本国意识”。外国人并不常常讨论自己的国民性，但出于日本人之手的日本人论却非常多，正反映出日本人热衷比较的国民性。[①]其实早在1907年日本便出了一部首次在书名中使用“国民性”一词的著作《国民性十论》，这本书是芳贺矢一的

① [日]南博著，邱琡雯译.《日本人论　从明治维新到现代》.桂林：广西师范大学出版社，2007：1-2.

代表作，出版后在当时的日本社会引起了巨大的反响。他认为日本人的国民性主要可以归纳为十条，如下所示：

（1）忠君爱国

（2）敬祖先重家名

（3）现世、实际

（4）爱草木、喜自然

（5）乐天洒脱

（6）淡泊潇洒

（7）纤丽精巧

（8）纯洁清白

（9）恪守礼法

（10）温和宽恕

从这些内容中可以看出，芳贺矢一总结的是他认为日本人正面的国民性。另外，在日本人国民性研究领域中较为有名的还有长谷川如是闲，他在1938年出版的《日本的性格》中，对于日本人的国民性进行了综合的描述，认为日本人国民性的优点主要有：

（1）客观

（2）现实

（3）中庸

（4）简约

（5）谦虚

（6）平凡

（7）守法

缺点主要有：

（1）不谨慎，缺乏耐心

（2）性急多变、喜新厌旧

（3）对外界刺激异常敏感

（4）经常会不自觉的模仿

另外，长谷川在1942年又写了一本《续日本的性格》，从多方面继续对日本人的国民性进行了深入探讨，在该书中，他明确提出了日本人优秀论的主张。

其他较有影响的日本人研究本国国民性的著作或论文有和辻哲郎的《风土：人间学的考察》、山崎谦的《国民精神新论》、三枝博音的《日本的思想文化》、柳田国男的《日本人》、加藤周一的《何谓日本人》、丸山真男的《日本的思想》、源了圆的《义理与人情》、土井健郎的《“依依爱恋”的结构》、中根千枝的《纵向社会的力学》、梅原猛的《日本人的“彼世”观》、青木保的《“日本文化论”的变容：战后日本的文化与认同》等。

由于日本人国民性的研究成果众多，无法一一进行概括总结，只能是在外交文化的视角下进行筛选、阐述。以下是笔者总结的对于日本外交影响相对较大的日本人的国民性。

一、危机意识驱使下的模仿心理

同我国相比，日本的历史文化底蕴相当薄弱。而日本人也非常有自知之明，自古代起就奉我国为文明上国。直至近代，日本仍虚心学习华夏文化，特别是隋唐时期更是派出了大批的遣隋使、遣唐使到我国，在政治、经济、军事、社会、佛教、文化等各个方面如饥似渴地汲取先进的知识，回国后进行广泛的传播和贯彻，举国上下以学习华夏文化为荣，一度出现了唐风时代，在社会生活的各个层面都深深烙下了我国传统文化的印记，如日本的京都至今都保留有大量唐代风格的建筑。日本人还结合本民族的特点对于我国文化进行改造使其日本化，例如日本在5世纪将汉字的偏旁进行了一定的改造而创造了本国的文字——假名；再如日本人仿照汉字的四字成语也创造了本国特有的四字熟语，如“我田饮水”“亭主关白”等，而这些成语在我国显然是不成立的。到了近代，日本明治维新后开始转向学习西方，虽然有部分日本人将我国的儒家思想等视为阻碍日本近代化发展的拦路石，但是大多数日本人在积极吸收西方文化的同时，并没有忘记中国文化，反而是创造性地对中国文化、日本文化和西方文化进行了融合，形成所谓的“和洋折中”的局面。作为一个善于模仿的民族，日本文化在本民族文化的基础上融合了中国文化、西方文化等，呈现出文化多样性的特征。中国文化、西方文化等对日本文化的形成与发展产生了巨大的影响，而其中毫无疑问中国文化是对日本文化影响最大的。

日本人这种善于学习模仿的特点是在其强烈的危机意识下形成的。日本国土面积狭窄，资源匮乏，地震火山等自然灾害频发。在这种恶劣的自然条件下，日本人素有强烈的危机意识，并且这种危机意识是以自然灾害为基础向外扩展的，假如不加倍努力克服先天的不足，不仅仅是来自自然界的，来自其他国家等外部的威胁也会迭至，这种危机意识伴随日本人的一生，在这种意识的作用下，日本人拼命学习吸收其他文化的精粹，并且往往会不择手段，唯恐落伍。

在近代之前，日本学习模仿的对象无疑是我国。在政治、经济、外交、文化等各个不同的领域和层面都有我国的影子，略举一例，日本历史上著名的“大化改新”就是以我国唐朝的律令制度为范本在经济和政治领域进行的革新，其作用是部分解放了生产力，奠定了日本国家发展的方向。从明治维新到二战结束，日本学习模仿的对象主要是英、德等当时的西方强国，为了学习先进经验，日本人派出使团出访欧美国家，在这其中，德国成为世界大国的经历尤其触动了当时的日本。可以说这段时期日本对于西方强国吸收和借鉴的力度非常大，例如《明治宪法》就是在参照西方强国宪法的基础上制定的。二战结束后，日本为美国的强大和先进所震惊，开始全面以美国为学习对象，在外交方面，美国的许多外交思想和策略，日本能借鉴则借鉴，不能借鉴的部分就忠实地执行。例如2013年11月27日，日本国会通过了国家安全保障会议创设的关联法案。由于该会议以美国国家安全保障会议（NSC: National Security Council）为原型，因此在民间被称为“日本版NSC”，各大媒体连篇累牍地报道，“日本版NSC”甚至于出现在日本《新语时事用语辞典》中，说明这种说法不但没有遭到日本政府的反驳，而且得到了一定的官方认可。另外，无论从历史地位还是国家实力上来看，日本显然不可能照搬实施美国的全球战略，但却是最忠实的执行者之一；美国启动重返亚洲战略后，我们发现日本也是急先锋之一。

二、受害心理导致的以攻为守和结盟的意识

日本没有我国深厚的历史文化底蕴，虽然对于我国的儒家、道家思想等进行了学习吸收，但是日本人的这种吸收主要是基于实用主义的选择借鉴，视点同我国的不尽相同。例如我国对儒家思想最重要的解读是“仁”和“义”，“礼、智、信”也是强调的重点；而日本对儒家思想最重要的解读是“忠”和“勇”，这两者都是建立在“孝”的基础上。因此，在日本人的国民性中，基本上没有以退为守的观点，内敛不是日本人的国民性，相反由于日本社会深受武士道的影响，所以使得其国民性中具有攻击性的一面，在他们眼中，进攻才是最好的防守，退让则是懦弱的代名词。同时，为了能更好地保护自己，日本人素来有一种依附于强者心理下的结盟意识。以攻为守和结盟这两种意识的形成有一个重要的原因，即日本人有强烈的受害心理。其实，说到底这种受害心理主要有两个根源，一是前述的日本人的危机意识，在此不再赘言；二是日本独特的地理位置和外交史导致的对自己定位的不准确和不自信。受害意识使得日本人总觉得自己不安全，外人随时都有可能对自己不利，因此与其被动挨打，不如选择主动进攻会让自己觉得心安；另外，他们认为强有力的盟友可以使自己处于一种相对安全的境地，即对于自身的防御能力也不是很自信。

日本人的这两种意识在外交上都有非常典型的体现。以攻为守的案例有偷袭珍珠港事件。在1941年12月7日之前，美国虽然并没有全面卷入二战，但是因为在1940年对日本进行了贸易制裁，其中最严厉的是对日发起了战略石油的禁运，这导致日本人认为美国迟早会对其发起攻击，另外，日本欲通过战争征服世界，而美国是其假想敌之一。在这些因素的综合作用下日本发起了这次偷袭行动。偷袭珍珠港事件表面上是日本人战略决策的一个环节，但在本质上是基于受害心理的一种体现。而日本人的结盟意识在外交中的表现更是比比皆是。远在古代，日本主动向当时的我国示好，通过朝贡保持沟通，依附于我国的强势来确保自身安全的同时，与我国在经济、贸易等领域往来频繁，吸收我国古代灿烂的文化来增强本国实力，这实质上是一种原始结盟意识的体现；到了近代，日本依然奉行结盟思想，在20世纪初，英国想要借日本之手限制俄国在远东地区的势力范围，而日本想要傍上一个强国对抗俄国以便侵占朝鲜和我国东北地区，双方一拍即合，于1902年结成军事同盟，该同盟维持了近20年的时间，在当时的国际历史条件下为两国达到各自的目的发挥了很大的作用；第二次世界大战爆发后，德国、日本、意大利为了实现其侵略目的，于1940年9月份在柏林签署了《德意日三国同盟条约》，结成了军事同盟，相互承认在各自势力范围内建立的新秩序的领导权，并承诺为达到该目的在政治、经济和军事上相互提供一切可能提供的援助；二战结束后，日美两国在20世纪50至60年代建立了安保体制，日美同盟得以确立，虽然两国之间时有摩擦，且日美同盟一度陷入“漂流”，但是总体上而言日本一直将日美同盟作为外交政策和思想的基轴保持至今。战后日本首相更迭频繁，而其中绝大多数人无论与前任在政治方针上有多大的分歧，上台后都有一个共同点，即立刻向美国表示忠心，在不同的场合不厌其烦地强调日美同盟的重要性。

三、岛国根性带来的排外意识

众所周知，日本是一个面积狭小的岛国，四面环海，并且由于海洋是其天然的屏障，在历史上并没有被其他国家侵占，这导致日本人有着强烈的岛国根性，而岛国根性带来的最直接的现象之一是内外之分，这种内外之分在日本社会中是根深蒂固的。例如称呼非本国人的时候，绝大多数的国家一般而言都是使用“外国人”这个词，而日本除了“外国人”之外，还有“外人”的说法。日本人认为日本为“内”，日本之外的为“外”。虽然每个国家或多或少地都会存在这种排外意识，但日本无疑是相对严重的国家之一。外国人无论在日本生活多久，几乎都不能真正融入日本社会，自始至终会被日本人视为“外人”。虽然日本人内部之间也有各种争斗，但是在面对外国人时，“内”和“外”的意识立刻就会发挥作用，因此从这个角度而言，日本人的族群认同是相当强的，排外意识也非常明显。

这种排外意识在日本外交中多有体现。日本前首相野田佳彦曾就这个问题表达了自己的担忧，他在2012年11月底举行的日本各主要政党党首辩论中认为“在涉及领土、领海的外交问题上，健全的爱国心是必需的，但一味向对方发起挑衅，陷入排外主义的日本是危险的。”他的这种担忧不无道理，因为日本向来喜欢在所谓的领土纠纷问题上向对方挑衅，除了同俄罗斯、韩国等国家之间有领土纠纷之外，近些年特别是就钓鱼岛问题频频向我方发难，小动作不断。2010年9月份的撞船事件、2012年9月份的购岛闹剧是其中的代表。而发表这样的言论并不是说野田本人有高深的政治远见，相反其在购岛闹剧中与极右政客石原慎太郎一唱一和的表现和立场足以让人清醒地认识到其本质。在日本人的意识中，不管在历史上的归属如何明确，这个岛就是自己的领土，这样荒谬至极的想法在他们看来是理所当然的。在这种强烈的单方面认定的排外意识的驱动下，日本居然不顾中日两国对于钓鱼岛“搁置争议，共同开发”的约定，悍然发起挑衅，无视历史事实与国际公理，实行所谓的“国有化”，意图将自古以来属于我国神圣领土的钓鱼岛收为己有。这场闹剧的发生让正常人或稍有常识的人都会感到匪夷所思，而在其背后日本国内日趋高涨的民族主义和军国主义情绪起到了推波助澜的作用。笔者则认为这场闹剧属于一种排外和挑衅意识极度膨胀所导致的无法自控的幼稚的外交事件，也是一种颠倒是非的企图霸占他国领土的强盗行径。在以“和平与发展”为主题的当今世界，这种行径注定不会有好的下场。

四、以町人根性为基础的原则性服务于实用性的心理

所谓的“町人”是指日本江户时代出现的阶层，具体指商人。在当时的日本封建社会中，由于受儒家思想等的影响较大，“士农工商”的阶级划分意识占据了主导地位，商人基本上可以说是处于社会的底层。由于在政治上没有任何地位可言，他们唯一可以施展拳脚之处即是积累财富，在生意上取得成功。在经商过程中，商人可以摆脱复杂繁冗的等级关系，运用自己的聪明才智和经营头脑获得经济利益。而在当时较为

恶劣的社会环境下，日本商人的忧患意识较强，形成了节俭、精打细算的特点，而这种特点在某些情况下又会外显为善于算计和市侩。在他们眼中，实用至上，只要是不偷不抢，一切以赚到钱为最终的衡量目标。同时因为日本商人很少有机会参与政治，因此在他们眼中也没有原则性的概念，自然也谈不上重视。

不能说町人根性是日本人最根本的国民性，但不可否认的是日本人的国民性中町人根性的影响还是相当大的。并且，在经商中唯利是图的特点不可避免地使商人具备了自私、小气、钻营等性格，而这种性格最终也体现在日本人的国民性中。

日本人的这种国民性反映在外交上集中体现为一切以实用为行事标准，做事求回报，精打细算，爱算计的特点。例如日本自20世纪90年代初提出所谓的“普通国家”口号后，一个非常重要的目标就是“入常”。虽然经过几波努力，也联系了巴西、印度等国家组成“捆绑式同盟”，但由于日本一直以来没有就侵略问题认真反省，军国主义阴魂不散且近些年日趋明显，国内新民族主义情绪持续高涨，已经越来越呈现出一种危险的苗头，在这种背景下日本想要实现“入常梦”无异于痴心妄想。虽然屡遭挫败，但是日本一直未曾放弃这个念头，用尽了各种手段，其中又以金元策略为重点。这种金元策略在许多方面都有体现，略举几例，日本在1956年加入联合国后，承担的联合国会费日涨，到2000年达到峰值，其单独缴纳的会费约占总额的20.57%，之后虽呈下降趋势，但长期以来一直是联合国会费的第二大承担国；日本还利用政府开发援助，即ODA向贫穷落后地区提供援助。日本人这样做的根本目的是在增强自身在这些地区的影响力，获取高额经济回报的同时，博得这些国家的好感，并在国际政治上，特别是在“入常”等问题上得到支持。近年来日本的这种外交态势越来越显化，安倍晋三在展望2014年的外交重点时，提出继续推行所谓的“地球仪”外交，准备将非洲等地区作为出访的重点。当然，随着安倍的出访，必定会给受访国带去贸易大单或经济援助，金元外交的目的昭然若揭。日本人的这种以非洲为重点的外交新态势除了谋求经济上的利益和政治上拉选票的目的之外，还有非常重要的一点，即与他们视为最大威胁的我国相对抗。“据日本共同社2013年3月27日报道，日本官房长官菅义伟在27日的记者会上就中国国家主席习近平访问非洲各国发表评论说：‘非洲是今后极为重要的地区。日本将努力和非洲建立友谊、开展经济合作，不输给中国。’”①，这是一种赤裸裸的表态，也证实了安倍“地球仪外交”的主要目的之一是与我国抗衡。或许在他们眼中只要花上大笔钞票就能够与非洲实现交好，从而削弱我国在非洲的影响，但是他们却忽略了中非之间之所以能够建立牢不可破的友谊远有比金钱更重要的东西存在，这种东西就是历史和传统。

五、以语言暧昧为代表的暧昧心理

日本人自认为日语是“暧昧”的语言，这里的“暧昧”是指意思不用说得太直白，相互之间“以心传心”就可以领会彼此的意图。日本人的这种语言特性的形成是有其原因的，一般认为主要有两点：一是日本为单一民族，语言共通，有着共同的民族心理和文化，因此跟多民族的国家不同，日本人之间交流沟通起来相对较为容易，有些话不必表达完整对方也能领会，久而久之就形成了暧昧性的特点；二是日本受儒家“以和为贵”思想的影响很深，不愿在话语上得罪人，尽量选择客气的说法来表达自己的意见，例如日本人拒绝对方的时候，不喜欢直接说

① 新华网．http://news.xinhuanet.com/world/2013-03/28/c_124515570.htm

“不”，而是拐弯抹角地使用一些柔和的说法，比如“请让我们讨论一下”，这句话在许多国家里并不意味着回绝，反而往往会给对方些许期待，而熟稔日本文化和日本人国民性的人则知道，这是典型的表示拒绝的说法。总而言之，日本人喜欢通过一些只有本国人才能领会到的微妙的措词来表达自己的想法，他们称之为“暧昧”，并且以这种“暧昧”为美。日本人的这种语言的“暧昧”久而久之使其心理上也具有了一定的暧昧性，而这种暧昧性也反映在了日常的行为活动中。日本人行事往往意图不是很明确，自己不直截了当地表示，但却希望对方能够迅速理解和解读，所以说与其他国家的人相比的话，日本人行事是相对缺乏目的性的。这种语言及心理上的暧昧性已经深深融入日本社会中，成为日本人固有的国民性之一。

日本人喜好暧昧的国民性也广泛地体现在外交中，在许多外交问题上喜欢玩弄文字游戏，充分利用日语暧昧难懂的特点来逃避责任或者达到其他的一些目的。例如日本二战投降时，日本天皇裕仁发布了《终战诏书》。起草者为了保护天皇所谓的尊严，通篇没有使用一个“败”或“降”字，用的是“通告英美中苏四国，接受其联合公告”的字眼，并且日语题目用的是“大东亚战争终结之诏书”的字词；而谈到投降的原因时，丝毫没有检讨天皇自身及日军的罪孽而是使用大意为“将士虽英勇善战，百官励精图治，……然时局每况愈下，……敌人使用最新的炸弹残害无辜……，如继续征伐，何以保全亿万子民、有何面目复见列祖列宗？”这样的字眼，将侵略的罪恶本质模糊化。可以说这份诏书充分体现了日本人的暧昧性特点。另外，日本人在外交中非常喜欢使用的字眼有“理解”“尊重”等，而这些词汇在日语中既可以表示支持，也可以表示不支持，是可以按照日本人的解释而立场迥然不同的词汇。在外交中的这种暧昧性既是日本人明哲保身和圆滑性格的体现，也反映了其行事目的性不强，遇事不愿负责任的国民性特征。

第三节　中日外交文化中国民性的比较

一、主要相同点

虽然一国国民性的形成受到许多因素的影响，但笔者认为不外乎两大方面，其一是地理环境、国土资源等外在的自然因素；其二是社会制度、文化传统等内在的社会因素。而中日两国无论从哪个方面来看，都有很多相似的地方，如在自然因素方面都位于东亚地区，都有很长的海岸线，四季分明，自然资源丰富等；在社会因素方面，虽然历史积淀、社会制度等差别明显，但不能否认的是两国在许多文化传统上有着很大的相似度，其原因主要是日本的很多文化传承于我国的缘故，如儒家思想、耻感文化等不胜枚举。这也就意味着两国国民性中不可避免地会存在大量相似的地方，例如重视传统，双方都认为本民族优秀的传统是各自宝贵的历史遗产；都有较强的先祖崇拜意识，包括每年定期的扫墓、给先人上香等，做法虽有出入，但总体思想是一致的；都非常重视孝，我国讲“百善孝为先”，日本说“孝乃万善之本”，两国语言中都有“孝敬父母”等使用频率相当高的词汇等，这主要是儒家思想给两国带来的影响，因为孝乃儒家思想的主要内核之一；另外还有注重勤奋刻苦，以勤劳为美德，视懒惰为耻辱等。

如前所述，芳贺矢一提出了著名的日本人的十条国民性，即忠君爱国；敬祖先重家名；现世、实际；爱草木、喜自然；乐天洒脱；淡泊潇洒；纤丽精巧；纯洁清白；恪守礼法；温和宽恕。站在中国人的立场上审视一下这些国民性，我们会发现除去“忠君”这一点在当代中国不存在，“纤丽精巧”在我国一般与南方人的性格较吻合之外，其他的各条国民性基本上也可以用于描述全体中国人。当然，芳贺矢一关于日本人国民性的论述有其时代和认识的限制，并不能说囊括了全部日本人的国民性特征，但是由于其在日本有广泛的认知度，所以笔者在此以其学说为比较标准尝试说明中日国民性中相似之处众多这一观点。

毋庸置疑，这些同质性的国民性对于各自外交也产生了类似的影响，如“爱草木、喜自然”这种国民性对于两国各自大力推行环境外交起到了一定的决定作用，不过另一方面我们知道一国外交的影响因素众多，在两国各自不同的其他因素的交错影响下最终的外交表现也不尽相同。

二、主要不同点

两国的国民性中也有一些异质性的东西存在，这些异质的国民性投射在各自外交上完全是迥然不同的体现，对于各自外交的影响也是大相径庭的。

中国人行事大气，且注重细节，这种国民性使得当代中国的外交呈现出“大国外交”的特点，“和平与发展”“和谐世界”和“中国梦”等理念是这种外交特色的具体体现；稳重的同时又非常善于激发创造性思维，有很强的创造力，这种国民性使得当代中国外交理念的构建一方面保持了很好的继承性和关联性，呈现出稳定的特征，另一方面又根据我国具体国情创造性地提出了崭新的外交构想，如“一国两制”理念，体现了高超的外交设计能力；善于以退为进，不咄咄逼人，得饶人处且饶人，这种国民性使得党和国家领导人在制定外交政策时能够做到审时度势、高瞻远瞩，不争一时之气，以外交服务于国内经济建设为宗旨，以真正提高人民生活水平为目的，“韬光养晦、有所作为”“搁置争议、共同开发”等就是其中的典型代表；基本上没有排外心理，善于同外部搞好团结，这种国民性在我国外交上也有明显体现，我国早在建国初期便提出了“团结世界人民”的外交设想，在几十年的外交实践中我国很好地执行了这一理念，无论他国贫富大小，只要其能真正地重视世界和平及国家之间的睦邻友好，我们都能平等待之，和平共处，一视同仁。

日本人素来以模仿能力强而著称，当然其背后有很深的危机意识在起作用，这种国民性使得日本外交具备了很强的模仿和追随特点，并且其对象均是当时世界上的强国，如近代的英、德，二战后的美国等；日本人一方面攻击性强，另一方面为了避免受害往往谋求结盟，寻找靠山，这种国民性在日本外交上也多有体现，如二战期间的“偷袭珍珠港”事件体现了日本人以攻为守的特点，另外20世纪初的英日同盟、二战后的美日同盟等则是日本人习惯于结盟的国民性的例证；日本人排外意识非常强，外国人在日本无论多久都很难真正融入日本人的圈子，这种盲目排外的国民性有时会使得外国人，特别是一些国家的公民在日本遭受不正当对待而发展成为外交事件，同时也使得日本外交缺乏客观判断，并且经常外现为一种挑衅态度，所谓的“钓鱼岛国有化”就是其中一个典型的代表；日本奉行实用至上主义，缺乏高瞻远瞩和大局观，在外交上也体现为做事求回报、精打细算等特点，日本非常重视经济外交，利用金元策略拉拢贫穷落后的国家，而这种策略同我国不带任何附加条件的对外援助在本质上是有天壤之别的，日本的这种实用主义指导下的外交注定了其重视当下利益的特点；日本人说话、行事有时让外国人捉摸不透，具有强烈的“暧昧性”特点，在外交上往往喜欢采用模棱两可的说法，遇事不愿负责任，近些年在历史教科书、侵略定义等有关历史认识问题上，日本的这种国民性有非常明显的体现。

第七章 中日外交文化中的文化类型

所谓文化类型，不是指文化共分几种类型，而是指在复杂的文化体系中最具代表性的、最能体现该文化根本属性的特征。依据这个观点来看，每个国家或民族应该都有一个典型的、能够代表本国或本民族文化特征的文化类型。

关于文化类型的学说，我国较具代表性的有冯友兰的中西文化类型说和钱穆的世界文化类型说。冯友兰是我国著名的哲学家，1919年五四运动爆发后，我国面临着深重的民族灾难和社会变革的需求，帝国主义列强对我国虎视眈眈，而我国的平民大众则不甘受辱奋起反抗，中西矛盾迸发，在这种历史背景下冯友兰提出了中西文化类型说，并且这种特殊的背景决定了冯友兰文化类型说的研究视角为中西文化比较，即对于我国和西方国家的文化特点和矛盾进行剖析。钱穆是我国著名的历史学家、国学大师，他对于文化类型的划分有自己独特的观点，提出了四分类说，其一，依据文化的源泉，世界文化可分为游牧文化、农耕文化和商业文化；其二，依据文化的时空维度，世界文化可分为中国文化、印度文化和欧洲文化；其三，依据文化的个性特质，世界文化可分为青年文化、壮年文化和老年文化；其四，依据文化的人生观念，世界文化可分为希腊、印度、中华、阿拉伯、希伯来文化[①]。

然而，依据以上这些文化类型的划分标准，很难区分中日两国文化类型的差异。换言之，以上分类法属于以世界文化为对象的宏观的分类标准，而一般认为我国和日本同属东方文化，同质特点较为突出，因此

① 该分类法主要参考陈曙光在“钱穆的‘文化类型说’评析”一文中的观点。陈曙光. “钱穆的‘文化类型说’评析”. 《江南大学学报（人文社科版）》，2006（3）：99-101.

需要从其他的视角来区别中日两国的文化类型。基于这种考虑，我们采用另外一种分类法，即主要从文化的民族心理角度来尝试对两国的文化类型加以区分。从民族心理学的角度来看的话，西方国家属于一种“罪感文化”，即西方国家往往会设立一种绝对的道德标准，而这个标准的基础在于西方的基督文明，主张人如果违背了这个标准就是有罪的。另外，天主教提出“原罪说”，即“人生下来就是有罪的”，人无法摆脱罪恶，只有通过行善才能洗脱罪恶，最终回到上帝的身边并得到原谅。无论从哪一种观点来看，“罪感文化”都可以说是以基督文明为思想基础的西方国家最为典型的文化类型。而我国和日本同属东方国家，社会意识和思想的基础同西方有着天壤之别，因此“罪感文化”显然不是最主要的文化特征。美国政府于1944年委托人类学家鲁思·本尼迪克特调查日本人的民族文化心理特征，以便能够顺利地实施战后对于日本的单独占领和管制。这位美国女性人类学家在1946年提交了报告，后来这份报告整理成了以研究日本人文化心理而著称的《菊与刀》。在这本书中，鲁思·本尼迪克特提出了“耻感文化”的观点，认为这是日本人最本质的文化类型。西方国家从整体上看属于“罪感文化”，日本属于“耻感文化”，那么，究竟什么才是我国最本质的文化类型呢？“半个世纪以前，英国哲学家罗素谈及中华民族的文化精神，他说：‘中国人似乎是富于理性的快乐主义者。’”[①]，罗素的说法引起了一定的反响。1985年美学家李泽厚提出了“乐感文化”的概念，认为这是中国最典型的文化类型或者文化特征，引起了学界不小的共鸣。另外，也有一些学者就乐感文化的影响力提出了自己的见解，如孙熙国认为乐感文化“不仅是一个响亮的口号，而且首先是中国文化永葆青春的常规动力、悠久

① 赵美娟．“‘乐感文化’与‘罪感文化’”．《中国培训》，1997（9）：44.

范式和鲜明旗帜”[①]。总而言之，“中国属于乐感文化”这种观点现在已经呈现普及的趋势，得到了越来越多的认同，甚至于在一些辞典中对其直接解释为中国文化最具代表性的文化类型，例如“从审美角度判认的文化类型之一，一般认为中国文化专属此类”[②]。

第一节　中国外交文化中的乐感文化

所谓乐感文化，较为权威的定义是“追求安乐的文化传统和文化现象”[③]，这里的“安乐”是一个褒义词，意思是安定快乐的意思，不应该理解为不思进取，贪图一时的享受。而这其中的“乐”，郭沫若先生的解释是“所谓乐者，乐也。凡是使人快乐、使人感官可以得到享受的东西，都可广泛地称之为乐”[④]。乐感文化的思想根源在古代，虽然就其根源有学者提出了自己的意见，如前述的孙熙国认为“这种精神是在远古巫文化中孕育的，她的摇篮是《周易》”[⑤]，但实际上我们现在并没有充分的证据来判别究竟其根源在哪里，只能说来源于我国博大精深的传统文化中。有的是古代先哲思想，例如“学而时习之，不亦说乎？有朋自远方来，不亦乐乎？”[⑥]，这句孔子的名言实际反映的是热爱生活、积极向上的人生态度。又如“人皆可以为尧舜”[⑦]，强调的是人人都能成为尧、舜那样的圣人，这是一种积极乐观、鼓舞人上进的思想，

---

①“乐感文化·华夏之魂”.《中国图书评论》，2004（2）：4.

②《文艺学新概念辞典》。

③《新语词大词典》。

④ 张磊，宿彩艳.“乐感文化之美”.《大众文艺》，2011（8）：23.

⑤“乐感文化·华夏之魂”.《中国图书评论》，2004（2）：4.

⑥《论语·学而》。

⑦《孟子·告子下》。

再如“乐天知命，故不忧”[①]，反映的是圣人既乐天理，又知天命，因此无忧愁的道理；有的是诗歌词赋，例如高适的“莫愁前路无知己，天下谁人不识君”，刘禹锡的“沉舟侧畔千帆过，病树前头万木春”等都反映的是一种乐观豪迈的思想。从其思想根源可以看出，虽然乐感文化的概念是李泽厚提出的，但是乐感文化一直以来都存在于我国的传统思想文化中，并且中国人特别是历朝历代的文人对于这个概念有着朦胧的认识，不过最终是李泽厚先生将其总结并提炼了出来。单就这一点而言，也是非常了不起的成就。

实际上乐感文化的内涵不只包括快乐、乐观。李泽厚指出，不论是儒墨老庄，还是惠能以后的佛教禅宗，“都极端重视感性心理和自然生命”，并“以不同方式呈现了对生命、生活、人生、感性、世界的肯定和执著”，“人们经常感伤的倒是‘譬如朝露，去日苦多’‘他生未卜此生休’‘又只恐流年暗中偷换’……总之非常执著于此生此地的现实人生”，而诸如“子在川上曰，逝者如斯夫，不舍昼夜”及李白诗云“天生我才必有用”等，又表达了中国人对现实世界积极的人生态度和强烈的参与意识。结论是，“乐”在中国哲学中实际具有本体意义，并且是“天人合一”的成果和表现之一。[②]

一、我国乐感文化的特点

1. 豁达乐观、自力更生、积极向上

中国历史悠久、底蕴丰富，“地大物博”“人杰地灵”等历来都是我国的代名词。古代中国文化灿烂无比，在政治、经济上一直是东亚

①《周易·系辞上传》。
②《文艺学新概念辞典》。

的中心和周边各国学习模仿的对象；近代中国虽然有较长的一段屈辱史，但是中国人民奋起抗争，最终挫败了侵略者的野心，极大提高了国人的民族自豪感；新中国成立之后，中国人民在共产党的领导下，自力更生，奋发图强，综合国力不断提升，国际影响力不断加大，在世界上挺直了腰杆。在这样的历史熏陶下，一代又一代的中国人形成了豁达乐观、自力更生、积极向上的人生态度。古人对这样的人生态度也多有阐述，如孟子说“君子有三乐，而王天下不与存焉。父母俱存，兄弟无故，一乐也；仰不愧于天，俯不怍于人，二乐也；得天下英才而教育之，三乐也”[①]，这其中的第二乐意为“上不愧于天，下不愧于人”，这是何等大气豁达的气概。西汉高官疏广告病还乡后，虽得到大量的赏赐但并没有为后代购置家产，他说“顾自有旧田庐，令子孙勤力其中，足以共衣食，与凡人齐。今复增益之以为赢余，但教子孙怠惰耳”[②]，意思是“我自有旧的田地，让子孙辛勤劳作应该可以同普通人一样丰衣足食。如果增加他们的财产而有盈余，只会让子孙变得懒惰而已。”可见明事端的古人对于自力更生的品质还是非常推崇的。孔子在描述自己的人生态度时曾说过“发愤忘食，乐以忘忧，不知老之将至云尔”[③]，意思为“发奋用功连吃饭都忘了，快乐得把一切烦忧都忘了，以至于连自己老了都没意识到。”这是一种典型的积极向上的人生态度。

总而言之，“豁达”源自我国的大国品质，在这样的国家中成长的大多数人很少会遇事斤斤计较，而往往会养成大气豁达的性格；“自力更生”既是一种积极的人生态度，也是实现积极向上的重要手段；“乐观和积极向上”源自我国人民的苦难奋斗史，近代趋于亡国边缘的屈辱

①《孟子·尽心上》。

②《汉书·疏广传》。

③《论语·述而》。

岁月我们都能够挺下来并重新站立起来，而且站得更直更有底气，就再没有什么可以畏惧的，我们有足够的理由乐观地看待并处理今后发展道路上的各种艰难险阻。

2. 坚忍不拔、自强不息、苦中作乐

中国人历来具有坚强忍耐、自强不息、苦中作乐的精神品质。

孔子说“小不忍则乱大谋”[①]，强调的是两层含义：一是忍耐的重要性，在小事上无法控制自己情绪的话就有可能败坏大事；二是该忍则忍，该做决断就做决断，不可优柔寡断。荀子说“骐骥一跃，不能十步；驽马十驾，功在不舍。锲而舍之，朽木不折；锲而不舍，金石可镂”[②]，这句话的内涵为只有持之以恒、坚忍不拔才能最终达成目的。苏轼也说过“古之立大事者，不唯有超世之才，亦必有坚忍不拔之志!”[③]，去除其他的内涵不说，坚忍不拔是苏轼认定的成大事的必备条件之一。因此可以说，坚忍不拔历来被包括古代圣贤在内的有觉悟的中国人视为美德。

中国人素来主张自强不息，古人云“天行健，君子以自强不息”[④]，强调的是君子处事，应该像天那样拥有博大的胸怀，运行不息，自我奋进。而自强不息的内涵主要有两点：一是有独立的人格与尊严，这是自强不息的前提条件。孟子说过“富贵不能淫，贫贱不能移，威武不能屈，此之谓大丈夫”[⑤]，对一个人如何拥有高尚的人格、节操和志向给出了解释，归根结底是要表达人需要有独立的人格和尊严的意思。同样的内涵在古人的思想中也多有体现，如“石可破也，而不可夺

①《论语·卫灵公》。

②《荀子·劝学》。

③《晁错论》。

④《周易·象传》。

⑤《孟子·滕文公下》。

坚强；丹可磨也，而不可夺赤”[①]，是说高尚的品格和节操不会因外界的压力而变质，强调人格与尊严的重要性；另如“三军可夺帅也，匹夫不可夺志也”[②]，意为“军队的统帅可以被更换，但是男人的志向是不会轻易被改变的。”二是有吐故纳新的革新意识，这是自强不息的必要条件。在我国的历朝历代中，除去统治阶级故步自封、排斥改革的部分之外，革新意识历来得到能人贤士的推崇。孔子说“四时行焉，百物生焉”[③]，指出四季在不停地变化，万物也在生生不息，这其实是一种朴素的革新意识的反映。更明确的表述也常见于古人的思想言论中，如“易穷则变，变则通，通则久”[④]，指出只有变通，即革新才能长久的道理。

中国人善于苦中作乐，天性热爱生活，古代圣贤对这种人生态度也推崇有加。“贤哉，回也！一箪食，一瓢饮，在陋巷，人不堪其忧，回也不改其乐。贤哉，回也！”[⑤]，意思是“颜回真是贤人啊。一笼饭，一瓢水，住在简陋的地方，他人无法忍受但颜回却能淡然处之。颜回真是贤人啊。”在这段话中，孔子对颜回能够做到安贫乐道、风情高达感到敬佩。其实，从孔子的人生经历可以看出他的一生并不是很如意，主要是由于其主张在当时并不为诸侯们采纳，经常会感觉郁郁不得志，因此孔子对于这种苦中作乐、洒脱不羁的人生态度是非常推崇甚至是向往的，这一点在其作品中也有体现，如“饭疏食饮水，曲肱而枕之，乐亦在其中矣。不义而富且贵，于我如浮云”[⑥]，意思是“吃粗粮喝冷水，

①《吕氏春秋·季冬纪》。

②《论语·子罕》。

③《论语·阳货》。

④《周易·系辞下传》。

⑤《论语·雍也》。

⑥《论语·述而》。

弯起胳膊为枕，乐趣亦在其中。通过不正当的手段得来的富贵，对于我而言如同天上的浮云一般。”当然，无论是孔子还是颜回，都是圣人级别的人物，一般百姓固然不能望其项背，但是其提倡的这种人生态度我们则是完全可以效仿的。另如程颢诗云“富贵不淫贫贱乐，男儿到此是豪雄”，强调的也是这种苦中作乐的意境。

3. 知足常乐、不思进取

如果说前两项是我国乐感文化优点的话，那么这一项就颇有缺点的特征了。当然，从不同的视角来分析的话，结果可能有所不同。“知足常乐”是说中国人容易得到满足，反映的是一种人生态度，过去老百姓常说“老婆孩子热炕头”就是这个意思。成语“无欲则刚”实际上也包含了类似的意思在里面。古人对这种人生态度也是推崇备至的，特别是道家始祖老子。老子提倡无为和明哲保身，认为“知足”是非常重要的意境，例如他说“祸莫大于不知足；咎莫大于欲得。故知足之足，常足矣”①，意为“最大的灾祸是不知足，最大的过错是贪得无厌的欲望。因此懂得满足的人永远是满足的。”另如“故知足不辱，知止不殆，可以长久”②。可以说老子对于“知足常乐”的认识是非常深刻的，认为“知足”才可以避免灾祸并可以保持内心的满足快乐。而“不思进取”则在绝大多数的情况下会被当做一个贬义词，具有比较消极的含义，在我国历史上的某些时期确实也呈现出了这样的特点。古人对于这一点也基本上持批判的态度，如明代钱鹤滩在其著名的《明日歌》中提到“明日复明日，明日何其多？我生待明日，万事成蹉跎”，强调要珍惜时间，不可不思进取以防岁月蹉跎。再如汉乐府《长歌行》中记载“少壮不努力，老大徒伤悲”，这也是典型的劝诫人要积极上进的内容，不能

①《道德经》，46章。

②《道德经》，44章。

不思进取，否则老来会悔恨一生。另外，诸如“故圣人不贵尺之璧而重寸之阴，时难得而易失也”①，强调圣人不以尺长的宝玉为贵而珍惜一寸的光阴，是因为时间难得而易失，讲的亦是同样的道理。

二、乐感文化对我国外交的影响

乐感文化对于我国的外交有很大的影响。“豁达乐观，积极向上”可以说既是乐感文化的特点，也是我国外交中呈现出的显著特征。1945年8月美国向日本的广岛和长崎各投下一颗原子弹，直接加速了日本帝国主义投降的步伐，而美国显示出来的军事和科技实力让世界震惊，另外，在第二次世界大战中老牌帝国主义国家由于损耗巨大综合实力严重受损，更加衬托出美国在战后世界格局中的超强地位。1946年，在美国的授意下，国民党政府破坏和谈，将我国拖入了大规模的内战中。因为强大的美国在背后支持，国民党政府有恃无恐，倒行逆施。就在当年8月，毛泽东在延安会见了美国作家安娜•路易丝•斯特朗。在回答其提出的“如果美国使用原子弹（支持国民党），你们怎么办？”的问题时，毛泽东提出了著名的“纸老虎”理论，明确指出一切反动派都是纸老虎。“纸老虎”理论可以说是这个时期外交思想的重要组成部分，其后毛泽东更是将这个比喻在各种场合进行了进一步的充分阐述，为保证外交独立性、提振信心起到了巨大的作用。“纸老虎”理论充分体现了中国人“豁达乐观，不惧艰险”的品质。在新中国成立之初，周恩来就多次强调我国外交的基本立场是中华民族独立的立场，独立自主、自力更生的立场。“独立自主、自力更生”是指我们不依赖任何国家，不需要任何国家充当我们的保护伞，我们有能力有信心扫除一切困难障碍，全

---

①《淮南子・原道训》。

国人民一条心建设好新中国。即便是我国宣布选择站在以苏联为首的和平民主阵营内的“一边倒”外交方针后，针对一些人提出的新中国是否能够真正保持独立的疑问，我们明确主张独立自主，提出“不能把自己党和国家的独立性失掉”[①]。战后的新中国满目疮痍、百废待兴，国际上敌对势力百般刁难，设置种种障碍，在这种艰险的国际国内形势下，敢于坚持独立自主的外交理念说明我们对祖国的未来充满了信心，这是“豁达乐观，积极向上”的乐感文化的充分体现。

抗日战争和解放战争在人员和经济上给我国造成了无可估量的损失，据我国相关部门的不完全统计，抗日战争中保守估计我国军民伤亡3600万人，财产损失和战争消耗达到了5600多亿美元；解放战争造成的财产损失虽然没有明确的官方数据，但从双方的伤亡情况（解放军伤亡152万人，国民党军队800余万人）来看，财产损失的严重程度可略见一斑。建国初期，我国是一个典型的政治上强大、经济上羸弱的“强大的弱国”。政治上的强大主要是因为我国是二战战胜国，并且我们挫败了美蒋帝国主义赢得了新中国的成立，中国人民真正实现了当家做主；而经济上的羸弱主要是由于连年的战争导致当时国家的各项经济指标低下，远远低于世界平均水平。新中国成立不久，我国面临着经济发展和对抗国际反华势力的双重艰巨任务，在美苏两大阵营选边站的形势下，我们策略性地选择了保证独立自主前提下的“一边倒”的对外政策，全面引入了苏联模式。而当1956年苏共二十大后，苏联的大国主义毕现，多次妄图干涉我国内政，中苏关系开始恶化，我们顶住了来自苏联的巨大压力，做出了正确的选择。苏联短时间内撤走全部援华专家并撕毁大量合同等事件并没有让中国人感到气馁和悲观，相反更加激发了广大的

① 裴坚章.《研究周恩来—外交思想与实践》. 北京：世界知识出版社，1989：5.

同胞继续保持并发扬坚忍不拔、艰苦奋斗的精神，增强了建设好国家的信念和决心。1989年，我国面对东欧剧变、社会主义阵营瓦解、美国等西方国家对我国实施所谓的制裁等极端不利的国际形势，并没有不理智地扩充军备，倾全力迎头抗击这些国家的挑衅，而是策略性地制定了新的外交政策，其中以邓小平提出的“冷静观察、稳住阵脚、沉着应付、韬光养晦、有所作为”的外交方针为最典型的代表。在国际上沉着冷静、以柔克刚的同时，在国内继续加大步伐发展经济，坚持独立自主、自力更生，依靠党的领导和全国老百姓的配合努力实现做大做强自己的目标。另外，在国家实力还很薄弱的时期，为了获得国际上更多的支持和理解，进一步加大对外交往，我国与许多“穷国家”建立了外交关系。例如，在1956年至1966年这一时期中，“中国与新独立的亚非拉国家的关系更显密切，在新建交的27个国家里有24个属于‘穷兄弟’”[①]，这里面颇有一种“苦中作乐、乐观向上”的意味。

从古代至近代，知足常乐、不思进取的这种特点在我国外交上多有体现，并常常伴随着消极的结果。在我国古代历史中，“议和”一词频繁出现。“议和”主要是指通过谈判来终结外敌进犯的一种外交手段，经常会伴随着割地赔款等丧权辱国的行为，如果说在己方处于明显劣势、不得已的情况下主动谋求“议和”的行为还可以理解的话，那么处在优势下的“议和”就只能理解为知足常乐、不思进取了，例如历史上有名的宋辽议和便是一例，辽军南下侵宋，在少数主战派的力劝下，北宋的宋真宗放弃迁都避险的念头实施亲征，在澶州城下打了胜仗，射死辽军大将使对方锐气大挫。然而在这种大好形势下，当辽军提出议和

① 王逸舟.“中国与世界关系的历史性变化---关于中国外交的一种研究大纲”.《自主·理解·合作　中华人民共和国对外关　系60年》. 北京大学中国与世界研究中心. 许振洲，汪卫华主编. 北京：当代世界出版社，2012：25.

时，宋真宗立刻答允并签订盟书，史称“澶渊之盟”，约定每年送给辽国岁币银10万两、绢20万匹。当然，从其结果来看，宋辽议和换来了两国长期的交好，但是形势占优打了胜仗却每年给对方上贡，只能说以宋真宗为首的主和派的眼中只有荣华富贵和舒适享乐，没有半点骨气和胆识。再如在南宋时期，当时的朝廷偏安一隅，不思进取，只求苟安，想尽一切办法来维系皇族和大臣们纸醉金迷的奢淫生活，前前后后与金国三次“议和”，确立了宋金两国之间不平等的政治关系。我国清朝亦是如此，从1757年正式开始的闭关锁国固然有保护本国经济不受外国冲击，防止明军残部和西方列强的渗透等原因，但不可否认的是其中也有清政府盲目自大、知足常乐、不思进取的因素在起较大的作用；到了清朝后期，更是通过割地求和，巨额赔款等丧权辱国的手段来维持所谓的大清江山，在我国近代史上留下了一个又一个的屈辱记录。总而言之，乐感文化带给中国人的这种缺点在外交上已有充分的反映，在当今竞争激烈的国际社会中，我们必须引以为戒，根除消极的思想和做法，时刻充满危机感。

第二节　日本外交文化中的耻感文化

日本耻感文化的思想源泉是中国传统文化，这样说的依据是耻感文化中最核心的“耻”的概念在我国古代早有论述，特别是在儒家思想中，“知耻”作为一项重要的个人修养和道德规范被提到很高的地位。关于“耻”的论述有些是名言警句，如“无羞恶之心，非人也”[①]，意思是“没有羞耻之心，就算不上人”；“知耻近乎勇”[②]意思是“懂得

①《孟子·公孙丑上》。

②《礼记·中庸》。

羞耻就接近勇敢了”；“卑贱贫穷，非士之耻也”[①]意思是“既无地位又无财富并不是士人的耻辱”，其内在含义为无法伸张正义彰显名节才是士人的耻辱。还有一些从多个角度入手详细阐述，如“君子有五耻：居其位，无其言，君子耻之；有其言，无其行，君子耻之；既得之而又失之，君子耻之；地有余而民不足，君子耻之；众寡均而倍焉，君子耻之”[②]，意思是“在一定的职位上却不能提出应有的意见，君子感到可耻；提出了意见却不去践行，君子感到可耻；东西得而复失，君子感到可耻；有多余的土地而劳力不足，君子感到可耻；分东西时百姓人均一份，自己却多拿一份，君子感到可耻。”在我国古代关于“耻”的论述不胜枚举，在此不一一论述。可以说“耻”在我国古代内涵丰富，覆盖面广，并且在圣贤们的反复宣教下已然形成了一种文化，因此耻感文化的源泉在我国的这种说法是有充分依据的。然而即便如此，“耻感文化”只能算是我国的文化特点之一，并未成为最具代表性的文化类型，乐感文化才是最具代表性的中华文化，关于这一点在本章第一节中已有详细论述。

随着以儒家为代表的我国古代的思想道德传入日本，“耻”的概念逐渐被日本人所认知，耻感文化也在日本逐渐得到认同并广泛传播。那么日本的耻感文化是如何形成的呢？笔者认为除去我国传统文化的影响之外，日本人的生活方式以及由其形成的集团意识也起了决定性的作用。日本在古代是一个典型的纯粹的农耕社会，这一点和我国有所区别。我国虽然整体上也属于农耕社会，但是历史上次数众多的民族大迁移和融合使得农耕文化中融入了许多游牧文化的元素。另外，日本以水稻为主要作物，因此主食为大米，其后虽然面对西方以及其他国家和地

①《说苑·立节》。

②《礼记·杂记下》。

区饮食文化的冲击，然而直至今日也没有发生大的改变，传统的“和食”中大米是不可或缺的最重要的元素。而我国幅员辽阔，水稻基本上是南方的长江、珠江流域的作物，北方以麦类为主，南北方饮食结构有较大的差异，生产方式自然也大相径庭。总而言之，日本属于稻作文化圈，且在全国基本上形成了统一，日本人在高温多湿的环境下共同作业，种植水稻，每年的耕地和灌溉设施等几乎是固定的，从事稻作农民的住宅等其他资源也是相对稳定的。而水稻的种植是一个繁琐的过程，灌溉、育苗、收获、脱壳等单凭个人或单个家庭各自为战显然效率较低，因此日本形成了以家庭为单位联合作业的习惯，合众人之力以期达到相互照应、事半功倍的效果。由于是联合作业，因此在作业过程中非常强调人和人、家庭和家庭之间的协调及团结精神，久而久之就自然而然地形成了以村为单元的集体，集团意识也应运而生。日本人的集团意识要求个人要绝对服从集团的决定，为了集团的利益牺牲个人的所得是理所应当的。另外，如果在联合作业中个人没有顾及集团利益，触犯了成规或搅乱秩序的话，不但会是一种非常耻辱的事情，还会遭到集团中其他人一致的排挤。这种说法是有依据的，日语中有“村八分”的说法，意思是对于触犯村规的人实施制裁，除了下葬和灭火之外，其他在诸如成人礼、婚礼、生育、照看病人、房屋改建、水灾时的协助、祭祀和旅行等日常活动中村民均不与此人交流，完全将其从形式上到心理上予以排斥、隔绝。因此，在日本的传统中，受到这种惩戒是非常恐怖的事情，是一种让人崩溃的心理制裁，久而久之，为了免受这种对待，日本人变得非常在意集团对于自己的评价，时刻留意自己的言行是否出格或者是违规。关于这一点，鲁思·本尼迪克特有过类似的描述，她说“日本人正是把羞耻感纳入道德体系的。……耻感在日本人生活中的重要性，恰如一切看重耻辱的部落或民族一样，其意义在于，任何人都十分注意社会对自己行动的评价。他只需推测别人会做出什么样的判断，并针对别人的判断而调整行动”[①]。由于这种纯粹的稻作文化下的生活方式，加之其中孕育出来的强烈的集团意识，使得日本人形成了特有的耻感文化。因此可以说，在耻感文化的成因上，日本与我国显然是有较大区别的，这也是为什么日本耻感文化的源头在我国，而我国最本质的文化类型并非耻感文化的主要原因之一。

总结日本耻感文化的主要特点及对外交文化的影响如下：

1. 强烈的集团意识塑造的从众心理

如前所述，日本人由于其独特的自然条件和特有的稻作方式形成了强烈的集团意识。集团的利益永远大于个人，个人只是存在于集团中的个体，需要遵守共同制定的规则和秩序，需要克制自己的言行以免做出出格的事使自己蒙羞的同时遭到集团中其他人的唾弃。日语中有类似于“枪打出头鸟”的谚语，如“出る杭は打たれる（棒打强出头）”，讲的就是这个现象。日本的集团意识不提倡个人像欧美人那样拥有较强的个性，没有个性在日本人眼中根本算不上缺点，反而觉得是自然的、应该具备的素质。只要勤勤恳恳、埋头苦干，即便在工作中提不出建设性的意见也没有多大的关系，经过长时间的工作经历后仍然会得到升迁的机会，谋得更好的职位。因此，在日本的公司中，年功序列即论资排辈直到今天依然是几大特色之一。在日本的影视剧中，这种特色也被艺术性地体现出来，例如在许多跟公司题材相关的影视剧中，能干的下属和平庸无能的上司总是会形成鲜明的对比，下属功劳再大也都归功到上司头上，最多得到一个“有领导能力”的高评价，这就是年功序列的真实体现。当下属的锐气渐渐被挫光变得平庸之时，距离升迁就不远

① [美]鲁思·本尼迪克特.《菊与刀（增订版）》. 北京：商务印书馆，2009：202-203.

了。其实许多日本人对于这种现象也是心存不满，但是在集团意识的强大网络下，形不成合力基本上是无法改变现状的。工作后的夜酒，找上几个意气相投的同事互相发发牢骚，倾吐完不满，第二天还得正常上班，依然得适应这种一丝不苟的集体生活。公司是如此，其他工作场合亦然。客观来讲，日本集团意识的影响自古至今并没有被大幅削弱，在日本社会中依然是如磐石般的存在。在这种强烈的集团意识的驱使和塑造下，日本人形成了较为显著的从众心理，即不论孰对孰错，只要跟大多数人行动保持一致，不出格就是正确的选择。即便这件事情可能是错误的，但如果只有自己坚持正确的选择，仍然有被排斥的危险。例如就一件事情询问集团中的日本人时，大多数的人往往说不出子丑寅卯，或者是给出的意见模棱两可。这并不是说日本人没有思想，没有自己的主见，而是在这种集团意识的影响下对于发表与众不同的意见，大多数的日本人是比较忌惮的。偶尔也有个别在思想上受欧美影响的日本人敢于大胆提出自己的主张，但往往得不到重视或其他人的认可，并且如果过于显露出咄咄逼人的气势的话，那么这样的人在日后的工作中多半会遭到排挤。心理学上有个名词叫“同调行为”，即认为与他人保持一致会获得安全感。从这个角度上看，从众心理是包括人在内的许多动物所具有的一种心理趋势。而日本人的从众心理是建立在日本特有的集团意识上的内发的心理趋势，与其他国家人们的从众心理相比较体现出更加显著的特点，在很大程度上决定着日本人的行为方式和习惯。

日本人的从众心理在其外交及侵略战争中都有较明显的体现。在外交上，日本人在其所认定的集团内显示出了一贯的从众心理。例如，西方七国集团是20世纪70年代形成的，首先是1975年美国、日本、英国、法国、德国和意大利成立了六国集团，1976年加拿大加入形成七国集团，简称为G7。作为唯一的亚洲国家，日本非常重视该集团身份，认为这是发达国家俱乐部成员的标志，自然也将这个集团视为一个紧密的集体，自己是其中的一分子。在该集团中，与美国、德国等其他国家不同，日本很少发表不一致的言论或采取出格的行为，并且往往与其中的多数国家保持步调的高度一致，动辄口称集体行为来掩饰自己的真实意图。例如进入2000年之后日本国内要求人民币升值的舆论甚喧尘上，但是我国一直以来冷静处之。看到成效不大，日本又把目光投向了其所在的七国集团，希望借助集体的力量对我国施压。2010年七国集团会议召开之前，日本时任财务省的某高级官员在不同场合宣称将在G7会议上与其他国家共同促使我国采取行动使人民币更具弹性，并反复强调这是集体行为，颇有一种“从众无谓”的气概。在侵略战争中，日本人的从众心理更是显露无遗。战前在以忠君爱国等思想为核心的军国主义的熏陶下，日本士兵的天皇崇拜和日本人优等意识已经膨胀到了极限，战争中无论对手是被侵略国家的军人抑或是手无寸铁的平民百姓，他们杀人不眨眼，集体做着丧尽天良的勾当。当“百人斩”的图片被当时的日本报纸登载时，两名杀人恶魔向井敏明和野田毅在日本国内居然成了所谓的“民族英雄”，由此可见当时整个日本已经完全迷失，在集团主义和从众心理的影响下，在军国主义分子的蛊惑下，连平民百姓的人性和价值观也被极度扭曲。人们常说，战争使人疯狂，但是笔者认为如果没有前期的诸如皇国史观的思想麻醉，以及战时疯狂的集团意识起作用的话，常人是断然做不出那样罪恶的事情的。

2. 森严的等级意识塑造的从强心理

集团意识造就了日本人的耻感文化。而作为一个集团想要运转良好，就必须制定一系列的规章制度来让集团中的个体去严格遵守。大多数的日本人都能够自觉自律，但也不排除有异类的存在，这样就必须有人实行监督和制裁，而在集团拥有这种权力的人或阶层久而久之就变得高高在上，在身份上与一般人之间拉开了距离，形成了不同的等级，造成了等级意识的出现。集团中的个体对于高一等级的掌握了大量权力的人或阶层自然而然地会产生敬畏感，会无意识地产生顺从的心理。另外，日本自古以来就是一个等级制度森严的国家，从江户时代开始国民就被分为“士农工商”四个阶层，其中特别是武士阶层拥有大量的特权，甚至包括生杀权，其他三个阶层的日本人对武士的话言听计从。虽然后来这种等级之分被取消了，但是其影响却一直留存了下来。在当代日本社会中，等级之分在许多方面都有体现，包括语言中的敬语、行为举止等。敬语是日语语言的一大特色之一，主要分为绝对敬语和相对敬语。绝对敬语是指二战之前平民百姓对日本的皇室人员所使用的表示尊敬或谦逊的语言，二战后转变为一般敬语的说法；相对敬语是指在日常交往中，通过抬高对方或降低自己来表示对谈话对方或谈话中出现的地位高的人的敬意。但无论是哪一种敬语，都可理解为强烈的等级意识的体现。举几个简单的例子，例如在日本当媒体描述天皇或皇室成员的一举一动时，每句话都采用敬语形式，而实际上执掌政权的内阁总理大臣，即首相则无此待遇，原因很简单，首相从根本上讲属于民选政治人物，出身于平民，与皇室人员在等级制度体系中的地位截然不同。同样的道理，外国的元首只要是民选的，无论是我国的国家主席还是美国的总统，日本人认为其皆出身于平民，与日本的天皇在等级本质上是有区别的；但是外国的皇室，例如英国女王、泰国国王等同样出自皇室，则可享受与日本天皇同等的语言描述上的特权。再如在工作场合，上下级之间的对话能够显露出森严的等级意识，上级对于下级使用简体，而下级对上级使用敬体。又如前辈对后辈一般是直呼其名，或者在男性后辈的名字后加上“君”，在女性后辈的名字后加上“ちゃん”，在表示亲密关系的同时提示双方的不同等级；而后辈称呼前辈时则需在名字后加

“さん”，这也是敬语的表现之一。另外，日本人在行为举止上也显露出强烈的等级意识，例如交换名片时地位低的人要先递上名片，如果两人同时拿出名片的话，则地位低的人要等到对方接过自己的名片时才能接受对方的名片；鞠躬也是日本人颇具代表性的行为举止，有相当繁冗的讲究，但基本原则是年轻人、女性、下级要首先向年长者、男性、上级鞠躬以表示敬意，并且鞠躬的角度因对方身份的高低也有所不同。此外如前所述，日本人有着强烈的集团意识，在集团中更要遵循森严的等级意识，因此在一群人集体行走时也会明显地体现出这一特点，如大学附属医院里的医生查房，永远是教授走在最前面，后面依次是副教授、讲师等，每个人非常熟练且异常敏感地调整自己行走的速率以保证自己走的位置没有偏差。当然等级意识在许多国家也有体现，例如我国亦是如此，不过远远达不到日本人对此的关注程度。

这种根深蒂固的等级意识使得日本人对于集团内高一等级的人或者说是强者往往保持一种仰视的态度，久而久之，在国际上日本对于与自己结盟的强国也会产生类似的心理，在许多情况下显现出明显的从强特点。

从古代对我国的朝贡和模仿，到近代与英国、德国结盟，再到二战后死心塌地追随美国，在日本外交史上这种从强的特点可以说是非常显著的。英日结盟之前，英国是当时的世界第一强国，日本考虑再三，反复权衡，最终还是选择了与强者为伍，站到了俄国的对立面。二战时德日同盟的实质是军事同盟，可以简单理解为是威慑各自敌国的重要工具，日本选择与德国结盟的主要原因之一是由于希特勒的疯狂扩军使得当时德国的实力、特别是军事实力一时无二，而日本人正是看到了这一点才决定与德国以及意大利结成同盟。二战后日本与美国的关系更是完全体现了日本人从强的特征。1941年日军偷袭珍珠港，日本成为继19世纪中的墨西哥战争后对美国领土进行攻击的第一个主权国家。这次偷袭重创了美军太平洋舰队，使美军伤亡3000多人，直接把美国逼入了第二次世界大战。在之后的战争中，日军表现得与美军势不两立，然而1945年8月美国向日本的广岛和长崎各投了一颗原子弹，几乎摧毁了这两座城市，据不完全统计，死伤人数分别超过了25万和14万，给日本军国主义带来了前所未有的震撼，广岛和长崎的核爆炸也成为促使日本投降的重要原因之一。二战后美国对日本实施了单独占领和管制，按常理讲日本人对于用核武器屠杀了几十万同胞的美国应该满怀仇恨，拒不合作才对，可事实恰恰相反，日本人像是把对于天皇的忠诚迅速转移到了美国一样，对美国毕恭毕敬，言听计从，让人大跌眼镜。这只能解释为日本人的从强心理又一次发挥了作用，并且这种心理从二战后一直延续至今，在外交方面，日本在战后一直强调以美日同盟为基轴开展对外交往，在很长一段时期实施追随外交，在外交的各个层面与美国高度看齐。近年来虽然在经济方面日本与美国的摩擦日渐增多，但是时至今日在政治上美国对于日本依然有着绝对的不可替代的强大影响力，日本并没有摆脱从强心理的束缚。

3. 视外部压力而定的现实主义心理

西方的罪感文化强调的是人在上帝面前有罪，需要对上帝赎罪获取其宽恕从而能够重新回归到上帝身边，同时，上帝是万能的，无所不在，无所不知。这种认识对于西方人来说也是一种无形的压力，久而久之这种压力内化为发自内心的罪恶感，因此西方人从整体上而言主要是依靠内心的罪恶感来反省自己的言行并主动做善事进行救赎。而日本的耻感文化截然不同，由于日本文化中没有原罪的认识，日本人对于自己罪行的反省往往不是发自内心的，而是需要通过外部强制力或者说是外部压力来实现的。并且日本人呈现出的反省态度同这种压力基本上是成正比的，压力越大，日本人的反省态度就显得越真诚；压力越小，反省就越敷衍，甚至会出现前后反复、拒不承认的结果。这是一种典型的现实主义心理的体现，是日本的耻感文化造就的。日本人非常在意别人对于自己的评价，如果大多数人对自己过往的罪过持续持否定态度并不断加大施压力度的话，日本人会感到压力很大，产生一种强烈的羞愧感；但是如果自己的罪过没有被别人发现，或者是即便被发现但是承受的外部压力不是那么大或者是渐渐习惯了这种压力时，那么大多数的日本人不但不会主动承认自己的过错，并且在内心深处也不会对于自己的罪过进行忏悔，与此同时，日本人对待包括罪行在内的过往的事情，往往表现出一种往事如流水的态度，显现出不愿纠结于历史的心态，这可以说是其民族心理的特征之一，也可以说是现实主义心理的具体体现。

日本人的这种心理在外交上的最明显的体现是对待侵略战争及一系列相关问题的态度反复这一点上。上世纪90年代初，随着慰安妇问题的真相逐渐浮出水面，展开了以韩国为先导的全亚洲范围的迫使日本承认该问题并道歉赔偿的运动，同时日本国内的一些进步人士也在积极地对该问题展开调研，同期国际社会也对日本进行了严厉谴责，敦促其承认罪行并承担相应的责任。在持续不断的巨大的国内外压力下，日本政府被迫开始有所行动，经过一系列的前期调查，分别于1992年7月和1993年8月公布调查结果认定日本国内有慰安妇问题的相关真实史料的存在。在这种背景下，时任日本内阁官房长官的河野洋平于1993年8月4日代表日本政府发表了“河野谈话”，承认慰安妇问题的存在。“河野谈话”中，首先，承认了在很长一段时期内慰安所和慰安妇的存在；其次，认为慰安妇的征集具备强制性和非人道性；最后，以日本政府的立场对随军慰安妇表示道歉和反省。

“河野谈话”获得了包括我国、韩国在内的相关国家的一定认可。

但自其出台之日起就遭到了日本右翼人士的强烈抵制，被视为“眼中钉”，因此在之后的时间里，当日本的一些右翼政客感觉到外部压力已经不是那么强大，或者说已经习惯了这种压力，认为以我国、韩国为代表的国家对于慰安妇问题已经提不出新的内容时，就开始百般抵赖，不但不进行深刻反省，甚至还试图抹杀这段历史。例如2012年10月多名日本保守派国会议员在美国新泽西州的当地报纸联合刊登广告称慰安妇“并无强制性”。另外，维新党最高顾问、大阪市长桥下彻于2013年5月13日居然口无遮拦地说出“谁都知道（慰安妇制度在当时）是必要的”的话，并且还得到了一些右翼人士的“理解”。日本右翼政客之所以会有这种嘴脸，其根深蒂固的现实主义心理是决定性因素之一。

再如1995年8月15日，即日本战败投降50周年纪念日当天，时任日本首相的村山富市发表了以承认日本发起的战争为侵略战争的“村山谈话”。“村山谈话”中，首先，对帮助日本战败后迅速崛起的普通民众及一些国家表示谢意；其次，强调和平的来之不易，希望巩固亚太乃至世界的和平；再次，对于过去日本发起的侵略战争表示道歉和反省；最后，号召促进国际协调，积极推进裁军等以维护世界和平。

村山富市相对来说是较有正义感的日本政客，发表这样的内容既是以他为代表的当时日本政府内部和平力量发挥作用的体现，更是当时深受日本侵略战争迫害的亚洲各国施加的巨大压力的结果，这也正如十几年后村山接受采访时说的那样“这些亚洲国家……对于日本没能很好地处理历史问题，并且对有政治家经常发表一些否定历史的言论不满，同时也担忧日本成为经济大国后，忘记历史，重新走上军国主义的道路”[①]。然而，同慰安妇问题一样，一些日本右翼政客在感觉国际压力稍小的时候就开始跳出来发表言论，极力推脱战争的相关责任。例如现任首相安倍晋三早在1993年时就说过“战争不只是日本的责任”，2013年4月23日在国会答辩时，居然又说“‘侵略’的定义在学术上乃至国际上都没有定论”。再如老牌反华政客、前东京都知事石原慎太郎对于侵华战争虽以含糊的语气予以部分承认，但是不主张日本总是向受害国低头认罪，反对所谓的“自虐史观”，同时他对于“南京大屠杀”持顽固的否认态度，公开质疑这一惨绝人寰的历史事件的真实性，并对2012年2月份与我国南京访问团代表会谈时突然提出“南京大屠杀很可能不存在”等谬论的名古屋市长河村隆之表示大力支持。实际上，安倍、河村等右翼政客发表这些谬论并没有让人感到有多么诧异，因为这些人的家庭背景和政治主张决定了他们随时会发表类似的言论。安倍晋三的外祖父岸信介是人称“满洲之妖”的甲级嫌犯，河村隆之的父亲是参加过侵华战争的日本兵。这些右翼政客的政治主张虽不尽相同，但有一点是可以肯定的，即都是狂热的国粹主义者，内心深处对于日本的极度强盛始终抱有幻想，是日本人和日本文化优等论的拥护者，同时也具有强烈的现实主义心理，总是视外部压力的状况来适时地抛出自己的政治言论和主张。

总而言之，从众心理、从强心理和现实主义心理是日本耻感文化中的基本特征，在很大程度上塑造了日本近现代外交的缺乏个性、喜好结盟、追随强者、反复无常等特点。

① “独家专访日本前首相村山富市‘村山谈话’是怎么发表的”. http://www.yicai.com/news/2013/05/2742186.html

第三节 中日外交文化中文化类型的比较

一、主要相同点

虽然一般认为我国的文化类型属于乐感文化，与西方的罪感文化和日本的耻感文化有着很大的区别，但是由于耻感文化来源于我国，是我国传统文化的一部分，因此在耻感文化这一点上，中日两国是有共通点的。中国人非常“要面子”，有时说一个人“有头有脸”，实际上是说这个人有面子，是头面人物；当脸面受损时会非常沮丧，“颜面扫地”就是对这种状况的形容，而受到侮辱时会奋起反抗。日本人对于颜面的重视程度更甚于我国，不但有“在家挑水卖，出外充员外”的说法，有时为了保住面子或避免受辱甚至不惜采用自杀等极端手段，这也反映了武士道的一些伦理道德，在当代日本社会中这种心理仍然广泛存在。在中日两国的外交史中，当颜面受损时决然进行反击的案例比比皆是。例如，虽然有些国家明明知道西藏问题属于我国内政，外国无权干涉，但是仍然时不时插上一脚，会见达赖，对西藏人权问题无端指责，无视我国政府的严正警告，严重干涉了我国的主权，在这种情况下我国都会在外交上奋起反击，采取相应的措施打击这种公然干涉他国内政、使别国外交受辱的行为。日本在外交上也非常重视颜面，例如虽然2002年签署的《朝日平壤宣言》中有朝鲜承诺不试射长程导弹的内容，但是2006年7月份美国情报机构发现朝鲜试射了包括长程的大浦洞2号在内的几枚导弹。尽管在此之前美日两国已经对朝鲜进行了严重警告，声称如果试射就实施经济制裁，然而朝鲜对两国的警告采取了完全无视的态度，继续进行导弹研发和试验并试射了1枚长程导弹，这无异于在日本政府的脸上打了一巴掌，日本也立即回应，对朝鲜实施包括限制朝鲜官员以及朝鲜籍“万景峰92”号轮船入境的单方面经济制裁。当然，客观地讲，外交上颜面受损时，绝大多数国家都会认真考虑采取反击的，然而在复杂的国际形势、实力对比和利益权衡之下，有些国家最终会采取隐忍的策略。不过笔者认为，深受耻感文化影响的国家采取反击策略的概率相对而言要大一些。

另外，虽然乐感文化代表着我国的文化类型，但就乐感这一点而言，不能说日本完全与之没有关系，例如日本文化中也有乐观、积极等要素，应该说世界上大多数民族的文化中都有这种特质的存在，只不过乐感文化在包括日本在内的这些国家中并不属于最典型的文化特质而已。虽然不属于最典型的文化特质，但是也对其外交产生了一定的影响，日本经常会根据国际形势的变化采用积极出动的外交策略，如安倍推行的“地球仪”外交等，虽然屡遭挫折但仍在进行一次又一次的无谓尝试，如联合国“入常”外交等，不得不说这是一种乐观心态的体现，但是笔者认为这种乐观的背后有些盲目的成分在内。不过总而言之，乐感文化的要素在日本外交上虽然时有体现，但是从近现代日本外交实践的全局来看其并没有成为最主要的特征。

二、主要不同点

中日两国文化类型的最大区别在于我国在整体上乐感文化的特征最为明显，日本最为明显的则是耻感文化。我国既有悠久灿烂的古代文明，也有屈辱的近代历史，但是中国人素有豁达乐观、宠辱不惊、不惧艰险、积极向上的品质；在中华民族陷入危机的时候，我们依然能够坚忍不拔，苦中作乐，绝不低头；同时我们也要清醒地认识到很多人身上有知足常乐、不思进取等劣根性的存在。而在日本社会中集团意识影响广泛且根深蒂固，这样就使得大多数的日本人形成了从众、不善于表达自己、缺乏个性的特点，并且习惯于服从强者的安排，另外，在耻感文化的影响下日本人有着较为强烈的现实主义心理，不愿主动认错，甚至有时还会故意掩藏自己的错误。

这两种截然不同的文化类型使中日两国在外交理念的制定和政策的实施上显得迥然不同。我国的当代外交集中体现为豁达乐观、积极向上、自立自强、苦中作乐等特点。在建国初期恶劣的国际环境下，我们不怨天尤人，不惧怕各种艰难险阻，坚持独立自主的外交方针；苏联解体、东欧剧变后面对部分西方国家的挑衅和非难，我们没有丧失信心，没有迷失方向，制定了“韬光养晦”等外交策略，乐观地一点一点地改善着国际环境。类似这样的事例在我国的外交史上比比皆是。日本的当代外交集中体现为喜欢从众、缺乏个性、善于从强、喜好结盟、注重现实、反复无常等特点。日本人的从众心理使其在外交上喜欢将自己置身于某个集团之内，并且在该集团中习惯于同其他国家保持高度的一致；从强心理在日本外交上多有体现，战后对美国实施的追随外交就是最典型的例子；另外，注重现实、反复无常的特点也在日本外交体现得较为明显，虽然国际上对于日本发动的那场战争的非正义性和侵略的本质早已盖棺定论，日本政府也曾承认这一点并发表了如“村山谈话”等相关声明，但是近些年来不断地有政客在这一点上大做文章，讨论侵略战争性质的界定、质疑南京大屠杀的真伪、对慰安妇问题发表不当言论等，同时由于这些政客多位居高位，在日本国内有较大的影响，而日本政府对于此类的发言有时采取较为暧昧的态度有时则采用不回应的策略，以至于到如今我们很难搞清楚这些主张是否也代表着日本政府的立场，或者说在其政府中究竟有多大比例的官员也持类似的观点。不管怎么说，这些事件使得日本外交在历史认识等问题上整体上呈现出非常明显的反复无常的特征，很难让其他国家、特别是战争受害国产生信任感。

第八章　中日外交文化中的政治意识

所谓政治意识，一般是指政治主体所具备的政治心理和政治思想。政治心理是政治意识的低级部分，包括个人和民族的政治认知、政治态度等；政治思想是政治意识的高级部分，包括个人和民族的政治信仰、政治理论等。政治意识是外交文化的重要组成部分，对外交思想的形成有着极为重要的影响。

第一节　中国外交文化中的政治意识

我国自古代以来就是一个大国，特别是公元前221年秦始皇统一六国之后就成为典型的中央集权制国家。虽然岁月变迁，朝代更替，千百年来形成的政治意识并没有被湮没，而是被一代又一代地继承发扬了下来。

说起我国的政治意识，由于不同的时代有不同的特征，所以无法笼统论之。不过，笔者认为大致可以分为三个时期来进行论述：一是从我国古代到近代，分水岭为1840年鸦片战争；二是从近代到现代，分水岭为新中国成立；三是当代，即新中国成立至今。

一、我国古代到近代的主要政治意识及对外交的影响

1. 大一统思想

大一统思想是我国古代重要的政治意识和观念，虽然其根源孕育在我国博大精深的传统文化中，但是从历史影响和时间上的先后顺序来看，主要出自儒家和道家这两派，换言之，在大一统思想上，儒家和道家是有许多共通之处的。

关于大一统思想在儒家中的正式表述，就现有的史料而言学界一般认为其最早现于《公羊传》。“春王正月，元年者何？君之始年也。春者何？岁之始也。王者孰谓？谓文王也。曷为先言王而后言正月？王正月也。何言乎王正月？大一统也”①，这里的大一统指的是天下都在周文王的统治之下，黎民百姓都臣服于他。

然而，《公羊传》的作者，即战国时的齐人公羊高据传是孔子弟子子夏的徒弟，也就是孔子的徒孙。公羊高的学说受乘于孔子，大一统思想也不例外。虽然孔子在其学说中对于大一统并没有明确的表述，但是其思想精髓已然可见。例如孔子说“天下有道，则礼乐征伐自天子出；天下无道，则礼乐征伐自诸侯出。自诸侯出，盖十世希不失矣；自大夫出，五世希不失矣；陪臣执国命，三世希不失矣。天下有道，则政不在大夫。天下有道，则庶人不议”②，意思是“天下有道时，礼乐和出兵由天子做主；天下无道时，礼乐和出兵由诸侯做主。由诸侯做主，传上十代很少有不垮台的；由大夫做主，传上五代很少有不垮台的；有大夫的家臣做主，传上三代很少有不垮台的。天下有道时，政权就不会掌控在大夫手中。天下有道时，百姓也就不会议论朝政了。”孔子这段话的中心思想非常明确，就是希望天下能够在天子的统治之下，这样才能“天下有道”。实际上这样的思想可以视为大一统观念的雏形。所谓大一统，“大”意为重视、尊重；“一统”意为天下统一，整体上可以理解为重视天下统一。天下要想统一则必须有一个中心，而这个中心在孔子的思想中无疑是指王权，即当时的周天子。孔子痛心于诸侯国各自为政的分裂局面，希望周天子能够一统天下，他的这种思想在《论语》中

①《春秋公羊传·隐公元年》。
②《论语·季氏》。

也另有体现，如“周监于二代，郁郁乎文哉！吾从周”①，表达了对于周王朝的推崇和向往。

基于此，如果说公羊高的大一统理论完全是其本人提出的，丝毫没有受前人的影响，这种观点恐怕不能服众。因为当时孔子作为儒家学说的开山鼻祖地位非常高，众弟子或者说下几代的弟子皆以直接或间接受教于孔子而引以为豪，继承并将孔子的理论发扬光大成为他们的不二使命。公羊高作为孔子的徒孙自然也是如此，因此笔者不敢苟同学界中儒家大一统思想的创始人是公羊高的这种观点，笔者认为其创始人是孔子，而公羊高是孔子大一统思想的继承发扬者，也是这种说法的正式提出者。

如果将孔子视为儒家大一统思想的创始人，公羊高为主要继承发扬者的话，那么集大成者则是汉代的董仲舒。董仲舒主张国家要维护统一的格局，反对四分五裂，为了增强自己理论的权威性，他也借鉴了上述《公羊传》中大一统的说法，提出了升级版的大一统理论。“《春秋》大一统者，天地之常经，古今之通谊也。今师异道，人异论，百家殊方，指意不同，是以上亡以持一统；法制数变，下不知所守。臣愚以为诸不在六艺之科孔子之术者，皆绝其道，勿使并进。邪辟之说灭息，然后统纪可一而法度可明，民知所从矣”②，这是董仲舒著名的“天人三策”中的内容，被收录在《汉书》中，这段话的中心思想有两点：一是强调大一统思想至高无上的历史地位，认为其是古今中外的道理和天地常理；二是作为维护大一统思想的重要手段，“罢黜百家，独尊儒术”是非常好的方法，换言之他希望通过思想和学术上的统一来辅助政治上的大一统。

①《论语·八佾》。

②《汉书·董仲舒传》。

关于大一统思想，除了儒家之外，道家也有较多的论述。在代表人物老子的言论中，常见“大”“一”等字眼，并且在其观点中“大”“一”则往往等同于道家最为重视的“道”。如“有物混成，先天地生。寂兮寥兮，独立而不改，周行而不殆，可以为天地母。吾不知其名，强字之曰：道，强为之名曰：大。大曰逝，逝曰远，远曰反。故道大，天大，地大，人亦大。域中有四大，而人居其一焉。人法地，地法天，天法道，道法自然”①，在这里，老子将万物的根本称为“道”，又给其起了个名字为“大”。他认为道大，天大，地大，人也大，而道、天、地、人则构成了一个统一的整体，其中又以道为本源。可以明显看出这里反映的是道家原始的大一统理念，同时也是一种天人合一的思想。又如“道生一，一生二，二生三，三生万物”②也是同样的道理。可以看出“一”在老子的思想中是可以代替“道”这一概念的数字，有独一无二之意，也有本源之含义。另外，在庄子的学说中“天人合一”是其代表观点之一，如“天地与我并生，而万物与我为一”③，这里是说天地和我同存，而万物与我都是这个世界中的一部分。很明显，这是一种万物调和的观点，自然也包含大一统的理念在内。

以儒家和道家为主的学说孕育了我国原始的大一统思想。在我国古代，大一统思想对于外交的影响主要体现为华夏中心理念。可以说直至近代，我国外交中自始至终突出了一个特点，即强调世界大一统，而要实现真正的统一就必须有一个中心，这个中心无疑是一直以来被周边各国奉为上国的我国。我国以其地大物博、灿烂悠久的古代文明成为东亚朝贡体系的中心，也是各国学习的对象，因此各国应该以中国为首，在外交上以协调与中国的关系为重中之重，这种华夏中心理念是我国古代

①《道德经》，第25章。

②《道德经》，第42章。

③《南华经·齐物论》。

外交理念的基本核心之一，强调天下要一统，而又以中国为中心。这种大一统思想对于我国古代的外交深有影响，使得古代中国在绝大多数情况下能够执行以我为主的外交政策，受他国的影响较小，保证了中华文明的完整性和独立性。而到了近代，由于割地赔款、外敌入侵等原因，大一统思想无法在外交上得到很大的支持，其影响力自然日渐衰微。然而在另一方面，大一统思想的负面效果也是显而易见的，即在外交上造成了盲目自大，不把其他国家放在眼中的优势意识，在这种优势意识的作用下，古代中国很少会虚心学习外国文化中先进的地方，特别是到了近代这种弊端更是显露无遗，当西方国家进行工业革命，大力发展工业化，开展海外贸易和实行殖民扩张时，清朝统治者们依然故步自封，对于“蛮夷”取得的成就不屑一顾，甚至于从18世纪中期开始实行闭关锁国的外交政策，并且一直执行了200多年，使得清朝彻底失去了学习西方、迅速发展生产力的绝好机会。当然，实施闭关锁国在当时是有诸多原因的，但是不能否认盲目自大是其中的要因之一。

2. 华夷观念

华夷观念是我国传统的政治意识，兴于秦汉，发展于隋唐，进一步充实于两宋，全盛于明代和清初，而衰败于晚清。一般认为，华夷观念中的“华”指的是华夏或是中华，而“夷”指的是外族，即中国以外的地区。换言之，“华”意味着中心、核心，而“夷”意味着外围。华夷之分的根本标准不是地理位置，而是文明或者说是文化。众所周知我国古代的华夏族主要生活在黄河流域，得天独厚的地理位置加上华夏人的聪明才智，使得他们比周边一些地区更早地掌握了高超的农业生产技术，发明了先进的农耕工具，而在当时农业毋庸置疑是支柱性产业，掌握了先进的农业文明就意味着掌握了最先进的生产力。同期的周边民族基本上还停滞在游牧或者是狩猎阶段，文明开化程度与华夏民族显然不可同日而语，因此久而久之在华夏人之中就产生了一种优越感，认为本民族比周边民族更高一等，并且由于当时对于世界的认知还停留在非常原始的阶段，华夏人眼中的世界或许就只是包括了黄河流域即周边的地区，因此他们认为自己所居住的地方理应是世界的中心，称之为“华”，而周边民族居住的地方属于未开化的地区，归于蛮夷之列，称之为“夷”，这种称谓多多少少有一种蔑视或者自大的含义。

华夷观念对于我国外交产生了巨大的影响。

首先，华夷观念使得我国古代的外交呈现一种威严外交的特点，我国与属国之间整体上处于领导和被领导、调解和被调解的关系。由于华夷观念强调的重点是一个中心，在这个体系中一切事务都是围绕该中心进行的，而该中心有着无上的权力。历史事实也基本上反映了这种特点，中国是当时东亚朝贡体系的中心，代表着高度发达的“华”，周边其他国家代表着相对落后的“夷”，自称臣国向古代中国朝贡以换取认可或庇佑。所以说华夷观念始终贯穿于我国古代外交中，也可以说是一种整体上的外交指导方针。既然中国是中心，所以往往会扮演家长式的角色，或者说是族长可能更贴切一些，对于周边的属国产生威慑的同时也发挥了一种类似于管理或者是仲裁的作用。属国之间发生过节或者摩擦，并且单凭他们自己无法调解时，“华”的作用就显现出来了，我国古代的中央王朝会以类似于行政命令等的方式进行协调，而这种协调往往具有不可违的性质。

其次，在华夷观念的作用下，我国古代外交呈现出大打经济牌，经济换外交的特点。我国不但有着灿烂的古代文明，而且大多数时期国力昌盛，在当时属于不折不扣的超级大国，特别是汉、唐、明、清初等时期更是开创了各自的盛世，发达的经济、高度的文明，使得古代中国为周边国家所仰慕，驱使他们心甘情愿地称臣、朝贡。既然是超级大国，面对前来称臣的小国就不能不摆出应有的姿态来，在好言安抚的同时，给一些利益也是我国古代统治者常用的手段。实际上各国朝贡的物品在当时我国统治者的眼中象征意义大于实际意义，而回赠的多少则直接代表着大国的富庶和威严，同时也是一种炫耀，因此往往呈现出一种“厚出薄入”的特征，即回赠物品的价值远远大于朝贡物品。以当时我国的国力而言，大多数情况下回赠物品算不上是多大的经济成本，不过对于属国而言则是很大的一个回报。这种对于超值回报的预期也成为属国维持朝贡行为的主要原因之一。例如“制诏亲魏倭王卑弥呼：带方太守刘夏遣使送汝大夫难升米、次使都市牛利奉汝所献男生口四人、女生口六人、班布二匹二丈，以到。……今以绛地交龙锦五匹、绛地绉粟罽十张、蒨绛五十匹、绀青五十匹，答汝所献贡直。又特赐汝绀地句文锦三匹、细班华罽五张、白绢五十匹、金八两、五尺刀二口、铜镜百枚、珍珠、铅丹各五十斤，皆装封付难升米、牛利还到录受。悉可以示汝国中人，使知国家哀汝，故郑重赐汝好物也”[①]。从倭国的朝贡和魏朝的回赠来看，其差距之大一目了然，实际上当时的魏明帝也深知这一点，因此在这份诏书的最后特意提到“故郑重赐汝好物也”。连我国的皇帝都认为是好东西，倭国统治者在看到这份丰厚异常的回赐时的那种惊喜和向往自然更不用提了。严格上讲，这种朝贡和回赐既属于政治行为，也属于经济外交的范畴，在当时对于震慑周边国家，维护和巩固华夏大国的统治起到了重要的作用。

再次，在华夷观念的作用下，古代中国对于属国采取的是宏观上的管理和控制，抓大放小，并不涉足其内部事务，奉行的是“夷人事务夷人管理”的原则。当然，其中主要原因是朝奉体系的表象本质、

①《三国志·魏志·倭人传》。

交通条件的限制等。以明代郑和七下西洋为例，舰队规模之庞大、航程之远在当时的历史条件下堪称前无古人的壮举。郑和下西洋向沿途的各国展示了明朝的超绝实力，各国其后也纷纷前往朝贡。究其原因无非有两点：一是仰慕明朝的航海、科技等水平，想要模仿吸收；二是为了通过朝贡向明朝示弱，消除受攻击的潜在危险，为了自保。然而，这种朝贡体现的是名义上的臣服，各属国并不希望在实质上被统治，而古代中国多数情况下也无意干涉其内政，毕竟在华夷观念的影响下，对于周边小国多多少少还是持有一种轻蔑的态度，加之交通条件等的制约，对于事无巨细地完全掌控周边小国的兴趣也不是很大。从这个角度看来，不干涉他国内政的外交原则在我国自古有之，而在新中国成立后，这一条也被列入了“和平共处五项基本原则”，成为指导我国当代外交的重要方针之一。

二、我国近代到现代的主要政治意识及对外交的影响

我国从近代到现代的政治思想丰富，流派众多，大家迭出。由于篇幅的关系，在本书中不可能一一列出详细阐述，只能择其重点之一二论之。

1. 资产阶级民主革命意识

清朝末期，内有民不聊生之苦，外有列强瓜分之痛，民族危机迸发，爱国运动频现。在这种形势下，资产阶级民主革命意识迅速萌发，包括章炳麟、邹容、陈天华等在内的大批进步知识分子开始用文笔进行反清和宣扬资产阶级民主革命思想。随着资产阶级民主革命思想的进一步传播，各地相继成立革命团体，然而相互之间缺乏协调，没有形成合力，因此成立统一的全国性质的资产阶级政党成为迫切之需。1905年8月，中国同盟会在日本东京召开成立大会，推举孙中山

为总理，将《民报》作为机关刊物，本部设在东京，并在国内设立五个支部，国外设立四个支部。同盟会的成立标志着中国第一个全国性质的资产阶级政党的诞生，对于领导国内资产阶级民主革命、推翻清朝政府的统治、成立“中华民国”发挥了极其重要的作用。另外，在1905年至1907年，在资产阶级内部还发生了革命派和改良派的论战，中心议题包括是否要推翻清朝政权的统治、是否成立资产阶级共和国、是否从根本上改变封建土地所有制等，结果是革命派取得了压倒性的胜利，从思想上保证了资产阶级民主革命的正确方向。

资产阶级民主革命意识对于我国当时的外交产生了较为重要的影响。孙中山等人领导的资产阶级民主革命的最终目的是结束腐败的清朝君主专政统治，建立相对民主的资产阶级共和国，摆脱外敌的侵略，使国家重新实现富足强盛。资产阶级民主革命意识中也包含了明确的外交理念，这在孙中山的“三民主义”中有所体现。“驱除鞑虏，恢复中华”是“三民主义”之首的“民族主义”的口号。“恢复中华”的内涵就是要在对外关系方面结束清朝政府割地赔款的屈辱外交，在国际上重新挺直腰杆，敢于同资本主义国家列强交涉以谋求正当的权益。不过，事实上“中华民国”在当时的外交方面并未严格贯彻资产阶级民主革命意识，而是进行了一定的变通和妥协，其主要原因在于南京临时政府为了进一步稳固政权急欲得到帝国主义国家的支持，并且努力避免其对中国革命进行干涉。通过以上言论可以明显看出，当时的“中华民国”政权将维系与帝国主义国家的关系视作外交方针的重点，而帝国主义国家则顺势提出了一些条件，例如承认各国特权、保证偿还外债等。在这种形势下，南京临时政府别无他法，只能宣布承认清政府与各国缔结的一切条约继续有效，承认和继续偿还清政府的全部外债和赔款，保护所有外国人在中国的权力和既得利益，保护外国人的财产等。这种外交策略的选取一方面的确与其所面对的客观困难有很大的关系，但是另一方面也说明了资产阶级民主革命意识虽然是我国意识形态的一大进步，但是由于其不彻底和妥协的特性使得这种革命意识有着很大的局限性，势必为更先进的无产阶级民主革命意识所取代。

2. 马克思列宁主义

马克思列宁主义在我国的传播离不开先进知识分子的辛勤努力。陈独秀于1915年在上海创办《新青年》是新文化运动兴起的标志。新文化运动是一场思想文化大革命，其倡导的民主与科学思想也为马克思列宁主义在我国的萌芽、发展和扎根打下了良好的基础。随着1917年俄国十月革命的胜利和世界上第一个社会主义国家政权——俄罗斯苏维埃联邦社会主义共和国的成立，中国也迎来了马克思列宁主义。而马克思列宁主义在当时并不是唯一传入我国的政治意识，是由李大钊、陈独秀等为代表的先进知识分子在众多的选项之中甄选并传播起来的，其主要阵地就是《新青年》杂志。其后从1919年到1922年，马克思主义与非马克思主义经过三次论战确立了地位，使当时的进步人士认识到只有在以马克思列宁主义为指导的无产阶级政党的领导下，坚决走十月革命指引下的社会主义道路，中国才能最终获得无产阶级革命的胜利，建立无产阶级专政的国家，真正解放生活在社会底层的穷苦大众。因此三次论战对于我国早期马克思列宁主义的传播和发展意义重大，其主要内容如下：

（1）同实用主义的论战

以李大钊、陈独秀等为代表的马克思主义者同以胡适等为代表的实用主义学者就“问题与主义”进行了几次争锋，驳斥了胡适的将问题和主义对立的观点，认为二者不可分，要解决问题离不开主义。在此基础上进一步指出要用马克思主义做指导彻底改造社会，而非一点一滴的进化和改良。

（2）同基尔特社会主义的论战。

以李大钊、陈独秀、李达、蔡和森等为代表的马克思主义者同以梁启超、张东荪等为代表的基尔特社会主义者就社会主义问题进行了争锋，批判了基尔特社会主义提倡的改良正义，从理论上论证了资本主义制度的不合理性，强调了社会主义制度的优越性和建立无产阶级专政的必要性。

（3）同无政府主义的论战。

以陈独秀、施存统等为代表的马克思主义者同以区声白、黄凌霜等为代表的无政府主义者就在中国实施无产阶级专政、建立无产阶级领导的国家以及建立有组织有纪律的马克思主义政党的必要性进行了争锋，批判了无政府主义者的小资产阶级思潮，阐述了建立无产阶级政权的必要性。

马克思列宁主义对于当时的我国外交产生了巨大的影响，其中以五四运动最具代表性。五四运动是1919年5月4日在北京发动的以学生为主，广大群众、工商业者、教育界人士等广泛参与的爱国行动。五四运动发起的主要背景包括1915年新文化运动兴起、1917年十月革命送来了马克思列宁主义、北洋军阀政府腐朽黑暗等，而直接的导火索是巴黎和会上的屈辱外交。1919年1月，在法国巴黎召开的“和平会议”上，作为战胜国之一的中国遭到忽视，提出的废除外国在中国的特权、取消“二十一条”等正当的要求被拒绝，并且和会居然决定将战败国德国在中国的权益转给日本，而北洋政府在帝国主义国家的压力下准备签署这一屈辱的条约。巴黎和会上蒙受的屈辱使得我国民众的民族情绪爆发，以学生为主体的爱国群众发起了五四运动。五四运动对外交造成的直接结果是迫使北洋军阀政府的代表没有签署凡尔赛条约，在国际上初步提出了反对帝国主义的外交诉求。而在其中，马克思主义起到了重要的指导和推动作用，作为运动主体的学生领袖中有许多人接受了早期的马克思列宁主义的教育和熏陶，他们用大无畏的民主和革命精神领导着学生群体同帝国主义和反动军阀进行抗争，日后也多数成为了党的高级领导人，如周恩来、瞿秋白、张闻天、张太雷、高君宇、罗章龙、马俊等。

三、我国当代的主要政治意识及对外交的影响

1. 新民主主义意识与一般社会主义意识并存的时期（1949-1956年）

一般而言，在我国把从1919年至1949年称为新民主主义革命时期，是由无产阶级及其政党领导的。1948年，毛泽东《在晋绥干部会议上的讲话》中首次对于新民主主义革命性质进行了明确的阐述，即“无产阶级领导的，人民大众的，反对帝国主义、封建主义和官僚资本主义的革命”，形成了新民主主义的政治意识。1949年新中国成立之后，新民主主义政治意识的影响虽然仍旧存在，但并不意味着只有这一种意识为主导，一般社会主义意识也是并存的。整体上而言，新民主主义是一个过渡性阶段，更为高级的社会主义和共产主义则是最终的发展目标。1952年底，在毛泽东的建议下我国提出了党在过渡时期的总路线，即“党在这个过渡时期的总路线和总任务，是要在一个相当长的时期内，逐步实现国家的社会主义工业化，并逐步实现国家对农业、对手工业和对资本主义工商业的社会主义改造。这条总路线是照耀我们各项工作的灯塔，各项工作离开它，就要犯右倾或‘左’倾的错误。”从1953年至1956年，在党的领导下我国仅仅用了四年时间就完成了对农业、手工业和资本主义工商业的社会主义改造。三大

改造的完成也意味着社会主义改造的成功，基本上从1957年起，新民主主义这个说法就退出了历史舞台，两种政治意识并存的局面发生了转变，前者逐渐消失，后者成为主导。

这个时期的政治意识对于我国外交的影响主要体现在两点：一是新民主主义意识带来的革命心理在外交上的延续，以抗美援朝为代表；二是一般社会主义意识带来的坚守社会主义阵营的外交指导思想。毛泽东提出的新民主主义革命的本质之一是“反对帝国主义”，虽然1949年新民主主义革命已经结束，但是由于思想惯性，我国当时的领导人对于帝国主义战争还是保持了相当高的警惕性。当美国改变了朝鲜战争的性质、对我国的安全造成了极大威胁时，这种革命意识立刻发挥了作用，毛泽东等人在清晰研判局势之后，毅然决定抗美援朝，做好新民主主义革命的扫尾工作。新中国建立之后，在一般社会主义意识的影响下，我国明确了具有社会主义国家性质的外交思想，坚决执行“选边站”的路线。例如同苏联在建国之前就已进行了深入探讨，在1949年6月份毛泽东发表了《论人民民主专政》，明确了向以苏联为代表的社会主义阵营“一边倒”的外交总体思想。1949年10月1日新中国成立之后，在同外国建交问题上，我国采取对于社会主义国家跳过谈判，无条件建立外交关系的做法，而对于其他意识形态不同的国家，则采取通过谈判来确认这些国家是否真正尊重新中国，能否接受与国民党残留势力划清界限、支持新中国恢复在联合国一切合法权益等条件的前提下，再履行建交的程序。

2.　一般社会主义意识与激烈的民族主义意识并存的时期（1957-1977年）

从宣布社会主义改造成功之后一直到1978年改革开放前，我国在政治意识方面整体上处于一般社会主义意识阶段，同时还伴随有较为激烈的民族主义意识的存在，并且这种激烈的民族主义意识也可以说是该时期政治意识的一大特点。关于民族主义，有学者认为“在建国初期的政治话语中，‘民族主义’在共产主义体系、社会主义阵营内部具有天然的贬义色彩，但如果纳入到东西方对抗，帝国主义与反帝国主义、殖民主义与反殖民主义的竞争与较量中，它又具有褒义色彩”[①]，这说明在当时的我国对于民族主义意识持一种分辨的态度，这一点在毛泽东的思想言论中是有体现的。在1953年发表的《批判大汉族主义》中，他指出“在许多地方的党内和人民中，在民族关系上存在的问题，并不是什么大汉族主义的残余的问题，而是严重的大汉族主义的问题，即资产阶级思想统治着这些同志和人民而尚未获得马克思主义教育、尚未学好中央民族政策的问题，故须进行认真的教育，以期一步一步地解决这个问题”[②]，这里的“大汉族主义”无疑是社会主义阵营内部的民族主义，可以看出毛泽东对其是持强烈的批判态度的。而对于帝国主义与反帝国主义中存在的民族主义，毛泽东则是持明显的赞同态度。在1940年发表的《目前抗日统一战线中的策略问题》中，他指出“实行民族主义，坚决反抗日本帝国主义，对外求中华民族的彻底解放，对内求国内各民族之间的平等”[③]。

在这个时期，一般社会主义意识给我国外交带来的影响主要是继续同大多数社会主义国家稳定发展外交关系，实施友好交往。而激烈的民族主义意识在外交上也多有体现，这其中最明显的是中苏关系。中苏

① 王军．“论民族主义对新中国外交的影响”．《自主·理解·合作　中华人民共和国对外关　系60年》．北京大学中国与世界研究中心．许振洲，汪卫华主编．北京：当代世界出版社，2012：171.

②《毛泽东文集》第六卷．北京：人民出版社，1999：269—270.

③《毛泽东选集》第二卷．北京：人民出版社，1991：752.

两国在度过了一段蜜月期之后，从上世纪50年代中后期起两国关系之间的裂痕越来越大，不过在这个时期，我国依然认为同苏联的摩擦属于社会主义阵营内部的矛盾，因此在既坚持原则、表明立场的基础上又注意维护大局，并没有表现出特别强烈的民族主义意识。然而，随着两国关系的进一步恶化，苏联对我国表现出来的大国主义越来越明显，开始试图推出一些涉及我国主权的措施，例如1958年4月起发生的长波电台事件、同年7月提出的打造共同潜艇舰队事件等，由于在这些事件的处理上，我国坚持了独立自主的原则，苏联的意图没能得到贯彻，为两国关系的最终破裂埋下了最后的伏笔。1960年6月，苏联突然单方面对我国发起责难，在共产党国际大会上以严厉的措词指责我国，初步激起了我国对抗大国主义的民族主义情绪，之后，苏联又通过在一个月内撤走援华专家、撕毁大量的合同等手段打击我国的经济建设，同时不断地在中苏边境制造摩擦，其中的代表事件是1969年3月苏联挑起的珍宝岛事端。可以说在中苏关系恶化的后期，我国的民族主义情绪已经完全被点燃，当然这种情绪是具有褒义色彩的，因为这是对苏联妄图控制我国、侵犯我国主权的大国主义的抗击，同毛泽东提出的反对帝国主义在本质上并无两样。在这种可贵的强烈的民族主义意识的作用下，我国表示“宁可被碾得粉碎也不屈服”，全国一心，奋勇抵抗，虽然最终导致了中苏关系的完全破裂，但是维护了最宝贵的主权和尊严。

3. 社会主义民主意识时期（1978年-至今）

改革开放之后，党的领导人意识到过去我们在民主意识培养和保护问题上犯了很大的错误，特别是“文化大革命”的十年对于社会主义民主意识几乎造成了毁灭性的打击。这十年使我国的民主和法制建设遭到了严重的践踏，民主意识被专制意识取代，国家政权被削弱，普通大众的以政治心理、政治思想和政治价值观为主体的政治意识严重扭曲，社会主义民主意识完全变味。

邓小平对民主意识的培养和民主化实现的问题提出了一系列的指导思想，例如他说“什么是中国人民今天所需要的民主呢？中国人民今天所需要的民主，只能是社会主义民主或称人民民主”①“为了实现四个现代化，必须发扬社会主义民主和加强社会主义法制”②，明确指出了改革开放之后我国政治意识建设的重点是发扬社会主义民主意识。至于社会主义民主意识的内涵和特点，邓小平也给出了答案，他说“一定要把对人民的民主和对敌人的专政结合起来，把民主和集中、民主和法制、民主和纪律、民主和党的领导结合起来”③，在这句话中，邓小平将社会主义民主意识的内涵和特点明确概括为五条，这五条也成了指导性的纲领。之后的我国国家领导人在不同的场合对其中的细节进行了更深入的阐述，例如“要在人民民主的基础上，切实维护国家的主权、安全、统一和稳定，依法严厉打击危害社会主义制度、危害改革开放和社会主义现代化建设、危害人民生命和财产安全的各种违法犯罪活动，充分发挥国家机器保护人民、打击敌人的作用”④，又如“人民民主是社会主义的生命”⑤，这都是对上述五条中的第一条内涵的进一步阐述和强调。

多年来，我们将和平与发展定为对外政策的首要目标，这既是时代主题的需求，也是维护国家稳定和发展、巩固人民民主专政的内在要

①《邓小平文选》第二卷、北京：人民出版社，1994：175.
②《邓小平文选》第二卷. 北京：人民出版社，1994：187.
③《邓小平文选》第二卷. 北京：人民出版社，1994：176.
④“江泽民谈坚持人民民主专政的实质”. http://www.people.com.cn/BIG5/paper83/3819/462432.html
⑤“龚云：人民民主是社会主义的生命”.http://theory.people.com.cn/GB/13664620.html

求。为了实现和平与发展，我们在奉行独立自主外交原则的前提下，坚持和平共处五项基本原则，同世界各国在政治、经济、文化、教育、科技、军事、生态等方面进行广泛深入的交流与合作；我们对军备竞争持一贯反对的态度，主张全面放弃核武器和核威慑手段，主张在一定原则下实现积极裁军，主张无条件销毁化学武器等，为实现世界和平做出了巨大的贡献；为了反对霸权主义，更好地巩固社会主义民主和维护世界和平，我们同第三世界国家建立了长期、友好、互信的伙伴关系；在部分西方国家仍然对我国存有偏见，时常以人权等借口攻击我国，并渲染“中国威胁论”的情况下，我们并没有激发民族主义情绪，而是本着有理有据、不卑不亢、着眼大局的原则，冷静地处理同这些国家的关系，维护了国家的主权和安全，巩固了人民民主专政，使社会主义民主意识也得到了进一步的贯彻和加强。

总而言之，社会主义民主意识既有总的核心和指导原则，在我国社会主义发展的不同阶段也有新的内涵出现。社会主义民主意识有强大的生命力和自我调解的功能，呈现出不断进化和完善的特点，其对于我国外交的影响也是持续显现的。可以说以人民民主专政、维护党的领导等为基础和内核的社会主义民主意识是我国当代外交的内在指导思想和最主要的理论来源。

第二节　日本外交文化中的政治意识

同我国政治意识的时代划分相仿，日本的政治意识也可以大致分为三个时期：一是从古代到近代，分水岭为1868年明治维新；二是从近代到现代，分水岭为1945年日本战败；三是从战后至今。

一、日本古代到近代的主要政治意识及对外交的影响

由于在近代之前，日本学习的对象就是我国，因此我国的政治意识也作为文化的一部分传入日本。当然，日本人在起初阶段没有改造深化的能力，主要精力还是放在了模仿和学习上。后来，随着日本国家的统一和政治意识的不断积累，一部分学者开始对来自我国的主要政治意识和观念进行重新审视和剖析，并在此基础上提出了本土化的内容。日本版的内容在许多方面与我国传统的政治意识大相径庭，日式改造的痕迹较重。

1. 大一统思想

如前所述，在我国古代，大一统思想最早现于儒家代表人物孔子的《论语》中，其后公羊高正式提出了“大一统”的说法，汉代董仲舒则将大一统思想进行了归纳和升级；而道家的老子和庄子对于大一统思想也有相关的论述。在这些古代思想家的共同努力下，大一统思想逐渐成形、成熟，并成为我国政治思想的重要组成部分。大一统思想传入日本后，对于日本的政治意识也产生了较大的影响。一般认为，日本的天皇制是世界上最长的君主制，日本人也总是宣称天皇统治的“万世一系”，据传首代神武天皇于公元前660年即位，算到现在也有两千多年的历史了，不过前14位天皇的存在并未得到考古学上的支持，人为虚构之说盛行。另外，虽然天皇的统治从7世纪末的“摄关政治”开始直到1867年的“大政奉还”大约有一千多年的时期内被架空，但是的确没有发生过王权更迭，天皇的统治不管是实质性的还是名义上的，不管是虚构的还是得到考证的，一直延续了下来是一个历史事实。作为典型的君主制国家，需要大一统思想来巩固政权。然而众所周知，日本不像包括我国在内的许多大陆国家那样地块相对集中，而是由许多岛屿组成的。

尤其在古代，受当时低下的科学知识和航海技术等的限制，日本的统治者很难完全兼顾各个岛屿，在这种客观的地理历史条件下，古代日本很难形成较为成熟的大一统思想，换言之缺乏这种意识萌芽、发展和成熟的基础。那么日本的大一统思想是如何形成的呢？笔者认为主要还是受了我国相关理念的影响。不过，由于日本历代以来都是维系了天皇的统治，不存在一些国家历史上频繁出现的政权颠覆、王权改朝换代的情况，因此日本人对于大一统思想也并未大张旗鼓地宣扬，而是将其确立为维护天皇统治的基本要素。即便是没有大肆的宣扬，但我们依然能够找到这种思想的痕迹。例如在日本著名的古籍《古事记》和《日本书纪》中就包含了大一统的思想。《古事记》分为上、中、下三卷，其中上卷主要记载了日本古代的神话传说，最核心的目的是描述日本天皇的神授色彩。在该卷中，关于日本列岛的来源其作者认为是宇宙创造了神，神又创造了作为现代日本雏形的“八大岛”，“八大岛”后来受天照大御神及其后裔的统治，不能不说这是典型的大一统思想的体现。然而由于《古事记》欠缺官方色彩，且学界内存在关于其真伪的争议，因此有的学者认为《古事记》记载的内容缺乏说服力，转而从另一本古籍《日本书纪》中寻求答案。他们发现，在《日本书纪》中也有关于大一统的描述，例如“该书在卷一《神代上》的神话中，叙述阳神伊奘诺尊与阴神伊奘册尊的创世过程，则尽其所知地将各个岛屿归入其中，从根源上将之统一起来……”[①]《日本书纪》是日本天武天皇为了宣扬皇统而下令舍人亲王等人所撰的，具有明显的浓厚的官方色彩，因此这本古籍卷一中“八大洲”的说法显然可以视为日本大一统思想的体现。

① 乔治忠．“论中日两国传统史学之‘正统论’观念的异同”．《求是学刊》，2005（2）：112.

大一统思想在日本形成后，到明治维新之前一直主要是作为维护天皇统治的思想工具而存在的，对于日本外交的影响并不是非常突出。不过到了近代，大一统思想在日本又有了新的发展，对于日本的外交也产生了较大的影响。

大一统思想经过了改造成为日本皇国史观的重要组成部分，为日本发动对外侵略战争，实行所谓的“圣战”提供了思想上的支撑。特别是在二战期间，日本于1938年发表了题为《大东亚新秩序》的宣言，明确表示希望建立“‘中日满三国’相互提携，建立政治、经济、文化等方面互助连环的关系”，妄图建立一种以日本为中心的东亚新秩序。在此基础上，1940年“大东亚共荣圈”计划被正式提出，其范围包括中国、朝鲜、日本、伪满洲国、澳大利亚、新西兰、印度等，涉及了亚洲和大洋洲的广阔土地。其后日本为推进该计划，设立了所谓的“大东亚省”，并于1943年召开其中各国代表参加的大东亚会议，会后发布《大东亚宣言》并着手推进该计划。在实施初期日本较为顺利地武力占领了包括马来西亚、菲律宾、印度尼西亚等在内的广大的东南亚地区，计划推进状况貌似良好，一时间日本帝国主义分子的嚣张气焰和盲目乐观情绪得到了极大的膨胀，以为“大东亚共荣”的美梦即将实现，然而最终随着二战日本的战败投降，这样一个荒谬的泡沫也随即彻底破灭。可以说尽管“大东亚共荣圈”的理论根源是我国的大一统思想，但是经过了日本军国主义处心积虑地改造已经面目全非。实际上“大东亚共荣圈”是日本为侵略亚洲各国制造的借口，是企图建立以日本为中心的亚洲殖民统治体系的侵略理论，虽然在形式上看似符合我国原始大一统理论中一个中心的结构特点，但是这种理论是以企图确保侵略所得利益不被英美等强国瓜分的日本帝国主义利己观念的集中体现，也是日本帝国主义殖民意识的反映，其主要目的是在单独霸占我国东北地区的基础上尽可能地扩大日本的势力范围。另外，从外交方针的角度来看，“大东亚共荣圈”计划是日本战时提出的“大陆政策”的延续。“大陆政策”可以说是日本近代主要的外交方针之一，当然它的产生和推进从来就没有摆脱过对外侵略战争这个主体。在“大陆政策”的指导下，日本首先吞并了朝鲜，既而侵占了我国东北地区，后又以全面侵华为主要目的，到了20世纪40年代广大的亚洲地区又成为其攫取的目标。可以说“大陆政策”推行的状况如实地反映了日本军国主义分子侵略野心的不断膨胀和升级。总而言之，在近代日本，大一统思想一度成为日本对外侵略的理论源泉，当然在这过程中其性质也发生了根本改变。

2. 华夷观念

说到华夷观念，学界一般认为有中国式和日本式两种。所谓中国式，自然指的是我国正统的华夷观念；而日本式则是传到日本被日化的华夷观念。中国式华夷观念在本章第一节中已有详细论述，本节中的论述重点是日化的华夷观念。

华夷观念在日本的发展大致可以分为两个时期，一是古代到近世之前；二是近世开始到近代之前。

在第一个时期内，日本华夷观念的发展呈现了一种从前期的承认我国为主、日本为从的思想到后来的不甘为从并逐步反抗的特点。依据史料可以得知，在我国的汉魏时期，日本主动遣使来华朝贡并接受册封，这说明当时的日本承认我国为主的事实，而自己甘愿为从。而从隋朝时期开始，虽然日本同样与我国保持了交往，遣使朝贡，但史书记载的内容显示至少从这个时期开始日本不甘于为从、竭力谋求与我国对等关系的思想已经萌芽并有所体现。《隋书·倭国传》中的“日出处天子致书日没处天子，无恙”以及《日本书纪》中的“东天皇敬白西皇帝”等内容就是很好的证明。到了我国唐朝前期日本继续了隋朝时的对华态度，但是在白江口海战惨败之后，日本的这种态度有所收敛，意识到光思想上乐观是行不通的，因此便真正地开始虚心向大唐学习，海战之后日本11次遣使入唐就是证明，而唐朝文化对日本的影响则一直延续至今。到了我国元朝，日本不甘为从的思想重新抬头，特别是忽必烈两次征日的失败使日本的这种思想达到了顶峰，甚至于配合本国的神国思想产生了日本人优等意识。不过从整体上而言，在第一个时期日本虽然在对华态度上产生过波折，但是大多数情况下仍然保持了与我国的朝贡关系，并且也认可我国为“华”的事实，因此说处于正统的华夷秩序下这一点在学界基本上没有什么大的争议。

而在第二个时期，华夷观念在日本的发展出现了质的变化。包括日本在内，长期以来我国周边的国家推崇儒家思想，社会上盛行“只要是中国的就优秀”这样一种风潮。并且在儒家的世界观中，中华帝国与周边的野蛮国家相比国力昌盛、富庶优越这样的思想很长一段时期内在各国是根深蒂固的。但是随着清朝灭明，周边国家的态度随即发生了明显的变化，朝鲜自称“中华”，视清朝为蛮夷，越南也自称“中国”，日本亦是如此，部分古学派学者出于宣扬国粹和尊王的目的提出了类似的主张，对于传统的华夷观念进行了改造，将“华”和“夷”的角色进行了互换，即自认为“华”，而中国和周边的其他国家为“夷”。如山鹿素行在其所著的《中朝事实》中就表达了这样一种思想，他提出的理由大致如下：中国明朝的灭亡就意味着汉民族统治的结束，因为清朝的统治者属于长城以北的野蛮民族。另外，纵观中国的历史，王朝更迭、弑君夺位的事情数度发生，中国并不强大，也没有遵守儒家提倡的君臣之道。而日本自古以来从未被外族侵略和支配，且天皇的统治万世一系，很好地遵守了君臣之道。因此中国并非中华，而日本才应该是中朝或称中华。另外，在16世纪，无论是织田信长还是丰臣秀吉等政治家，在掌握了兵权之后更是向传统的华夷秩序挑战，企图建立新的以日本为正统的华夷秩序。之后，随着清朝的没落和日本明治维新后国力的强盛，日本人认为自己已经完全取代了曾经的超级大国中国成为新的亚洲霸主，而日本自然也是“华”的代表，本国的文化代表着新生的中华文化，在此基础上最终形成了日化的华夷观念。

日化的华夷观念对于日本外交的影响主要如下：

日化的华夷观念激发了日本的民族意识，从隋朝时期开始的相当长的一段时间内日本在外交上的主要追求就是谋求与我国的对等外交，两国的统治者能够做到平起平坐。因为华夷观念中，“华”代表着高度的文明，而“夷”则是蛮夷的代名词。日本四面环海，相对封闭，从抵御外敌的角度而言地理位置得天独厚，另外基本上是单一民族，虽然天皇并没有一直掌握实权，但在形式上也没有发生过异姓革命，因此日本人原本就有较强的民族认同感。而在与当时的中国交往的时候，自认为优秀的民族却总被视作蛮夷，久而久之自然会产生不甘之念。至于在交往初期这种民族意识有没有被激发出来，由于未得到史书或考古上的支持笔者不敢妄言，但至少在前述的隋朝时期从日本倭王给隋炀帝的国书中这种民族意识已经有充分的体现。有学者认为“日出处天子致书日没处天子，无恙”的提法体现了倭王的傲慢，理由是“日出处”和“日没处”这种说法。诚然，如果放在现代或许可以这样判断，但在当时这种说法可能只是一种东方和西方的方位代名词而已，关于这一点有学者给出了让人较为信服的解释。“东野治之指出，国书中的措辞有可能引自《大智度论》卷十如下一段：‘日出处是东方，日没处是西方，日行处是南方，日不行处是北方。’《大智度论》的隋代抄本残卷现存正仓院《圣语藏》中，圣德太子在《维摩经义疏》中曾加以引用，说明至迟在

7世纪初已经传入日本。从佛教流播的角度来讲，西方为佛祖圣地，东方乃未化之域，‘日没处’‘西皇帝’的称呼至少不含贬义。”[①]笔者认为其实令隋炀帝感到不悦的主要原因在于“天子”的说法，按照我国古代天命论的学说以及当时中国在亚洲的地位和影响来看，隋炀帝认为只有自己才能够使用“天子”一词，而区区倭王居然也敢使用这个词分明表现的是一种无知、无礼或者说是野心。同时，隋炀帝感到不悦说明这是一个没有先例的事件，也说明这或许是日本统治者的一种试探，因为“倭王”的这种称谓让日本的统治者颇感不甘，在同中国交往的过程中华夷观念使得日本原本就较强的民族意识得到激发，并且逐步显化。但不管怎么说日本的民族意识在这时已有体现，日本天皇不甘居于我国皇帝之后想要获取平等的政治地位这一点是毋庸置疑的。隋朝以后的元朝、明朝、清朝等时期，这种民族意识体现得更为明显，特别是在元朝两次征日失败之后日本国内甚至出现了轻视中国的苗头。

二、日本近代到现代的主要政治意识及对外交的影响

近代日本人的主要政治意识体现为以日本民族同质性和优越论为核心的民族主义，特别是上世纪80年代以来日本的民族主义（亦可理解为民族扩张主义）逐渐趋于狂热，对于日本外交的影响也主要体现在以大陆政策和大国协调政策为主的扩张性外交政策、对外侵略战争等方面。尤其在战争中，日本的这种民族主义体现得淋漓尽致，给许多国家带来了深重的灾难，当然也将日本带向了战败的不归路。

日本近代的民族主义萌芽于江户时代中后期这个观点在学界有较多的认同。而作为其萌生的土壤，笔者认为主要有两点：一是日本民族的

① 王勇.《日本文化》.北京：高等教育出版社：2001：159.

同质性；二是日本民族优越论。

所谓民族的同质性，一般认为是民族在发展过程中形成的同一性，是与外民族区别的主要特征。日本民族的同质性主要体现在人种相对单一、凝聚力和民族一体感较强、有强烈的内外之分等，而这种同质性的形成有其地理、历史原因。日本是典型的群岛国家，四面环海，虽然从绳纹时代后期开始，大陆的渡来人经常经过朝鲜半岛进入日本列岛定居并与当地土生土长的人种进行通婚而繁衍生息，但是终归属于个别行为，没有形成全民族范畴的集体行动。在航海技术不甚发达的古代，这种得天独厚的地理环境为日本列岛设置了天然的壁垒，外敌入侵的难度很大，这也是元朝两次征日失败的主要原因之一。没有遭受到外敌的入侵，也没有发生过大规模的集中的民族迁徙或融合，因此从这个角度来说日本列岛的人种较为容易地保持了相对的稳定，即使发生了渡来人通婚等情况，但在达到相对稳定的状态后再没有发生质的变化，这也使得大和民族成为日本官方意义上的单一民族，虽然也有少数民族的存在，但是由于人数稀少，一般不在考虑范围之内。统一的民族、同一的生活环境，使得日本人在语言、文化、心理等各个层面上表现出了非常强的同质性特征，这种同质性特征也成为日本近代民族主义形成的主要思想基础之一。而这种日本民族的同质性，在近世随着幕府实行了200多年的锁国政策又得到了进一步的加强。锁国政策首先排除了外来文化的同化，其次加强了日本国内的交流而使得同质性得以最终形成。关于这一点，有学者认为“聚集在江户的各地大名与高级武士之间逐渐形成了一个具有相近命运、相近生活情趣、甚至相近口音的集团；每当他们返回自己的领国时，又把中央文化带回地方去。在这一过程中，中央与地方之间的文化不断交流融汇，一种跨越各地方言的共同语言逐渐形成、普及，所谓近世日本的‘同质性’也在这一过程中逐渐形成”[①]。总而言之，日本由于其独特的地理环境和历史因素形成了较为强烈的同质性特征，而这种同质性特征也促成了日本近代民族主义的诞生。

日本民族优越论的思想基础是神国意识。日本的神国意识自古有之，在神话传说中，皇室的祖先被认定为八百万神灵中地位最高的天照大神，天皇是现人神，日本是由神的后代统治的国家，自然具有神国的属性，这样的思想在《古事记》和《日本书纪》中均有体现。不过，这种神国意识在很长的历史时期中并没有被大肆宣扬，基本上处于一种朦胧发展的状态。到了江户末期，日本内忧外患，为了在思想上激励国民，激发民族主义意识，神国思想被深度挖掘，尊王攘夷口号遍布日本全国。因此可以说日本近代神国意识的兴起是政治运动的产物。这其中，国学者本居宣长是神国思想言论的集大成者。本居宣长在其作品中提到“皇大御国乃天照大神诞生之国，她优越于万国之缘由，在于所有国家皆仰承天照大神的洪恩圣德”[②]。另外他还提出了尊皇的观点，例如“此世中万物皆变，唯有我天皇皇统不变”[③]，从这样的表述中可以明确看出他的神国思想主要包括三点：一、日本是神之国；二、日本应该统领其他国家；三、日本天皇的绝对权威。本居宣长有弟子500余人，其中不乏神国思想的拥趸，较为有名的有平田笃胤、铃木浪等。神国意识经本居宣长及其弟子们大范围宣扬之后，成为日本近代的主要政治意识之一。其后，又有许多思想家对这种思想进一步阐述，但析其本质却也没能超越本居宣长的理论，因此学界往往将本居宣长视为日本近代神国意识的第一人。而在神国意识的直接作用下，特别是经过元朝两

① 张宪生．“试析日本近代民族主义的历史背景”．《东南亚纵横》，2007（8）：84.

② ［日］石村貞吉．『本居宣長』．東京：三教書院，1940：141.

③ 朱谦之．《日本哲学史》．北京：人民出版社，2002：109.

次征日失败以及甲午海战日本的大胜，日本民族优越论甚嚣尘上，与此同时日本上下弥漫着对于当时的中国的不屑以及轻视。所以从这种角度来说，神国意识是日本民族优越论的主要思想基础。

日本近代的民族主义虽然有时也呈现出中性的特征，但整体上来说属于极端民族主义，对于日本近代外交思想的形成和政策的制定有较大的影响。当日本面对欧美列强时，其民族主义在外交上表现出一种相对中性和温和的特征，例如日本在1919年至30年代初实行的大国协调外交，这也是日本在凡尔赛华盛顿体系下外交的主要表现形式。日本在这个时期实行大国协调外交也是被迫之举，因为当时的美、英等国家实力强大，日本无力公开对抗，只能进行一定的妥协，来维系一种暂时稳定的殖民秩序，这时期日本近代的民族主义遭到了一定的压制，在同欧美列强的对外关系上也表现得相对含蓄、温和。但是由于日本近代的民族主义具有内在的强烈的扩张要求和殖民属性，使日本不甘于长期处在由美英主导的凡尔赛华盛顿体系下，看他国脸色行事，于是便出现了30年代初日本以退出国联和脱离凡尔赛华盛顿体系为主要标志的自主外交。自主外交主要体现为同欧美列强公开对抗，完全抛弃协调路线的同时，加大侵华力度，对于当时的中国实施赤裸裸的武力侵犯，其本质可以用“扩张”和“侵略”这两个词来概括。从这个时期开始直到第二次世界大战结束，日本近代的民族主义已经完全体现为极端民族主义，在以民族优越论等为思想基石的皇国史观的作用下，日本打着圣战和解放亚洲的旗号，疯狂地发动了一系列对外侵略战争。另外，日本在二战期间苦心经营的“大东亚共荣圈”的外交理念也是极端民族主义的产物。“大东亚共荣圈”强调的是日本为“本家”，即家长，其他国家要各守本分，听从“本家”的命令。这种思想来源于日本近代民族主义思想基础之一的神国意识，因为神国意识的主要观点之一就是作为神之国的日本应该统率万国。在这种思想的影响下，日本急于炮制了一个可以实现其“宏愿”的“大东亚共荣圈”，不过随着二战日本的战败，这种“宏愿”只是成为了一种笑谈，而日本近代的极端民主主义也失去了表演的舞台。

三、日本战后的主要政治意识及对外交的影响

1. 和平民主意识时期

第二次世界大战之后，日本被美国单独占领和管制，包括废除天皇的实权但保留其虚君地位、取消神道教国家神道的地位将其恢复成一般的宗教法人、和平宪法的起草和制定、清除右翼势力和团体等一系列的政治设计都是由美国来指导和监督完成的。换言之，美国是将本国的政治民主模式搬到了日本，根据日本的国情稍稍进行了改造而已。因此，在战后初期，在美国的强力干涉下，和平民主意识成为这段时期日本政治意识的代表。为了使和平民主意识得到贯彻，采取的主要措施有：

（1）在政治军事方面，展开了以铲除军国主义为主要目的的一系列行动，如强制解散右翼团体、解散军国主义色彩浓厚的军队和法庭等国家机器、停止与军需相关的生产、批判之前发起的对外侵略战争、以和平主义为发展路线。

（2）在社会民主方面，实施了包括男女完全平等、促进工人的团结和组织、教育的自由主义化、废除专制政治、经济结构民主化的五大民主化改革，使当时的日本在社会民主方面得到了巨大的进步。

（3）在意识形态方面，批判以天皇制为代表的封建等级思想，否定了天皇的神格地位，规定天皇仅作为国民的精神象征存在，主张主权在民，推动资产阶级自由、民主等思想信仰的普及。在这些运动的推动下，日本普通民众获得了思想解放，和平民主主义思潮得以兴起。

（4）在经济发展方面，主要实施了包括解散财阀、农地改革和劳动体制改革等措施。众所周知，日本军国主义的经济根基是国内的财阀，从某种意义上说大财阀控制着日本的政治经济命脉。美国采取措施冻结日本财阀的资产，并于1946年发布“禁止垄断法”，从法律上确保解散财阀的措施能够顺利实行。1946年至1950年的两次农地改革废除了半封建性质的土地所有制，建立了自耕农式农业经济，提高了大多数农民的生产积极性。通过颁布“工会法”等劳动保护方面的法律，保障了工人平等就业、享有劳动安全保障、罢工集合等合法权益，提高了工人阶层参加工人运动、参加政治集会的热情。

（5）在文化教育方面，于1947年颁布《教育基本法》来代替明显具有军国主义色彩的《教育敕语》，按照美国模式全面对日本的教育体制进行根本性的改革，以培养独立、民主、有思想的人才为目标。历史证明，这些人才为日本战后经济实现高速成长、日本国内文化教育事业的振兴等做出了巨大的贡献。

总而言之，在战后二三十年间，日本在整体上是和平民主意识占主导地位，当然这其中美国因素起到了决定性作用。其作用主要有两点：一是强制性的民主设计为日本实现民主化奠定了制度基础；二是促进了日本国内和平民主意识的萌芽和兴起。

和平民主意识对于同时期的日本外交产生了决定性的作用。在外交战略方面，该时期的指导方针是“吉田路线”。1946年，吉田茂出任日本首相，到其卸任的1954年底共5次组阁，在外交上推出了以牺牲部分主权为代价，例如允许美国在日本驻军等，在国际政治上紧紧跟随美国，做美国的跟班，在其核保护伞下一心一意搞好国内经济为主要特征的“吉田路线”。具体内容如下：

（1）确立日美同盟的外交基轴地位

战后初期美国无论在政治、军事还是经济上无疑是首屈一指的强国。日本作为战败国，又受到美国的直接占领和管制，因此必须考虑同美国搞好关系。而搞好关系的关键是建立同盟，在国际上以美国为保护伞，搭国家安全的顺风车。在这种外交思维的作用下，日美两国签订了《日美安保条约》等一系列条约，日本也借此与美国保持了高度的一致。

（2）以部分主权换取国家安全

日本是战败国，为了防止军国主义死灰复燃，美国在战后初期已经对日本的军国主义进行了一定程度上的清算，另外美国主导的和平宪法第九条中对于日本发展军事力量的严格限制使得日本重建军队成为一种妄想，而防卫力量也被限制到最小限度。日本当时处于百废待兴的特殊时期，把首要的目标放在发展防卫力量上显然是极不明智的。一是经济问题是当时日本所面临的最大问题，若此时把重心他移，恐国家稳定难以维系；二是美国的保护伞会成为资源浪费；三是战争结束不久，大张旗鼓地发展防卫力量显然会引起其他国家的高度警觉。因此，日本采取了向美国提供军事基地，允许美国在日本驻军等策略。表面上日本变成了半独立的国家，但却紧紧抓住了美国这把大伞。

（3）确保经济发展的首要地位

采用这样的策略不但同上一条中分析的背景有关，同吉田茂本人的经历也有一定关系。吉田茂的前半生为日本职业外交家，除了以亲近英美、干涉我国内政闻名之外，他对于日本的经济外交也倾注了极大的热情。因此，在其组阁后，采取了一系列措施振兴经济，其中以增加日本的对外贸易为对外关系的重中之重。

可以说，在和平民主意识占主导地位的战后二三十年间，在美国因素的作用下，日本政府从国内实际出发，在对外关系上以轻政治军事、重经济贸易为主要特征，执行了基本上可以说是一种相对和平的外交路线。

2. 新民族主义意识时期

从上世纪90年代以来，日本的民族主义出现了新的趋势和变化，为了同之前的民族主义相区别，主流学界一般称之为新民族主义。新民族主义的典型特点如下：

（1）日本的政治、军事大国梦

这时期日本出现的政治、军事大国梦主要包括以下内容：促使联合国扩充常任理事国的席位，争取成为其中一员，提高国际政治影响力；从被限制的“特殊国家”努力成为“普通国家”，同其他主权国家一样拥有对外权力；改变二战后的对美追随外交，努力实现多国协调外交，扩大主体外交，提高日本的外交地位；突破“不向共产主义阵营国家出售武器”“不向联合国禁止的国家出口武器”“不向发生国际争端的当事国或者可能要发生国际争端的当事国出售武器”为主要内容的“武器出口三原则”的限制，开展同他国的军事合作，重新成为军事大国。

（2）重提天皇信仰，宣传皇国史观

二战初期日本人的皇国史观在美国的主导下，已经得到了初步清算。然而，虽然剥夺了天皇的实权，但毕竟保留了天皇制，因此说这种清算很不彻底。进入90年代，日本经济风光不再，持续的低迷使许多日本人感到迷惘，失去了前进的动力，找不到精神上的寄托。在这种背景下，日本的部分政治家对于近代以来的皇国史观老调重弹。例如2000年5月，时任日本首相的森喜朗无视和平宪法的存在，公开宣称“日本是真正的以天皇为中心的神之国”；又如同年“新历史教科书编撰会”编写的《中学历史教科书》与《中学社会教科书》中鼓吹“神国起源说”，即对中学生宣扬日本是所谓的“神国”，天皇是其中心，日本人都是“神”的后裔的观点。

（3）否认侵略战争的本质，美化侵略历史

90年代之后，和平民主意识在日本已经日渐式微。随着日本整个国家右倾化趋势的加强，保守势力的日渐强大，有些政客已经迫不及待地想要否认日本对外侵略战争的本质，修改所谓的“自虐史观”。这些人提出“日本是为了解放亚洲而出兵的”“南京大屠杀是虚构的、不存在的”等谬论，想要美化侵略的历史，竭力掩藏当年的滔天罪恶，为侵略战争进行辩护，将日本描绘成仁慈正义的国家，从而使日本的年青一代对于过去的历史感到自豪，不至于老是背负着沉重的罪恶感。可以说，日本人的这种言行在90年代之前就已经存在，但是在当时和平民主意识占主流的时期，这种言行往往得不到很大的支持，并且有时还会受到广泛的批判。但是90年代以来，已经有越来越多的包括年轻人在内的日本普通民众不再排斥这种说法，甚至在不同的场合表示赞同，出现了极其危险的右倾苗头。

90年代以来的日本新民族主义在外交上的体现较为显著。首先，日本在外交上抛出了“普通国家论”的主张。这项外交主张是在1993年被当时担任日本民主党党首的小泽一郎提出的，其主要目的是拥有军队和核武器，不但在经济上，在政治和军事上也要成为超级大国。“普通国家论”一经提出就得到了许多右翼政客和团体的拥护，成为90年代以来日本外交战略的核心指导思想之一。其次，开展所谓的“联合国外交”。小泉纯一郎于2001年当上日本首相后，为了实现政治大国的梦想，推出了以“入常”为目标的“联合国外交”。小泉政府在强调日本对于联合国财政的巨大贡献（以缴纳的高比例会费为主）的同时，认为单枪匹马地争取“入常”胜算不大，因此拉上了德国、巴西和印度组成所谓的“四国集团”，进行捆绑式“入常”外交。日本的“联合国外交”是小泽一郎“普通国家论”外交指导思想的延伸，虽然屡战屡败，并且遭到了国际上和平势力强有力的阻拦，但是作为日本实现大国梦的重要一环，这项外交政策预计会长期进行下去，我们也很有必要继续对其保持高度的警惕。再次，妄图实现变相修宪，拉开军事国际合作的序幕。日本的右翼势力一直视宪法第九条为最大障碍，挖空心思进行修宪。日本1992年通过了《国际和平合作法》，1999年通过了《周边事态法》，明确表示日本自卫队可以出兵海外；在判断“周边有事”时有实行军事干涉的可能。2003年，日本国会通过了被称为“有事三法案”的《应对武力攻击事态法案》《自卫队法修改案》和《安全保障会议设置法修改案》，为日本出兵发生争端的地区铺平了道路。最后，日本在对外关系上整体上趋于强势，在靖国神社参拜、历史教科书等问题上得寸进尺，无赖嘴脸毕露，保守色彩极其浓厚。

总而言之，新民族主义意识近年来成为日本主要的政治意识，并且在这种意识的引导下，日本整个民族出现了极度危险的右倾苗头，而这种右倾苗头我们在历史上又有过似曾相识的感觉，因此必须要引起我们的高度重视。

第三节　中日外交文化中政治意识的比较

一、主要相同点

1. 大一统思想和华夷观念都曾作为两国主要的政治意识对当时的外交产生了重要影响。

大一统思想孕育于我国博大精深的传统文化中，是我国最具代表性的政治意识和观念之一，从古代到现代对于我国的外交产生了深远的影响，特别是经过改造后的大一统思想在我国当代外交上主要体现为一种争取国家统一、维护世界和平的正能量。华夷观念也是我国非常具备代表性的政治意识，特别是在古代对外交理念的构建影响巨大，而到了近现代由于时代和认识的局限性，其精神在我国外交思想中已经难觅踪影。

大一统思想和华夷观念都传播到了日本，对于日本的外交产生了重要的影响。日本人对于这两种政治意识都进行了改造使其产生了较大的变化，特别是在华夷观念身上体现得最为明显，甚至出现了与传统的华夷观念分庭抗礼的日化华夷观念。经过了日本式改造的大一统思想和华夷观念都对当时的日本外交思想的确立和外交政策的制定起到了非常重要的作用。

2. 和平民主意识以及民族主义意识都在某一时期占了主流并对当时外交产生了重要影响。

虽然我国是社会主义国家，日本是资本主义国家，但是在当代政治意识方面也是有一定的相似之处。在战后初期二、三十年间，和平民主意识在日本相对占了主流，虽然这种意识是美国主导下的被动式政治意识，在本质上同我国长期执行的和平民主意识有所区别，但是在追求目标方面，即努力实现和平与民主这一点上两国可以说是有共通之处的，并且日本在和平民主意识占主导的时期内其外交上也呈现出相对和平的特征，虽然笔者认为日本采取这种和平外交无奈的成分更多一些，但是从效果上来看同我国长期奉行的和平外交政策也有一些相似之处。另外，在中日两国当代历史上都有一段时期是民族主义意识相对占据了主流，虽然两种民族主义意识有很大的区别，但是既然同属一种意识，必然有相通之处。例如我国文革时期发生了火烧英国代办处事件，这是一种狭隘的民族主义的体现，对于当时的中国外交造成了较大的负面影响。而在日本当代历史中也有类似的思潮存在，上世纪90年代以来日本出现的极右排外思潮就明显属于这一范畴，对于日本外交理念的构建和外交政策的制定产生了较大的影响。

二、主要不同点

1．虽然大一统思想和华夷观念对两国外交影响重大，但其内容大相径庭。

大一统思想对我国古代外交的影响主要体现在以华夏中心思想为指导，采取一切以我为主的外交思路，这种外交思路实质上是一种优势意识的集中体现，其主要优点是最大限度上保证了当时中华文明的完整性和独立性，主要缺点是在优势意识的作用下往往会故步自封、盲目自大，失去了向他国学习、发展自己的机会。近现代以后，经过了改造后的大一统思想剔除了原有的弊端和缺陷，在外交上也多体现为谋求祖国统一、营造和谐世界的积极思想。而大一统思想对于日本古代外交的影响并不是特别明显，而是主要作为维护皇权的一种思想工具而受到日本皇室的认可和推崇。到了近现代，大一统思想对日本外交产生了重大的影响，战时的“大东亚共荣”和战后的“东亚共同体”外交构想均是经过改造后的日本式大一统思想的产物。

华夷观念对我国古代外交影响重大，主要体现在威严外交、重视经济手段、对属国实行“夷人事务夷人管理”的策略等特点。日本式改造后的华夷观念将“华”和“夷”的位置做了对调，对日本外交的影响主要体现为从古代到近代的很长的一段时期内致力于谋求与我国的对等外交，到了近代则成为日本发动对外侵略战争、妄图实现殖民统治的重要思想工具。

2．两国政治意识在总体上差别明显，对当代外交的影响也迥然不同。

两国的意识形态毕竟有着根本的差别，因此政治意识在总体上有着本质的区别。我国在战后整体上属于社会主义民主意识形态，强调人民当家做主，以人民民主专政为基础，以实现共产主义和全人类解放为最终目标；而日本在战后虽然也有和平民主意识相对占主导的时期，但更多的时候体现为以否认对外侵略历史、美化侵略战争，重提皇国史观和重树天皇信仰，实现所谓的政治、军事大国梦为特征的新民族主义意识。政治意识的不同使得两国外交主张在本质上有很大的差异，我国提出和平与发展的时代主题的同时也在努力地为实现这个主题而奋斗，而日本的做法则是心口不一，口口声声主张和平，却经常搞一些小动作制造地区摩擦，并且善于振振有词地进行辩解，还时不时把背后的美国拉出来给自己撑腰壮胆。

第九章　中日外交文化中的生死观

生死观，简单地讲就是指人们对于生和死的看法和态度。由于历史传统和文化背景等的差异，各国或各民族的生死观不尽相同。另外，生死观的研究对象不侧重于个体，而是个体的综合，是一个国家或民族基本共通的对于生和死的观点，是个体认识的抽象总结和概括。

生死观是人生观和价值观的有机组成部分，在社会生活的许多层面对于指导人们的行为发挥着极其重要的作用，通过其研究可以透视整个国家或民族对于生死问题的基本价值取向。同时，生死观属于高级文化范畴，即精神文化的重要元素，对于一国的外交理念和政策也有着深远的影响。

第一节　中国外交文化中的生死观

我国传统文化的基石是由儒家、道家、佛教思想等共同浇灌构筑起来的，因此中国人的生死观受这些思想的影响很深。对于生和死，各家各派或多或少都会有不同的见解，其中一些有影响的见解逐渐为多数国人所接受，成为具有代表性的生死观念。总结我国的生死观，其重要观点及对我国外交的主要影响大致如下。

一、重生

重生即重视生命，这种观念多现于儒家思想中。孔子说过“未知生，焉知死？”[①]，意思是“还没明白活着的道理，又怎能理解死呢？”这句话可以说充分体现了孔子的生死观。在孔子的认知中，生先

①《论语·先进》。

于死，或者说生大于死。他强调要重视现世。同样的观点孔子在其他场合也有论述，例如“天地之性，人为贵”[①]，意思非常明了直白，是强调天地之间人的生命最为尊贵，这也是孔子重生观的重要表述之一。简而言之，重生是孔子的重要观点之一。重生观在其他的儒家典籍中也有体现，例如“天地之大德曰生”[②]，意思是“天地间最伟大的道德是爱惜生命”，这里的生命既包括自己，也包括他人。

重生观不仅仅现于儒家思想中，在道家等其他先秦诸家的思想中也有体现。例如在道家思想中，严格地讲重生观并不是其最核心的生死观，因为道家主要宣扬“生死各有天命，一切要自然为之”的生死观点，然而这并不意味着重生观在道家中没有丝毫的体现。道家经典之一的《黄帝内经》中提到“天覆地载，万物悉备，莫贵于人，人以天地之气生，四时之法成”[③]，这句话的中心意思是强调天地万物之中人是最尊贵的，人的生命活动深受天地变化的影响。当然，客观地说《黄帝内经》虽是道家经典，但其首先是医书，医书编撰的首要目的是治病救人，因此在这部古籍中有重生观的体现丝毫不足为奇，反而在情理之中。药王孙思邈也有过类似的表述，他认为“人命至重，有贵千金”[④]，这自然与上述内容是同样的道理。

另外，我国传统的重生观还往往与“义”联系在一起。例如墨子说过“天下有义则生，无义则死……然则天欲其生而恶其死……”[⑤]“义”是墨家思想的重要组成部分，《墨子》全书的中心思想是倡导人

①《孝经·圣治》。

②《周易·系辞下传》。

③《黄帝内经·素问·宝命全形论》。

④《备急千金药方·序》。

⑤《墨子·天志上》。

们“向义”和“践义”。在这种思想的指导下，墨家认为生和死应该与“义”紧密相连，以“义”为指导，“天下之事，有义的就能够生存，无义的则会死亡。”然而，在浓墨重彩地强调“义”的重要性的同时，墨子也没有忘记表达一下生大于死的观点，因此紧接着说“上天希望人们活着而讨厌他们死亡。”而荀子也表达过类似的观点，“水火有气而无生，草木有生而无知，禽兽有知而无义，人有气、有生、有知，亦且有义，故最为天下贵也”[①]，在这里荀子把天下之物分为四类，其中人最为尊贵，其理由是水火有气但没有生命，草木有生命但没有认知和感觉，飞禽走兽虽然有认知但是却不懂得“义”，这里的“义”一般理解为“道义”“仁义”或“礼义”，只有人集各种要素于一身，因此最为尊贵。在这句话中，荀子把“义”当做最后一个条件也意味着他将“义”视作人最重要的品质。可以看出，荀子认为万物之中人最为尊贵，这毋庸置疑自然也是一种重生观的体现，同时他将义与人、生命等联系在了一起，说明其重生观上存在一个“义”的外壳。总结先哲们的这种观点，是基于重视生命基础上的倡导行义的思想，即给传统的重生观加上了道德规范的束缚。

重生观对我国当代的外交思想和理念产生了重要的影响，主要体现在以下几点：

其一，尊重生命的传统观念使得我国长期奉行和平外交政策。武力冲突与战争是摧残生命的最主要形式，在经历了艰苦卓绝的抗日战争和解放战争之后，我国从上到下深知和平的来之不易，这是无数先烈们用宝贵的生命换来的，给人民创造和平的生活环境成为党和国家领导人的历史使命。因此，我国从建国之初便开始坚持和平的外交政策至今，

①《荀子·王制》。

坚持“人不犯我，我不犯人”“己所不欲，勿施于人”等建立在我国传统文化基础上的和平外交理念，不挑起争端，不当世界警察，不口口声声大谈和平而背地里另搞一套。我国的和平外交政策按照时间的先后顺序依次包括“独立自主与和平”“和平共处五项原则”“和平与发展”“和平崛起”“和谐世界”等，内容丰富，承前继后，体现了高超的外交政策设计能力，获得了世界上绝大多数国家赞赏的同时，也最大程度上体现了我国的重生观。

其二，我国古代的许多先哲往往在重生观念上加上“义”这种道德规范的限制，即尊重生命的同时讲究道义，这种思想在我国当代外交中体现为和平加道义的理念。新中国不但坚定不移地执行和平外交的路线，而且在外交理念中贯彻了道义原则。我国外交中的道义原则体现为坚持独立自主、自力更生；体现为不畏霸权和强权，作为联合国常任理事国的成员能够站在国际正义和公道的立场上行使神圣的权力；体现为坚持不结盟的外交政策，特别是不依附强国而丧失自己的主张；体现为主张并坚持无论国家大小，都应一律平等，和平共处，共同发展，不把自己的意志强加给他国，不搞以输出自己的政治主张和意图为目的的经济援助；体现为不遗余力地为全球化问题的改善和解决做出贡献等。

其三，我国传统的重生观使得当代的外交政策越来越注意保障境外公民的合法权益和人身安全。随着改革开放的顺利推进，我国的综合国力日益增强，人民生活越来越富足，也越来越强调生活品质的提高。在这种背景下，出国旅游、工作等的国人日渐增多，海外华人的人数也随之增加。然而由于种种原因，一些我们不愿看到的境外针对华人的劫持、绑架等犯罪事件近年来层出不穷，同时也常有国人在海外遭遇地震、海啸等不可预知的自然灾害。在解决这类事件的过程中，我国政府及时、高效、不遗余力、在兼顾原则的同时以生命为重的外交举措得到了国内外越来越多的赞誉。近年来我国已在预防、协调、应急、磋商等各个方面建立了以外交部和驻外使、领馆为领导和实施核心的相应的机制，重大外交事件发生时党和国家领导人会在第一时间做出反应和指示，这使得我国在处理类似事件时的经验越来越丰富，成功率也越来越高。例如，2011年日本“3.11”大地震发生后，胡锦涛主席在第一时间做出重要批示，温家宝总理立即主持召开国务院常务会议，做出紧急部署，启动各项协调、应急等机制，克服了种种难以想象的困难，在短短10天之内协助7600余名中国公民顺利撤离重灾区，将9300人接回祖国①，这种高效可以说是世界罕见。笔者认为这种外交现象可以称之为“为民外交”，它已经正在成为我国外交的新时代特征之一。这种转变体现出传统的重生观在我国当代外交理念中已经得到了足够的重视，并且预计今后会进一步加强和延续下去。

二、不惧死

虽然我国古代圣贤多有重生思想，但是往往又不惧死，认为如果是为了某种崇高的理想或信念的话，是可以毅然舍弃生命的，并且在这种情况下的舍弃生命是一种无上的美德。孔子曾说过“志士仁人，无求生以害仁，有杀身以成仁”②，这句话的意思是“有志之士和仁慈的人，没有为了求生而损害仁义的，只有牺牲自己的生命以成全仁义的。”在孔子的眼中，在尊贵的人命之上还有崇高的理想，这种理想就是仁义，如果是为了行使仁义，哪怕放弃自己的生命也在所不惜。可以说孔子的这种思想是我国“不惧死”生死观的典型代表之一，这种生死

① 该部分数据来源于我国中央人民政府网站特稿. http://www.gov.cn/jrzg/2011-04/01/content_1836416.htm.

②《论语·卫灵公》。

观对于后世的影响很大，也多有人继承。例如亚圣孟子也有类似的论述，他的千古名句“生亦我所欲也，义亦我所欲也；二者不可得兼，舍生而取义者也”[①]就是其中最为明确的体现。这句话的意思是“生固然是我想要的，义也是我想要的，但是二者无法兼得的时候只能舍弃生而取义了。”这不是说孟子不重生，而是他认为生命是要有前提的，这个前提就是“义”，即“义”是生命的先决条件，只有讲究仁义或者说是礼义的生命才是有意义的。因此说孟子的这种思想实质上是一种“重生基础上的不惧死”的观念。再如司马迁在给其友人任安的一封信中说道“人固有一死，死有重于泰山，或轻于鸿毛，用之所趋异也”[②]，这句话意为“人终究难脱一死，但死的意义是不同的，有的死比泰山还重，有的死比鸿毛还轻，盖因每个人的追求不同所致。”司马迁提出这种生死观，一是缘于孔孟学说的教诲，二是对于当时自己悲惨的人生经历的感悟。他因为西汉名将李广之孙李陵归降匈奴一事说了几句公道话便被投入牢狱且受宫刑之辱，精神受到极大的打击，在看破了生死之后认识到在生死之上还有更重要的东西存在，因此感慨死有何惧。另如南宋杰出的诗人和民族英雄文天祥留下的名句“人生自古谁无死，留取丹心照汗青”[③]就表达了其不惧死的思想，当然其前提是为国效忠，死得有价值；同样，宋代著名词人李清照的“生当作人杰，死亦为鬼雄”[④]在表达了对于当时懦弱朝廷的鄙视的同时，也流露出了自己不惧怕死亡的浩然正气。

当然，从思想发展顺序的角度来考虑的话，“不惧死”的前提是

①《孟子·告子上》。

②《汉书·传·卷62》。

③《过零丁洋》。

④《夏日绝句》。

“不避讳死”，也就是说对于死这个看似沉重的话题能够做到不避讳，做到不谈死色变。在这一点上，可以说也是孔子为后人做出了典范。据载，在教诲弟子子贡的时候，孔子对于“死”做出了详尽的阐述，“……人胥知生之乐，未知生之苦；知老之惫，未知老之佚；知死之恶，未知死之息也。晏子曰：‘善哉，古之有死也！仁者息焉，不仁者伏焉。’死也者，德之徼也。古者谓死人为归人。夫言死人为归人，则生人为行人矣。”[①]，这段话的大致意思是“……人皆知活着的快乐，却不知活着的劳累；皆知老后的疲惫，却不知老后的安逸；皆知死亡的可恶，却不知道死亡意味着休息。晏子说：‘真好啊，自古以来就有死亡的存在！仁慈者可以安息了，不仁者被埋葬了。’死亡是德所追求的。古人把死人称为‘归人’。如果说死人是‘归人’的话，那么活着的人就是‘行人’了。”孔子的这番关于“死”的言论即便是放在当今也有很强的哲理性可言，并且孔子对这个话题侃侃而谈，没有丝毫的忌讳。正因为有这种“不避讳死”的生死观，才会有后来的“不惧死”生死观的出现。

不惧死的生死观在我国当代外交理念中也多有体现。我国当代外交的时代主题和主旋律是和平与发展，但这并不意味着为了追求和平可以放弃原则和国家的核心利益。和平与武力是一个事物的正反面，是相对的概念，和平多是武力的最终目的，而武力则往往是和平的必要手段。中国人一直以来致力于维护世界和平，从不主动挑起事端，但也从来不惧怕武力，不惧怕死亡，不屈服于外界的胁迫和压力。国家主席习近平说过“我们不惹事，但也不怕事”，这句话反映了新中国成立以来我国外交政策和理念的深刻内涵，在新的国际形势下经习主席提出又有

①《列子·天瑞》。

了新的含义。作为一个正在崛起的大国，我们时刻面临着相对严峻的国际形势，作为超级大国的美国一直以来非常忌惮我国经济的高速发展和国际影响力的快速提升，在经济上实行一种既合作又对抗的策略，在政治上对我国整体上采取遏制战略；欧洲国家对于我国也是持有一种非常复杂的心态，如英国、德国、法国、西班牙等这些曾经辉煌一时的老牌资本主义国家既不甘自身的没落，又想依赖我国复苏经济，同时还时常在人权、藏独等问题上制造事端；而周边国家中又大致分为两种情况，一种是日本、菲律宾、印度等与我国有领土争端问题的国家，特别是近年来在钓鱼岛和南海问题上由于对方国家的一意孤行以及美国的支持使得纷争迅速升级，对于地区安全也造成了极大的隐患；另外一种则是属于相对中立的国家，对有领土争端的双方都不得罪，无意也没有能力做和事佬，整体上保持中立的立场。在这种复杂的国际和周边形势下，对我国的外交理念和政策适时地作出新的阐述是非常必要和有意义的，这也反映出我国新一代领导集体在外交事务上的高瞻远瞩。“不惹事”说明我国一直以来奉行和平崛起的外交方针，而“不怕事”说明我国坚持独立自主的外交理念，不惧国际霸权主义的压迫和敌对势力的挑衅，同时“不怕事”可以认为是我国传统的不惧死的生死观在当代外交理念中的直接体现。

三、生死轮回

生死轮回是佛教的代表观点之一，例如“善男子，一切众生从无始际，由有种种恩爱贪欲，故有轮回”[①]，解释的是轮回的根本原因。而关于轮回的判定标准，佛陀也给出了明确的回答，那就是前生行事的善恶，“善恶之报，如影随形；三世因果，循环不失”[②]，佛教历来相

①《圆觉经》。

②《涅槃经》。

信人的死亡并不是生命的终结，而是新一轮生死的开始。至于轮回的范围，佛教认为有六道，由上而下分别是天道、人道、修罗道、傍生道、鬼道和地狱道，人始终都是在这个范围中生死轮转，周而复始，例如“有情轮回六道生，犹如车轮无始终”[①]，就是关于六道轮回的典型论述。由于佛教传入我国之后，受众万千，影响甚大，因此佛教的诸多观点在我国民间广有流传。从唯物主义的角度来看的话，生死轮回的说法不啻于是无稽之谈，然而但凡宗教必然需要烘托出神秘色彩来维系宗教的权威性，所以这种观点的提出也是可以理解的。

将生死轮回观点中的唯心和迷信色彩去除，我们发现其主张也有非常积极的一面，即劝人行善，并且行善是生死轮回观的核心命题之一。在我国的传统文化中，自古以来行善就为人所提倡，如“积善之家，必有余庆；积不善之家，必有余殃”[②]，又如“勿以恶小而为之，勿以善小而不为”[③]，不一而足。这些观点与生死轮回中倡导的劝人行善不谋而合，在这种传统文化的熏陶下，宅心仁厚、淳朴善良成为中国人具有代表性的民族特征。

生死轮回观由于其唯心色彩过于浓厚无法在我国外交中实践，但是行善的观念和传统对于我国的当代外交产生了相当的影响，其主要形式体现为对外援助。据商务部公布的2010年部门决算信息显示，各项事业全年支出约为158.20亿元，其中外交支出约为127.51亿元，占比约为80.60%；而在外交支出中对外援助总额约为118.39亿元，约占外交支出总额的92.85%。2011年部门决算信息显示，各项事业全年支出约为190.17亿元，其中外交支出约为162.43亿元，占比约为85.41%；而在外

①《心地观经》。

②《周易·坤为地》。

③《诫子书》。

交支出中对外援助总额约为151.78亿元，约占外交支出总额的93.44%。2012年部门决算信息显示，各项事业全年支出约为227.85亿元，其中外交支出约为181.69亿元，占比约为79.74%；而在外交支出中对外援助总额约为170.14亿元，约占外交支出总额的93.64%。2013年部门决算信息显示，各项事业全年支出约为260.47亿元，其中外交支出约为232.9亿元，占比约为89.42%；而在外交支出中对外援助总额约为218.5亿元，约占外交支出总额的93.82%。2014年部门决算信息显示，各项事业全年支出约为256.93亿元，其中外交支出约为224.8亿元，占比约为87.5%；而在外交支出中对外援助总额约为211.32亿元，约占外交支出总额的94%。[①]从数据分析的角度来看，可以说对外援助已成为我国当代外交的主要表现形式之一，其在我国外交支出中的比例不仅占到了90%以上，而且近年来呈现出一种缓慢的稳中有升的趋势。另外，自新中国建立以来，我国开展对外援助已逾60多年，据商务部对外援助司2010年的相关报道显示，“中国的对外援助始于1950年向朝鲜无偿提供人民生活急需的物资，这是中国第一次对外提供经济援助。60年来，中国政府在力所能及的范围内，通过无偿援助、无息贷款和优惠贷款等三种方式向非洲、亚洲、欧洲、拉丁美洲和加勒比以及大洋洲的160多个国家提供了援助，其中经常性接受中国双边援助的发展中国家累计达到123个”[②]。从以上数据及相关报道内容可以看出，我国的对外援助在援助资金和范围等方面已经具备了相当规模，在世界上也位于前列。当然，国内有些人一直以来对我国的对外援助颇有微词，总是在讨论对外援助的得失问

① 以上数据来源于商务部公布的财务数据，数据四舍五入到小数点后两位数，其中占比由笔者根据相关数据自行算出。http://www.mofcom.gov.cn/article/cwgongzuo/feiyqr/

②“援外事业介绍”http://yuanwaizhan.mofcom.gov.cn/syjsarticle/syjs/201007/342_1.html

题，其实这个问题很难用数字来衡量，分析的角度不同，得到的结果也会大相径庭，因此这种讨论实际上是没有多大意义的。我们必须看到从过去一段时期的几近“倾囊相授”到近些年的“量力而行”，我国在对外援助量度的把握上已经有了重大的转变，同时我国搞对外援助坚持受援国自愿和不附带任何条件等原则的前提下，也在多边化、公开化、国际协作化等方面谋求积极的改变。总而言之，对外援助已然成为我国当代外交的主要形式之一，而究其动机和深层原因，我们可以在外交文化的范畴中找到答案。文化影响外交行为，这一点在学界基本上得到了公认。从民族文化心理的角度来考量的话，我国的对外援助在很大程度上源于中国人乐善好施的特点，源于中国人行善的传统文化，特别是“穷兄弟”有求而来不可能拒之门外、冷脸相待。行善的传统文化是我国实施对外援助的主要原因之一，也是内在的推进力量之一。

另外，我国的传统文化内涵丰富，在生死观方面自然也不止“重生”“不惧死”的观念。其他较具代表性的例如有“死生有命，富贵在天”[①]，同样意思的说法还有“生死各有天命”等。这种观点实际上是一种唯心的宿命论，认为人的生死是由天命决定的，而所谓的天命是何物估计也没人能够表述清楚，因此在整体上属于一种消极的生死观。这种消极的生死观在我国当代外交理念中自然不会得到应用，它主要体现于科学技术落后、封建迷信思想盛行的我国古代的外交理念中，如历史上遭受外敌侵犯而导致朝代发生更迭危机之时，封建帝王往往会哀叹此乃天意，既然是天意那么自然是不可违的，因此在对外御敌、谈判求和等方面采取极为消极的外交策略，而最终导致或者签订丧权辱国的条约或者亡国。

①《论语·颜渊》。

综上所述，我国传统的生死观对于外交政策和理念的确产生了相当大的影响。当然，生死观中既有积极向上的一面，也有消极晦暗的部分。在今后外交理念的调整和重构过程中，如何扬长避短、发挥生死观的积极作用是今后外交文化研究中的一个重要课题。

第二节 日本外交文化中的生死观

汉语的“生死观”在日语中一般表达为“死生观”，简单地说就是日本人对于死亡的看法，以及在此基础上构建起来的人生观和世界观。因此，分析日本人的生死观关键在于剖析其对于死亡的看法。日本外交文化中的生死观主要体现在如下两点。

一、尊死

尊死，简言之就是尊重死者的意思。之所以尊重死者，是因为日本素有祖先崇拜的习俗，他们相信祖先在经过子孙后代的祭祀后会升格为神或佛，从而会庇佑后世子孙远离灾难，幸福安康。日本人的这种祭祀是有很多讲究的，并且在许多方面与我国的殡丧、拜祭习俗有相似之处。一般而言，人逝世后每七天为一个祭日，分别为“头七”“二七”“三七”“四七”“五七”“六七”“末七”，共计49天。之后一般会有百日祭、周年祭、三周年祭、七周年祭、十三周年祭、十七周年祭、二十三周年祭、二十五周年祭、二十七周年祭、三十三周年祭。另外，有的地区还有三十七周年祭和五十周年祭。当然，根据宗教和地区不同，有些周年祭是没有的，但是这些特例在本书中无法一一列举，只能是采用最大公倍数的思维将各地区、各教派通常进行的周年祭尽可能地列出以供读者参考。不过有一点基本上是可以确定的，即日本人通常会将三十三周年祭或者五十周年祭作为最后的周年祭，这时或者将逝者的牌位烧却，或者迁移到寺院里进行永久供奉。祭祀给日本人提供了缅怀逝者、表达哀悼的机会，日本人非常重视祭祀活动，有许多长期以来形成的复杂严格的程序需要履行，例如在人去世后，亲朋好友需要守夜，日语中称为“通夜”，守夜的目的是和故人共度最后一夜，亲朋好友会围着逝者的遗体相互缅怀，共同回想故人生前的点点滴滴。守夜一般在晚上6点至7点之间开始，僧侣诵经超度、亲人烧香等仪式大概举行1个小时左右，之后是会餐时间，通常在晚上9点至10点左右守夜结束。在结束之后，原则上逝者的近亲需要继续守在旁边，通宵不眠（也有采用交替制的）添香守护。之所以有这样繁琐严格的规定，主要原因还是由于日本人尊重死者，相信死者会成神或佛。另外，日本人还笃信虔诚的拜祭有助于逝者顺利升格，并且每拜祭一次，亡灵就会得到一次净化或升华，就会离神或佛的境地更进一步。

“在日本人的祖先观念中，所有祖先都可以回到自己或子孙的家中，为家族带来幸福和财富，保佑子孙的安全”[①]，正因为这种祖先崇拜的观念在日本社会中根深蒂固，所以日本人形成了尊重死者的生死观，并且这其中的死者所指的范围逐渐扩展，由最初的只限于自己的先人逐步推广到其他的一般人。因为日本人多数相信即便是素不相识的死者，也必然有自己的子孙为其拜祭而最终成为神或佛。既然是属于神或佛的行列，自然也应该列入被尊重的范围。在这种尊死观的影响下，日本人通常认为人一旦逝去，其生前的罪过便应一笔勾销，颇有一种让其随风而去的意味。笔者的理解是，因为日本人深信人死去都是要成神或佛的，那么在他们的潜意识中便会认为如果总是批判死者生前的罪过，

① 李涛.《大和魂—日本的根性窥探》.北京：中国友谊出版公司，2007：204.

一是对死者的不敬；二是会阻碍其成神或佛的步伐。久而久之，日本人就形成了一种只愿意为先人歌功颂德，而不愿提及其过往罪责的习惯，因此可以说“流芳百世”在日本是完全可能的，而“遗臭万年”则根本不可能出现。

日本人尊死的生死观对其当代外交产生了巨大的影响，主要体现在否认对外侵略战争的罪行、靖国神社参拜等方面。

日本在20世纪上半期犯下的侵略罪行给亚洲各国、特别是我国带来了深重的灾难，这种对外战争的侵略本质在国际上早已有定论。日本士兵在战争中丧失人性的行为令人发指，其犯下的滔天罪恶罄竹难书。然而让世人感到不解和愤怒的是，时至今日日本否认其侵略罪行的右翼分子大有人在。日本人在外交上否认战争罪行的时候工于心计，善于转移注意力。2014年3月28日，国家主席习近平在德国科尔伯基金会发表演讲，演讲中提到了日本制造的30万人南京大屠杀的历史事实。日本外务省立刻于次日29日向我方提出抗议，日本内阁官房长官菅义伟也在30日发表言论表示“不否认旧日本军在南京进行的杀伤及掠夺行为，但关于死难者人数存在各种意见，日本政府未予断定”，并且在不同的场合表示“在第三国提及日本的历史并作出如此发言，令人极为遗憾”[①]。笔者认为菅义伟发表这些言论主要是想表达两件事情，一是南京大屠杀的死者人数在日本尚有争议；二是不要在国际上提及中日两国之间的事。关于第一点，日本国内虽然承认南京大屠杀的历史事实，但是在称谓上采用的是“南京事件”，而且以无法考证为由拒不认可屠杀了30万人，妄言在那么短的时间内根本不可能完成。其实，无论是杀了29万人还是30万人，其屠杀的本质没有丝毫的改变，这一点日本人应该是心知

① 参考消息网。http://world.cankaoxiaoxi.com/2014/0331/368586.shtml

肚明的，然而依然在执著地玩着数字游戏，不能不说是其工于心计、别有用心的体现。试想，每当我国指责日本制造了骇人听闻的南京大屠杀时，日本的反应千篇一律地是“承认旧日本军做了这个事情，但是这个数字有问题。”对于前半部分，日本人总是轻描淡写，一笔带过；而对于后面的数字问题，日本国内的所谓研究者大有人在。并且从语言表达的习惯来看，在这种句式中“但是”属于转折的范畴，多有补充说明的意思，并且人们往往会把注意力投向“但是”之后的内容，即补充说明的部分。日本人采取了这种避重就轻的说法，把人类历史上罕见的大屠杀事件处理成了数字争论游戏，其真实意图就是根本不想承认先人的罪行，不能不让人感到义愤填膺。笔者认为我国政府不能任由日本搞这种转移注意力的小动作，应该将交涉的重点放到让日本承认侵略屠杀的本质并迫使其真诚道歉和忏悔上面来，否则日本年轻人的历史观可能会在歧路上被越拖越远，日本这个国家也会越来越成为破坏国际和平的重大隐患。关于第二点，菅义伟可能忘了侵略屠杀是人类的公敌，是应该受到国际社会和全世界人民共同谴责的罪恶行为，绝不只是加害国和受害国两国之间的事情。作为日本内阁的高官，这种基本常识不可能不懂，只能让人理解为这种发言中隐藏着其他的不可告人的政治和外交目的。

日本人否认侵略史实的内在原因和驱动力在于其独特的生死观。如前所述，对于先人所犯的罪行，能掩盖就掩盖，能不提及就不提及，哪怕不能为其歌功颂德，也不想揭其伤疤。因此，寄希望于日本人主动深刻反省战争的罪恶是不可能的。由于日本文化属于典型的耻感文化，耻感文化的特征之一是对外界的压力反应敏感，压力越大，日本人反省的可能性就越大，因此可以从这个角度出发来考虑处理中日关系中的战争遗留问题。

另外，由于日本人相信人死后会成神或佛，生前的罪恶也应该随着死亡的来临不再追究，因此即便明知靖国神社里供奉着臭名昭著的甲级战犯，也知道参拜问题是中日、韩日等双边关系恶化的主要症结之一，但是许多日本人仍然对这些战犯表现出了异常宽大的态度。他们并没有意识到，或者是虽然意识到却不肯承认这种态度实际上是对旧军国主义的纵容，在其尊死的生死观下，不愿从内心里对于先人犯下的滔天罪恶进行深刻的反省和忏悔。如果说普通民众的参拜只是代表了其个人的生死观和对待战争的态度而无法过多干涉的话，那么政客由于其特殊的身份就应该杜绝参拜，不能把个人的生死观带到国际关系和外交中来。然而让人遗憾的是，自从甲级战犯的牌位被移入靖国神社后，日本政客的参拜就没有间断过，而放眼世界政坛，日本政客的这种行为也是绝无仅有的。在德国，人们不敢想象政治人物公开向祭有法西斯分子的灵位进行参拜会有什么后果，恐怕不必等到犹太民族的声讨就已经被法律制裁或遭到普通民众的唾弃而自绝后路了，然而在日本，这种公开参拜已经延续了几十年，虽然遭到了以我国、韩国为代表的二战受害国家的严厉谴责和严重抗议，然而这些人依然我行我素，以一种不可理喻的顽固一次次触痛着善良人士的神经。以小泉纯一郎参拜靖国神社为例，虽然国际上和日本国内的和平势力对其施加了巨大的压力，但是小泉一意孤行，为了迎合国内强大的右翼势力，执政五年多竟然六次“拜鬼”，严重伤害了战争受害国人民的感情，使参拜问题成为严重的外交事件。除小泉之外，日本的多任首相在任期间都选择了参拜。据中华网发布的相关统计显示，日本战后共有13任首相“拜鬼”，其具体情况如下：

（1）吉田茂，1951年首次参拜，共5次

（2）岸信介，1957年首次参拜，共2次

（3）池田勇人，1960年首次参拜，共5次

（4）佐藤荣作，1965年首次参拜，共11次

（5）田中角荣，1972年首次参拜，共5次

（6）三木武夫，1975年首次参拜，共3次

（7）福田赳夫，1977年首次参拜，共4次

（8）大平正芳，1979年首次参拜，共3次

（9）铃木善幸，1980年首次参拜，共9次

（10）中曾根康弘，1983年首次参拜，共10次

（11）桥本龙太郎，1996年首次参拜，共1次

（12）小泉纯一郎，2001年首次参拜，共6次

（13）安倍晋三，2013年首次参拜，共1次[①]

这些日本首相的参拜行为在当时都带动了一大批国会议员随从参拜，为否认侵略历史言论的甚嚣尘上、右倾思想的进一步显现以及军国主义思潮的死灰复燃起到了助推的作用。同时，我们不得不看到，日本人尊死的生死观在其中确实发挥了巨大的作用，正因为内心深处有这样的生死观存在，日本的政客一年一年地延续着他们自认为是“天经地义”的参拜行为，并且这种生死观在其内心中也超越了基本的良知和人性，超越了善恶是非的标准，成为他们继续一意孤行地实施触犯人类良知行为的思想原动力之一。

二、崇死

所谓崇死，简而言之就是对于死亡怀有一种崇敬或者说是崇尚之情的意思。日本人受佛教等的影响，认为“死是生的另外一种形式的延续”，在这种生死观的作用下，日本人对于死并不是持有恐惧的态度，

---

① 以上数据来源于中华网的相关统计．http://news.china.com/focus/anbei/

反而是一种非常微妙的心态。在现实中如果不如意的话，还有另外一个世界可以供自己选择，现世中没能实现的愿望在另外一个世界中有可能得到实现。因此，对于死亡没有恐怖之心是其生死观的根本之一。在不畏惧死的基础上，日本人继而产生了崇尚死亡的心理。而在这种心理的形成过程中，日本的武士阶层起到了决定性的作用。武士阶层是日本历史发展过程中出现的特殊阶层，是依靠主君俸禄过活的一个群体。中国人常说“食人俸禄，为人分忧”，作为一种基本的道义准则，这种思想在当时的日本社会中也是共通的。为了更好地履行这种道义，“忠诚”一词的重要性被无限放大，忠于主君，为了保全主君随时献出自己的生命在当时被奉为武士阶层的美德和义务。武士阶层遵循的道德为武士道，武士道强调的核心是“死的觉悟”和“死的美丽”。所谓“死的觉悟”，是指看透生死，时刻做好赴死的心理准备，在生与死的紧要关头毫不犹豫地选择死亡。而“死的美丽”是指对于日本武士而言，死亡正如樱花一夜之间凋零那样，意味着瞬间发生的无上的美丽，是武士精神和人格的高度升华。死的方式有很多种，其中剖腹自杀被认为是最痛苦的死法，另外也有一说认为古时的日本人相信人的灵魂寄附于腹部，剖腹自杀可以将自己的灵魂和内心展示于人。不管怎样，日本武士认为通过剖腹自杀的方式可以使自己的精神得到最大限度的升华，这也是直至近代日本仍然有些人执著痴迷于剖腹自杀的主要原因。

总而言之，武士道精神在日本产生了巨大的影响，时至今日，依然在社会生活的各个层面都有体现。正如新渡户稻造说过的那样“即使具有最进步思想的日本人，如果在他的皮肤上划上一道伤痕的话，伤痕下就会出现一个武士的影子”[①]。正因为武士道精神在日本民族心理中

① [日]新渡户稻造.《武士道》. 北京：商务印书馆，2001：104.

的崇高地位，其强调的“死的觉悟”和“死的美丽”也深深地影响了日本人对于死的认识，使日本人逐渐形成了崇死的生死观。日本的这种崇死的生死观与西方的基督哲学是截然不同的，基督哲学认为自杀是一种罪恶，而许多日本人却笃信自杀是对于美的无上升华。在日语中关于“死”的说法非常多，据统计有60多种，其中直至现在还会经常在媒体报道中见到的至少有十几种之多，如“自殺、自絶、自滅、心中、自爆、投身、飛び降り、服毒、焼身、殉死、情死、首吊り”等，这也是日本人崇死生死观的强有力的佐证之一。在这种生死观的影响下，自杀成为日本社会现象的代名词之一，“据日本新华侨报网2012年1月20日报道，截止到2011年，日本人‘每天平均85人自杀，连续14年超过3万人’”[①]。不能否认日本人自杀的原因有很多，譬如家庭纠纷、工作超负荷或不如意等，但究根结底是扎根在日本人思想深层的对于死亡的不畏惧和崇尚心理为主要特征的生死观发挥了主要的作用。

日本人崇死的生死观对于日本的近现代外交产生了巨大的影响。

首先，崇死的生死观成为日本近代对外侵略扩张的有力思想武器之一。由于崇死的生死观受武士道精神的影响最大，因此在崇尚死亡的基础上，武士的其他道德和习性也被吸收到了这种生死观中，例如对于主君的超越理性、不辨是非的愚忠，冷漠嗜杀，穷兵黩武等。正因为看到崇死生死观的巨大力量，在近代发动的对外侵略战争中，日本军国主义分子大肆散布为天皇进行圣战虽死犹荣的言论，进一步激发日本士兵崇尚死亡的民族心理，培养视战死为美德的战争观。在这种极度扭曲和极端的生死观的影响下，日本的普通士兵多在战争中丧失了理性和人性，冷漠无情，脑子里充斥了“效忠、玉碎”等思想，成为了军国主义

① “日本自杀率为何再次‘雄冠全球’”. http://www.jnocnews.jp/news/show.aspx?id=51761

操控下的杀人武器。另外不仅普通士兵如此，日军的高级将领中崇尚死亡、对天皇愚忠的也大有人在，在此略举一二。例如，乃木希典在日本近代战争史上是以“肉弹战术”而著称的愚忠之将，日俄战争中的攻占旅顺口战役是其代表之战。乃木希典是日本武士道精神的忠实信者，视为天皇殉死为最高的美德。在这种思想和邀功心理的作用下，他对于普通士兵的生死自然毫不吝惜，在与俄军进行的旅顺口一战中，不惜采用人海战术，并且组织敢死队冲锋，非但没能迫降俄军，反而使日军阵亡5万余人。后来虽然在其他人的实际指挥下日军攻占了旅顺口，但是乃木希典面对无数尸骸和两个儿子阵亡的现实，终于开始有所醒悟，日俄战争结束归国后欲以死谢罪，不过被当时的明治天皇阻拦。1912年明治天皇病逝下葬后，乃木与其妻双双自杀以殉天皇。而在二战后期及日本宣布战败后，选择剖腹、服毒等方式结束自己生命的原日军高级将领更是人数众多，例如原陆军大将阿南惟几、原首相近卫文麿、原参谋总长杉山元、原海军中将大西泷治郎、原关东军司令本庄繁等。在这些人的眼中，个人的生命只是为天皇效忠的工具，一旦日本战败、天皇宣布投降，那么生命也就走到了尽头，应该用自绝的方式来表达自己最后的忠心。总而言之，崇死的生死观在日本近代的对外侵略扩张中发挥了重要的作用，在军国主义分子的利用和操纵下，它和皇国史观等愚民思想一同使旧日本军中上至高级将领、下至普通士兵的思想完全麻醉，失去了分辨是非善恶的能力，陷入了愚忠的深渊，给日本的近代外交带来了巨大的消极影响。

其次，崇死的生死观在日本的现代外交中也有一定的体现。日语中有个词叫“必死”，意思是“死命、拼死”，也有解释为“以死的觉悟来竭尽全力”的，现在多用于表达自己“拼命努力”的决心。从语源上来看不难发现这种说法实际上与日本人崇死的生死观有相当大的联系，笔者认为这种说法中隐藏着两层含义，第一，不畏惧死；第二，拼尽全力的话即便没能成功，也不应担责。“必死”这个词汇不仅仅在社会生活中，在日本的外交措词或外交描述中也被广泛应用。如曾任日本外务省欧亚局长、日本政府特别顾问的西村六善在谈到对于外交的认识时曾经说过“发挥外交官个人的力量，或者是个人的使命感，个人必死（竭尽全力）的想法、信念等也是非常重要的”，另如原外交官东乡和彦曾说过“因为如果外交失败军队就会出动，所以外交官是必死（竭尽所能）的”，其他例如“必死的信念”“必死的努力”等说法在日本的外交领域中不胜枚举。“必死”这个词汇确实是日本人崇死生死观的体现，但实际上在许多时候却被日本高官用于在外交事务上推卸责任。反正我以“必死的信念”进行了努力，那么即便没能获得成功，也只能说明超出了我的能力范围，因此不应该受责罚，或许以上这种想法隐藏在某些日本人的内心深处。正因为潜意识中有这种想法，才会着重强调“必死”，这是不是可以看做一种欲盖弥彰的做法呢？仁者见仁，智者见智吧。

总而言之，崇死的生死观可以说在日本的近现代外交中发挥了很大的作用，并且主要体现为消极的方面，特别是在战前和战时被日本军国主义利用成为发动罪恶的对外侵略战争的思想源泉之一。

第三节　中日外交文化中生死观的比较

一、主要相同点

在文化层面上日本和我国有很多的相似之处，例如同属儒家文化圈、同时受佛教文化的巨大影响等，因此在生死观方面也有一定的共通点。略举几点如下。

1. 我国传统的生死观之一是“重生”，日本人的生死观之一则表现为“惜生”。我国的“重生”观在本章第一节中已有阐述，在此不再赘言。而之所以说日本人“惜生”，根本原因在于其强烈的无常观念。众所周知，日本是群岛之国，自古以来地震、台风等自然灾害频发，特别是在防御能力低下的古代，日本人往往会在灾害中瞬间失去自己的生命，这样在对自然产生敬畏感的同时，也养成了人生无常的意识，而这种意识多伴随着深深的无奈感。正因为人生不易，所以多数日本人也就慢慢养成了“惜生”的观念。虽然“重生”与“惜生”二者不完全相同，但是在本质上是一致的，即都认为生命来之不易。这一点在各自的外交上也有充分的体现，如两国均以外务部门和驻外使、领馆为核心建立起了应急机制，在灾害预警、安全通告等方面都能够尽职尽责，利用各种渠道在第一时间将信息发布到身处海外的以及将要出境的公民那里，当自国公民在海外遇到自然灾害或暴力恐怖事件等一些不可预知的危险时，都能够迅速启动应急机制，保证在第一时间展开人道主义救援、及时保障公民权益。当然，客观地讲，大多数国家都能够做到这一点，不过是效率有差异而已。

2. 我国在佛教的影响下有“生死轮回”观，认为人并不是一死百了，死是新一轮生的开始，在此以及其他因素的影响下中国人有不惧死的生死观，对我国外交产生了一定的影响。而日本人相信“死是生的另一种延续”，如日语中有“他界”这种关于死或者是阴间的代名词，认为逝者只是去了另外一个世界而已，而这个世界，即“他界”和现实的世界冥冥中存在着某种联系，逝者是有灵魂的，并且可能会以另外一种形式继续存在着，因此在日本的葬礼上很少看到死者家人号啕大哭的场面。这种生死观是日本人崇死情节的主要根源之一，对于日本外交也产生了重要的影响。

二、主要不同点

在对于“死”的看法中，中国人素有不惧死的生死观，并且重要的是以“义”字为前提，强调的是如果为了大义而牺牲自己生命的话，那么死就是有价值的，是不足以为惧的。日本人有崇死的生死观，既然崇尚死亡，自然不会畏惧死亡，也就是说不惧死，之所以日本人不惧死，主要是由于两点：一是日本人相信死是生的延续，或者说人死后会以另外一种形式存在，因此从宿命论的观点来看，死并不是多么可怕的一件事情；二是日本人深受武士道精神的影响也提倡所谓的“义”字，如果为了“义”而献身的话，那么这种死就是美丽的，是值得后人称颂的。然而，我们在比较两国人所看重的“义”字时会发现其内涵虽然也有相似之处，但大体上主要体现为相异性，最明显的是对于国家大义的理解不同。如在抗日战争中，我国的广大军民抛头颅、洒热血，一切都是为了大义，而这种大义显然是指抗击侵略，维护国家和民族独立；而反观日本士兵在战争中也声称是为了大义，但我们知道这种所谓的大义的本质是实施侵略，妄图实现殖民统治。两国的这种生死观在各自的外交上也有所体现，新中国成立后我国一直奉行和平的外交策略，强调睦邻友好，主张维护世界和平，在同他国发生争端时我们奉行有理有据的原则，不欺负弱国，也绝不向强国低头，关于这一点，习近平主席提出了“我们不惹事，但也不怕事”的外交理念，做出了完美的诠释。“不惹事”是说我们奉行和平的外交理念，不主动挑起事端，“不怕事”是说我们不惧怕任何形式的威胁和挑衅，可以说这是不惧死生死观的直接体现。而这种生死观体现在日本外交上主要是在战争方面，日本士兵深受武士道精神和皇国史观等的影响在战场上表现为一种对天皇的绝对忠诚，视自己的生命如草芥，主要目的是为了维护所谓的“大业”，而这种“大业”是日本军国主义分子炮制的实现殖民侵略亚洲的计划。

另外，中国人受佛教影响素来相信生死有轮回，认为善有善报恶有恶报，因此“乐善好施”是中华民族的主要特点之一，并且多希望自己能够流芳百世，这种生死观投射在外交上主要体现为对外援助以及行事理性。我国的对外援助和欧美、日本等国的对外援助还是有较大区别的，一是我们以不附加任何条件为原则，二是我们能够在自己非常困难的时期向一些国家伸出援手，而这一点是很多国家做不到的。另外，我国在处理国际事务时非常理性，会充分地考虑后果，并在坚持原则的前提下尽可能地顾及到别国的感受。而日本虽然也深受佛教影响，但日本人更重视现世，认为现世活得精彩才是人生的目标，至于死后别人如何评价对自己并没有多大的影响，这种生死观在其外交上体现为行事缺乏理性，常常不顾及他国的感受。这些年来日本在历史认识问题上的种种表现已经证明了这一点，一次又一次地伤害了战争受害国家人民的感情。众所周知日本政坛更迭频繁，政客在出了风头惹下事端之后大可引咎辞职来推卸责任，而这种传统又使得日本外交缺乏理性的特点不断持续下去。

第十章　中日文化外交简述

一般而言，外交文化和文化外交属于一个问题的两个方面，研究的对象都包括外交和文化，不过视角和落脚点有所不同。前者是通过外交的视角来研究文化，落脚点在文化上，属于文化研究的范畴；而后者是通过文化的视角来研究外交，落脚点在外交上，属于外交研究的范畴。从这个意义上来看，二者的研究处在一种相互促进、相辅相成的关系中，因此有必要单独设立一个章节对于中日文化外交进行相应的研究，不过，由于这是一个很大的命题，因此在本章中不可能做到面面俱到，只能提纲挈领地对该命题进行简述。

第一节　对于文化外交的认识

近年来，随着文化重要性的日益提升，从文化的视角研究外交逐渐成为国际关系和外交研究领域的主流之一，“文化外交”一词出现的频率越来越高，已经有越来越多的学者加入到了研究的行列中，对于文化外交也提出了许多研究视角并且开展了大量卓有成效的研究工作。而在这其中，文化外交的概念显然是研究的最为核心的命题之一。

对于文化外交的概念，国内外的一些学者给出了自己的认识，但是严格地说迄今为止还没有出现非常权威的定义，当然这也有一定的客观原因存在，一是因为文化外交相对而言属于较新的概念，研究基础相对薄弱；二是由于文化外交概念中包含两大要素，即“文化”和“外交”，虽然这两大要素的研究历史都非常久远，所下定义的数量可谓不少，然而让人遗憾的是至今尚没有世界公认的权威定义出现，只存在相对权威的定义，且各持己见的现象严重。不过，一般而言从狭义和广义的角度来定义一个概念的方法似乎在学术界已经得到了公认，文化外交自然也是如此。

关于狭义的文化外交定义，国内外一些学者提出的见解即属于这一类。例如美国外交学者拉夫尔·特纳早在上世纪40年代就提出了“文化外交”的概念，他认为“文化外交”是“由一国政府所从事的、带有浓厚的政治色彩的对外文化交流行为”①。英国的J. M. 米切尔认为“一国政府所从事的对外文化关系即是文化外交”②。我国学者李智认为“文化外交”是“主权国家以维护本国文化利益及实现国家对外文化战略目标为目的，在一定对外文化政策指导下，借助文化手段来进行的外交活动”③。可以看出，狭义的文化外交概念有一个突出的共通点，即都强调文化外交的实施主体为一国政府。这些学者认为只有在政府主导下的对外文化交流才可以称之为文化外交，否则只能称之为一般的或民间的文化交流。

关于广义的文化外交定义，国内外也有一些学者给出了自己的见解。同狭义的文化外交概念的最大不同在于实施主体。例如有日本学者认为“所谓文化外交，是指国家、民间团体等努力使该国的文化、艺术、语言、思想等在国外得到普及，扩大文化影响力，发挥威信的对外政策”④。“美国霍普金斯大学的卡明斯教授也认为，文化外交是指国家及其人民之间的观念、信息、艺术以及文化的其他方面的交流，以加强相互之间的理解。”⑤可以明显看出，以上列出的广义文化外交概念中的实施主体并非仅限于主权国家及其政府，而是扩大了范围，将国际

---

① 转引自李智.《文化外交——一种传播学的解读》. 北京：北京大学出版社，2005：1.

② J.M.Mitchell, International Cultural Relations, London: George Allen&Unwin Ltd, 1986,P.3.

③ 李智.《文化外交——一种传播学的解读》. 北京：北京大学出版社，2005：25.

④ [日]三浦信孝，西山教行.『現代フランス社会を知るための62章』. 東京：明石書店，2010：352.

⑤ 转引自缪开金.《中国文化外交研究》. 中共中央党校博士论文，2006：24.

组织、民间团体、个人都纳入其中。

一般而言，可以将外交理解为包括了政治外交、经济外交、军事外交、文化外交、环境外交、科技外交等在内的国家行为主体，即政府主导的对外交往行为。而近年来，随着国际关系中非国家行为主体作用的提升，外交的实施主体也逐渐地扩大，除了政府之外，还包括了国际组织、民间团体甚至个人。因此从这个角度来看，广义的文化外交定义或许更符合国际关系发展的现状。不过同时又出现了另外一个问题，即广义文化外交的概念非常近似于文化交流的概念。为什么这样说呢，让我们先来看一下文化交流的概念。不过首先需要声明的是“关于文化交流的定义似乎也没有定论，不过强调文化源头相异性的观点在学界基本上已经得到了公认”①。日本著名文化学者平野健一郎认为“拥有不同文化的人的集合之间的文化要素的交流即文化交流”②。两者相比较的话，我们会发现文化交流和广义的文化外交的概念相仿度极高，首先从实施主体来看，都是指包括国家和民间团体等在内的人的集合；其次从实施内容来看，都是指文化等要素的普及和交流。当然，高度近似并不是等同，二者之间还是有一定区别的。笔者认为如果强调相异文化源头之间的交流的话，文化交流的对象就不应该只限于外国人，也应该包括国内不同文化源的人群，而文化外交的对象应该主要指国外的人或人的集合。不过，即便有这样的区别，我们不得不说文化交流和广义文化外交的概念很容易混淆。而就文化外交和文化交流的区别，国内也有学者提出了自己的见解，例如“尽管文化外交源于文化交流，但是并不等同于文化交流。无论是外延还是内涵上讲，文化外交比文化交流的范围要

---

① 参见笔者刊于日本期刊上的论文。「企業経営における文化外交に関する研究－中国SUNINGの事例分析を踏まえて」.『桜美林経営研究』.2013（年刊）：76.

② [日]平野健一郎.『国際文化交流の政治経済学』.東京：勁草書房，1999：ii.

小。文化交流的主体非常广泛，可以是官方政府，也可以是基金会、学术团体、宗教机构、商业机构等民间组织，甚至可以是私人组织或个人。而文化外交的主体通常是一国的政府及其履行政府职能的社会组织，即一国政府所从事的对外文化交流，着重突出政府在对外文化关系中所起的作用。文化外交既可以作为实现国家战略的重要手段，客观上也可以促进国家之间的文化交流。民间文化交流可以充当文化外交的载体，以落实政府的外交政策。从目的来看，文化外交中政治目的是第一位的，而文化交流则以发展和传播文化为第一要务”①。应该说这种见解非常具有代表性，分析较为透彻，但其中的文化外交显然指的是狭义文化外交，并没有涉及广义文化外交的概念，因此不得不说有一定的局限性。

综上所述，笔者认为对于文化外交的概念还是应该从狭义和广义的角度来认识，而其中的广义文化外交的概念要注意同文化交流概念区别开来。基于此，如果从狭义上来理解文化外交的话，是指一国政府实施的对外文化交流行为；而从广义上来理解的话，是指一国政府以及包括国际组织、民间团体、跨国企业、个人等非政府行为主体实施的以弘扬本国文化、扩大本国文化的国际影响力、维护本国文化安全等为主要目的的带有一定政治色彩的对外文化交流行为。

第二节　中日文化外交

一般认为中日两国之间有两千多年的文化交流历史，而从交流的方向性这个视角来看的话大致可以将中日文化交流史划分为三个时期：一是日本明治维新之前的历史，在这段历史中两国的文化交流主要体现为日本单方面的学习和模仿；二是日本明治维新后到第二次世界大战，在

① 缪开金.《中国文化外交研究》. 中共中央党校博士论文，2006：24.

这段历史中两国的文化交流主要体现为我国的进步人士通过留学、翻译等方式单方面学习日本的资产阶级思想；三是新中国成立以来两国之间互有文化交流，且在某些时期内相对频繁。作为文化传播的途径之一，文化外交强调双向性交流，单向性的学习和模仿严格地来说不应纳入文化外交的范畴，因此上述三个历史阶段中，只有第三种才属于两国之间的文化外交。

而基于文化外交概念中官方色彩的不可或缺性，国内外许多学者认为日本的对华文化外交肇始于20世纪70年代初，确切地讲是1972年9月29日《中华人民共和国和日本国政府联合声明》的签署，即中日两国实现邦交正常化。不过笔者认为，从广义的角度来考察的话，新中国成立后至70年代初日本的对华交流虽然多属于民间性质，但也有相当一部分具备了半官方的特点或者说是有着明显的政治色彩，因此也可以划入文化外交的范畴。

中日两国之间在新中国成立之后多次签署民间或官方的文化外交方面的协定，极大促进了两国之间的文化外交。1955年11月27日中国人民对外文化协会同日本“拥护宪法国民联合会”代表团在北京签署了《关于中日两国文化交流的协定》，这是战后中日之间签署的第一份民间文化交流协定。1959年6月8日，中国人民对外文化协会同日中文化交流协会、日中友协代表团签署了《关于中日两国人民间文化交流的联合声明》；1962年10月9日中国人民对外文化协会和日中文化交流协会签署了《关于中日两国民间文化交流的共同声明》；1966年7月5日中国人民对外文化协会和日中文化交流协会发表了《关于中日两国文化交流的共同声明》。以上这几份协定都是民间签署的，不过由于其具备明显的政治色彩，因此一般也可以归于文化外交文件的范畴。在这些协定的作用下，中日两国民间文化外交取得了蓬勃发展。“据不完全统计，从战后到中日邦交正常化前，中国共接待日本文化交流代表团257个，派出文化交流访日代表团52个，举办大型中日文化交流活动30次，日本举办大型日中文化交流活动29次，其中包括文艺、学术、体育、宗教、展览、演出等诸多领域。”[①]自1972年中日实现邦交正常化以来，两国文化外交在某些时期内开展非常频繁，期间也签署了新的文化外交相关协定。1979年12月6日我国政府代表时任文化部部长黄镇和日本政府代表时任外相大来佐五郎在北京签署了《中华人民共和国政府和日本国政府为促进文化交流的协定》，其官方色彩非常明显。1984年1月31日在北京签署的《中日文化无偿合作协定》、2008年5月7日我国时任文化部副部长孟晓驷与日本时任外相高村正彦在东京签署的《中华人民共和国政府和日本国政府关于互设文化中心的协定》等也属于官方文件。

总而言之，新中国成立以来，中日两国之间的文化外交经历了从民间到官民并举的发展阶段，期间主要受到政治和意识形态等其他因素的影响，可谓是一波三折，既有“蜜月期”，也有几近中断的时期。接下来，拟分不同的类别对两国的文化外交分别进行阐述，不过，由于本书的研究对象国主要是中国和日本，为了更加突出主题，因此拟在本章中将中日文化外交的研究聚焦于三点：其一、中国的对日文化外交；其二、日本的对华文化外交；其三、中日双向文化外交，而两国对于其他国家的文化外交不属于本书的研究范围。

一、中国的对日文化外交

我国的对日文化外交是从新中国成立后开始的。在1972年中日实现邦交正常化之前主要体现为民间文化外交，但是其中有相当一部分具备

---

① 田培良.“文化外交对中日邦交正常化的作用”.《公共外交季刊》.2011夏季号（6）：145.

了半官方性质或者是有一定的政治色彩，邦交正常化之后则体现为官方和民间协同进行的特点，涉及的领域广泛，包括艺术、体育、舞蹈、绘画、书法、戏剧、文物、语言等，在此择其代表简要论之。

1. 兰花外交

“兰花外交”开展的时期是20世纪60年代，当时中日两国尚未建立官方交流的渠道，不过两国的一些有识之士为了促进相互之间的友好往来做了大量的努力，“兰花外交”就是其中的代表之一。“兰花外交”开展之前，虽然由于政治原因一度造成了两国贸易的全面暂停，但是在中日两国相关人士开展的“围棋外交”等不懈努力下，僵局逐渐被打破，1962年11月9日我国时任中央对外联络部副部长的廖承志和日本前通产大臣高碕达之助在北京签署了关于发展中日两国民间贸易的备忘录，简称LT贸易备忘录。同年12月27日中国国际贸易促进委员会同日中贸易促进会等贸易三团体签订了友好贸易协定。不过，虽然中日两国签署了贸易备忘录，但在落实方面困难重重，主要体现在日本政府在面向我国的维尼纶生产成套设备的出口以及延期付款方式的批准问题上举棋不定。在这种背景下，“兰花外交”被推上了历史舞台。

在日本著名政治家、同时也是兰花爱好者的松村谦三的提议和周恩来总理的直接指示下，我国于1963年派出了兰花代表团访日。代表团完成交流任务后大部分团员回国，而孙平化、王晓云和王效贤三人按照预先的安排留在了日本与日本政府高层进行了秘密商谈，重点是包括维尼纶生产设备进口在内的中日贸易问题的相关磋商。在多方努力下，1963年6月29日，中日双方在北京签署了我国进口维尼纶生产整套设备的合同，标志着“兰花外交”取得了重大的成功。虽然“兰花外交”的主要目的是打开中日两国贸易往来的困局，看似应当归于经济外交的范畴，但是由于自古以来文人墨客所钟爱的兰花的存在，所以笔者认为其是典型的文化外交案例。这次文化外交活动为中日两国顺利实现邦交正常化做出了不可磨灭的贡献，在两国民间文化外交史上占据了重要的地位。

2. 京剧外交

众所周知，京剧是我国的国粹，一招一式中蕴含着深厚的历史文化底蕴。京剧表演不但可以展示其独特的魅力，亦可以弘扬我国文化。在当代中日交流史上，京剧确实也成为我国对日文化外交的重要手段之一，而其中有一位大师不得不提，那就是享誉海外的我国著名京剧表演艺术家梅兰芳。梅兰芳出生于京剧世家，自幼拜在吴菱仙等名师门下学习青衣等表演艺术，日后成为我国四大名旦之首，其扮相端丽惊艳，唱功扎实，表演出神入化，让人过目不忘。在其成名之后，曾多次应邀出访国外表演，为京剧艺术的海外传播做出了卓越的贡献。其中，他曾于1919年、1924年和1956年三次率团出访日本表演交流。前两次的出访在一定程度上提高了京剧在日本的知名度，加深了日本人民对于我国传统文化的理解，也受到了当地媒体的关注，例如在第一次出访中，有日本媒体评论："梅最精彩的地方就是他扮演的天女踏上缥缈的云路时的舞姿，真是举世无双"[①]。而第三次出访与前两次有较大差别，主要体现在这是新中国成立后首次大规模的京剧代表团访日，有86人之多，历时两个多月遍访了日本主要的大中城市，表演了《将相和》《贵妃醉酒》等最具代表性的京剧传统曲目，充分展示了京剧的独特魅力，在日本一时形成了轰动性的效果，日本的部分皇室以及政府高官的家人也观看了表演并给予了极高的评价，而且这次出访是在周总理的指示和斡旋下成行的，具备了半官方的性质，对于当时中日关系的改善起到了积极的作用。

---

① 李仲明."梅兰芳 把京剧推向国际舞台".《人民日报》.2008年12月30日，第15版.

1978年中日两国在北京签署《中日和平友好条约》之后，我国京剧代表团赴日演出活动更加频繁，特别是在80年代上半期就有过几次具有代表性的访日演出，例如北京京剧院、山东京剧院等都曾赴日表演交流。2001年9月，梅兰芳之子梅葆玖在父亲逝世40周年之际率领梅兰芳京剧团赴日演出，近一周的时间内在日本东京国立剧场演出7场，受到了普通日本民众的喜爱和关注。京剧外交使得京剧成为中国的代名词之一，许多日本人在观看过京剧表演后都表示印象深刻，直至今日，京剧脸谱依然是中国人馈赠海外友人的小礼物的最佳选择之一。

3. 文物外交

我国有着五千多年的灿烂的古代文明，是四大文明古国之一，并且一直以来是东亚朝奉体系的中心，是周边国家膜拜学习的对象。正是由于有这样的历史存在，日本一直以来对我国的文物古迹趋之若鹜，许多日本人来我国旅游，上海、广州、深圳等发达地区并不是他们的首选，北京、西安、洛阳等历史文化悠久的城市才是他们的主要目标，故宫、长城、兵马俑等在他们眼中充满了神秘的色彩，散发着无限的魅力。

文物可以展示中华民族悠久的历史和丰富的底蕴，让外国人进一步了解和向往中国文化，也可以在很大程度上激发爱国心和民族自豪感，正是因为看到这些，我国在1978年改革开放之后正式将境外文物展览作为文化外交的重要一环看待并积极实施。在《中日和平友好条约》签署之后，为了推动中日友好的发展，我国政府相关部门开始积极地运作将珍藏在各地的珍宝运到日本展览，最初这些文物展多是我国政府主导的无偿行为，后来出于产业化的考虑，日本的相关部门开始策划并尝试中国文物展的商业化模式，主动联系我国的相关部门和各地博物馆，采用“借展”的方式把我国的文物租赁到日本并在各地展览，主办方在扩大了社会影响的同时，还依靠门票等收入获取一定的经济效益，到现在这种模式已经相当成熟。不过不管运行模式如何转变，文物展作为我国文化外交的一环在日本获得了巨大成功这一点是毫无疑问的，从日本民众参观展览的人数上也可以略见一斑，例如从1983年10月份开始的某次日本巡展历时八个多月，展出的文物是我国著名的兵马俑珍品，据日本相关部门统计，有200多万人次参观了这次展览；另如2008年5月份开始的“大三国志展”在日本一经推出就立刻受到了普通民众的热捧，据统计截止到2009年3月份参观人数已经过百万。纵观这些文物展我们会发现一些突出的特点，首先展出的都是我国国宝级的文物，体现着历史与文化的积淀，兵马俑显然是我国古代文明最具代表性的文物之一，其神秘的色彩和背后的历史故事让人感慨万千；其次文物展也会结合日本社会文化的特点进行精心的选择，比如说去过日本的人都知道《三国志》在日本受追捧的程度，不但许多日本人对其中的典故耳熟能详、如数家珍，而且还被开发为游戏等，受到日本民众的喜爱，因此在这种背景下展出与我国三国时代相关的能够重现当时历史风貌的珍贵文物，自然会受到日本人特别是三国迷的热捧。

改革开放以来的文物外交让日本的普通民众进一步领略了伟大中华民族灿烂的古代文明和中国人的高超智慧，在他们心生敬仰之意的同时也加深了对中国以及中国人的认识和理解，而这种认识和理解对于中日关系的改善而言无疑会起到积极的作用。

4. 汉语外交

语言是文化的载体，因此笔者认为语言外交是文化外交中非常重要的一环，从这个角度来看，汉语外交在我国对日文化外交中的分量不言而喻。

众所周知，现代日语中有大量的汉字存在，虽然使用的是繁体字，并且有些汉字的含义同汉语原本的意思大相径庭，但是总体上来说，在一段日语中仅仅通过其中的汉字就能够大致串联起整段话意思的这种情况也是会出现的，所以国内往往会有人认为对于日本人而言汉语是比较容易学的，特别是由于日语中大量汉字的存在，所谓的汉语外交也不会有太大意义。出现这种观点不足为奇，毕竟大多数国人没有专业学习过日语，对于汉语和日语差异的了解也只是限于“假名”等皮毛而已。实际上单就汉字而言，汉语和日语中就存在“字同意同”“字同意不同”“字异意同”等多种情况，并且发音体系更是大相径庭，因此许多日本人学习汉语时并没有感觉到因为日语中有汉字而事半功倍，相反往往苦于纠正自己的思维惯性，另外对于汉语的“四声”发音体系的掌握也不比欧美等其他国家人容易。从这个角度来看，对于日本的汉语外交和对于其他国家的汉语外交并无二异，都是传播扩大汉语魅力，提高中华文化影响力的必要环节之一。而提到汉语外交，即由我国政府主导下的相关机构、组织和个人进行的对外汉语推广活动的话，就不得不想到孔子学院和孔子课堂。近年来孔子学院和孔子课堂在世界上掀起了学习、了解汉语和中华文化的热潮，是我国主推的文化外交形式之一。

孔子学院的领导机构是隶属于我国教育部的国家汉办，是中外合作建立的非营利性教育机构，主要目的是对外推广汉语教育和中华文化，发展对外友好关系，增进中外间的互信，让外国人有一个学习汉语和了解中国的具有官方性质的平台。世界上第一家孔子学院于2004年10月25日签署协议，同年11月24日启动运行，地点在韩国首尔，名称为首尔孔子学院。截至2013年年底，我们在120个国家（地区）共建立了440所孔子学院和646个孔子课堂，发展势头良好。

据国家汉办网站的相关信息显示，从2005年10月1日第一所孔子学院在日本启动运行开始截至2012年底，在日本共设置了13所孔子学院和7个孔子课堂。这13所学院按照成立的先后顺序依次为立命馆孔子学院、樱美林大学孔子学院、北陆大学孔子学院、爱知大学孔子学院、立命馆亚洲太平洋大学孔子学院、札幌大学孔子学院、早稻田大学孔子学院、冈山商科大学孔子学院、大阪产业大学孔子学院、福山大学孔子学院、工学院大学孔子学院、关西外国语大学孔子学院、学校法人兵库医科大学中医药孔子学院。7个孔子课堂按照设置的先后顺序依次为立命馆孔子学院东京学堂、樱美林大学孔子学院高岛学堂、神户东洋医疗学院孔子课堂、长野县日中友好协会广播孔子课堂、立命馆孔子学院大阪学堂、福山银河孔子课堂、早稻田大学附属高中孔子课堂。这些孔子学院的合作院校在我国国内或者是著名的综合性大学或者是各领域的佼佼者，如北京大学、同济大学、北京语言大学、南开大学、广东外语外贸大学、浙江大学、大连外国语大学、上海外国语大学、对外经贸大学、上海师范大学、北京航空航天大学、北京中医药大学，能够较好地保证合作的质量。在日本设立的孔子学院的主要业务包括：以日本人为主要目标群体的汉语教学；汉语教师的培训和汉语教师资格的相关认证工作；举行汉语考试（汉语水平考试HSK、中小学生汉语考试YCT、商务汉语考试BCT等）；提供汉语学习和了解中华文化的资源；开展多种形式的中日语言文化交流活动等。在这些方针的指导下，日本各地的孔子学院和孔子课堂充分利用自身的优势和特点，紧密结合当地的实际情况开展了一系列颇有特点的活动，在课程设置方面注重理论和实际的结合，授课效率非常高，大大激发了日本人学习汉语和深入了解中华文化的热情。略举几例，如立命馆孔子学院在2010年主办了“周恩来与日本和京都”为主题的图片展，将这位曾经留学过日本的中国伟人在中日友好和交流方面的伟绩用120多幅图片展示了出来，内容生动翔实，在日本各界引起了广泛的关注；再如樱美林大学孔子学院在课程设置上有着鲜明的特点，设有“汉语特别课程”，招生对象为高中以上学历，学制

1年，总学时超过1000小时，采用“直接法”汉语授课方式，让学生在学习期间充分地全方位地接触汉语和中华文化，并且在暑假期间还设置了中国现地短期留学计划，学习结束后可以推荐升入樱美林大学或者是中国的同济大学。

除了孔子学院和孔子课堂之外，我国的驻日使领馆、中日友好协会、中日青年交流中心等都是重要的对日汉语外交的窗口。这些机构同孔子学院和孔子课堂一起通过丰富多彩的形式、灵活多样的方式以及现代化的传媒技术等在推动对日汉语外交、宣扬我国传统文化方面起到了巨大的作用。

二、日本的对华文化外交

关于日本对华文化外交的发展阶段，国内有的学者提出了较具代表性的观点，例如丁兆中认为应该划分为三个时期，分别是20世纪70年代初期至70年代末期的萌芽期、20世纪80年代初期至80年代末期的全方位发展期、20世纪90年代初期至今的深入发展和调整期[①]。笔者对这种观点持部分赞同态度，对于个别地方保留自己的意见。首先，笔者认为应该将新中国建立后至20世纪70年代初的这一时期列入，该阶段可以归属于筹备期或预热期；其次，“20世纪90年代初期至今”的这种划分在时间上的跨度过大；再次“深入发展”和“调整期”在“20世纪90年代初期至今”的阶段中是交替进行的，而这一点并没有得到明示。因此，笔者认为：其一，应该将新中国建立后至20世纪70年代初这一时期内的日本半官方性质的或者说有一定政治色彩的对华文化交流活动总结归纳出来，并将其归入日本对华文化外交筹备期或预热期的活动中去；其二，

①丁兆中.“日本对华文化外交的发展态势”.《太平洋学报》.2009（2）：50-54.

应该将“20世纪90年代初期至今”这一阶段进一步细化。就第二点而言，由于文化外交概念中官方性质或一定的政治色彩是核心要素，所以两国政治关系的变化应成为划分这一阶段的重要依据，基于此，可以大致细化为四个小的阶段，分别是20世纪90年代初期至90年代末期的深入发展期，其中较具代表性的外交事件有1992年4月江泽民主席的访日、同年10月日本天皇的访华和1998年11月江泽民主席的访日；2001年至2006年末的调整期，其中较具代表性的外交事件有日本前首相小泉纯一郎的多次参拜靖国神社问题；2006年末至2012年中的继续发展期，其中较具代表性的外交事件有2006年10月份时任日本首相安倍晋三的“破冰之旅”和2007年4月份温家宝总理的“融冰之旅”；2012年末至今的深度调整期，其中较具代表性的外交事件有2012年9月份的日本“购岛”闹剧和2013年12月日本首相安倍晋三的参拜靖国神社。

以上是关于日本对华文化外交发展阶段划分的一点拙见。由于在该发展阶段划分方面学界仍然存在一定的争议，因此本书中笔者无意在这种尚存争议的框架下按照发展阶段来阐述日本的对华文化外交，而是同前述的我国对日文化外交部分一样，列举影响力较大的、较具代表性的日本对华文化外交事件或者是从某几个方面进行归纳，以期达到以点带面的效果。

1. 歌舞伎外交

歌舞伎是日本传统艺能之一，1965年4月20日被指定为“重要无形文化财产”，2009年9月被联合国教科文组织列为“非物质文化遗产”，是日本传统文化的重要象征之一。

日本的歌舞伎代表团曾于1955年、1979年、2004年、2007年先后四次来我国访问演出，为中日友好交流做出了很大的贡献。特别是1955

年首次访华的目的是参加我国国庆演出活动，由于当时中日两国尚未建立官方交流渠道，应该说在日本国内遇到了不小的阻力。在毛主席和周总理的支持下，以中国人民对外文化协会的名义进行邀请并安排其在北京、上海、广州等地进行了演出，获得了较好的评价。而在第二年，即1956年我国著名京剧表演艺术家梅兰芳的率团访日实际上属于回访性质。一来一去，对于促进中日两国戏剧界的交流和民间文化外交起到了重要的作用。其后日本歌舞伎代表团在1979年的访华是为了纪念中日和平友好条约的签署，2004年的访华是为了参加北京第二届国际戏剧节，2007年的访华更是政治色彩浓厚，是为了纪念中日邦交正常化35周年，同时作为“中日文化体育交流年”的重要活动之一受到中日两国人民的关注，可以说这三次访华的背后或多或少都有一定的官方色彩。而说到日本的对华歌舞伎外交，有一个人不得不提，那就是前述的京剧大师梅兰芳，可以说歌舞伎外交与梅兰芳有相当大的关联。梅兰芳曾在1919年和1924年两次率团赴日表演，由于京剧和歌舞伎同属戏剧行列，彼此之间有相通之处，特别是歌舞伎里的演员都是男性，举止优雅、扮相华丽，跟京剧中的旦角有异曲同工之妙，相互之间可以切磋借鉴，因此梅兰芳同日本的许多歌舞伎艺术家在交流过程中惺惺相惜，建立了深厚的友谊，而梅兰芳也以其精湛的技艺和超绝的气质在日本的戏剧界有相当的知名度，其佐证之一是2004年梅兰芳诞辰110周年之际日本歌舞伎代表团访华，笔者认为选择这个时机访华的主要目的之一是向梅兰芳致敬。

总之，正因为歌舞伎是日本特有的传统艺能，其代表团的数度访华应该被视为日本对华文化外交的典型活动，而事实上日本的歌舞伎外交对于改善中日关系、增进两国文化艺术的交流确实起到了积极的作用。

2. 相扑外交

据历史考证，日本相扑起源于1500年前的神道仪式，是人们在庆典上祈求丰收的仪式，《古事记》和《日本书纪》中都有关于相扑的记载，对于外国人而言相扑是一项颇具神秘色彩的古老运动。职业相扑出现在日本的江户时代（1603-1867），1909年建成国技馆；1925年东西相扑协会合并，成立了财团法人大日本相扑协会；1958年起正式推行1年6赛制，分别在奇数月份举行，比赛地点依次为东京、大阪、东京、名古屋、东京、福冈； 1985年新国技馆的建成促进了相扑运动的蓬勃发展。

我国学界的主流观点是日本的相扑来源于中国，类似于我国古代的“角抵”，而日本学界的观点则主要是力求证实相扑是日本固有的运动。当然，这种学术上的分歧并不是本书讨论的重点，在此一笔带过。近年来，日本相扑出现了明显的国际化趋势，“自20世纪50年代左右开始了国际化的进程，特别是近年来的迅猛发展甚至在日本国内已经严重威胁到了相扑作为国技的地位”①。相扑的国际化体现在外国人在日本从事相扑运动、日本政府和相扑协会组织海外公演、海外巡演等方面，由于海外公演的举办方为日本相扑协会，并且往往是日本政府授意下的行为，主要目的是增强日本与外国之间的亲善，因此具有强烈的政治色彩；海外巡演的举办方为对方国家的承办单位，主要目的是获取收益，具有营利性的特点，因此从文化外交的特点和性质来判断的话，一般而言所谓的相扑外交主要指海外公演。

迄今为止日本相扑的海外公演共进行了13次，其中在我国有两次，分别是1973年4月的北京、上海公演，主要目的是纪念中日实现邦交正常化，而当时邀请其访华的周恩来总理也观看了相扑表演；2004年6月

① 参见笔者刊于日本期刊上的论文。「日本相撲文化の国際化研究」.『AIBSジャーナルNO.7』.2013：55.

的北京、上海公演，主要目的是纪念中日定期航线开通30周年，在此次访华中，我国国家副主席曾庆红等中央领导人会见了日本前首相村山富市和日本相扑协会理事长北之湖敏满率领的相扑代表团的主要成员，会见后还共同观看了相扑表演。对于我国老百姓而言，相扑表演无疑是新鲜和充满魅力的，肥硕的身躯、大银杏发簪、仅着兜裆布的装扮、颇有讲究的一招一式等使得当时许多人都想去现场观看并期望有机会与相扑选手接触交流，从而造成了一票难求的场面，而关于相扑的种种见闻也成为北京、上海当地人们茶余饭后谈论的中心，并且通过新闻报道等在我国全国引起了一定的轰动。

日本的相扑外交虽然次数较少，但是对于推动中日关系前行的效果是显而易见的。时至今日，当国人提及日本时，相扑也成为其主要代言词之一，并且普通老百姓对于相扑的一些基础知识也有了一定的了解，不能不说相扑外交的作用是非常巨大的。

3. 动漫外交

一般认为动漫是动画和漫画的合称。日本的动漫在世界范围内都是非常有名的，据日语版的人民网2013年7月31日的报道显示“日本作为‘动漫王国’而知名，其动漫产品的产值约占世界的60%，在电视上播放过日本动漫的国家已超过100个”[①]，动漫产业也早已成为日本的支柱产业之一。日本的动漫大约从20世纪80年代左右开始就已经被引入我国，如《铁臂阿童木》《聪明的一休》《花仙子》《机器猫》《灌篮高手》《奥特曼》《樱桃小丸子》《海贼王》《火影忍者》《龙猫》《千与千寻》等，而手冢治虫、宫崎骏等一大批日本著名的漫画家也逐渐为国人所熟知。这些动漫作品的受众层面非常广泛，从学龄前的幼儿到大

①「アニメを大産業にした日本　中国は経験と課題を参考に」. http://j.people.com.cn/94476/8346941.html

学生都能从其中找到适合自己观看的作品，因此可以说无论上述的哪一部作品在当时一经推出便风靡一时，或者以动画的形式在电视台连番播放，或者在影院上映，而现今随着网络技术的发展日本的动漫更是中国人网上观看的重点板块之一。日本动漫从早期开始就推出了连环画等其他衍生品，例如让笔者至今记忆犹新的是包括笔者在内的80年代的小学生经常会在书店浏览或购买《聪明的一休》等日本动画的连环画，一休、新右卫门、小叶子的故事等至今还牢牢地储存在脑海中。日本动漫中的经典作品如《机器猫》时至今日仍然在一些少儿频道中播放，机器猫、大熊等卡通形象深入人心，其衍生产品自然也种类繁多，从小的挂饰到大的机械产品让人目不暇接。

分析日本动漫在中国的热潮，笔者认为主要有如下几个成因：一是日本动漫的制作精良，技术和理念先进，而我国的动漫产业发展相对滞后，因此在传入我国的早期，即80至90年代与我国动漫相比日本动漫具备了巨大的优势，能够一下子吸引广大观众和读者的眼球；二是日本动漫适应时代潮流的发展，能够贴近受众群体，对其心理和喜好的分析透彻到位，因此即便是进入新世纪日本的动漫依然对中国人有巨大的吸引力。例如近年来的《火影忍者》就是一个很好的范例，其在我国初、高中生乃至大学生群体之间受热捧的程度大大超出了我们的想象，而我国国产动漫中受这个群体极度热衷的作品好像还没有出现。

如上所示，虽然日本的动漫在包括我国在内的许多国家中早已有较长的热播、热读史，但是动漫外交作为文化外交的重要一环在日本正式得以确立却是近年来的事情。在日本，一般认为是前首相麻生太郎首提“动漫外交”这个说法的，作为有名的动漫迷，麻生太郎对于推动日本动漫外交发挥了巨大的作用，2006年4月28日他在东京数码大学做了《文化外交新设想》的演讲，提出应该在“动漫外交”上下工夫，通过推广日本的漫画和动画等给世界各国的人们施加影响。在其演讲中，麻生太郎特别提到了美国动画片《大力水手》，同在我国一样这部动画片也曾经在日本热播，而麻生认为这部动画片给日本的儿童留下了“美国水兵是正义代表[①]”的印象。而结合日本战后被美国占领的历史不难看出，这部动画片实质上起到了美化美国大兵的作用，或许这就是麻生太郎主推动漫外交的重要原因之一吧。由于麻生太郎的官方身份，他的发言被认为是日本真正意识到“动漫外交”重要性的标志之一。另外，他提出的一些设想，如设立动漫奖等也逐步地得以实施，在其担任外务大臣时，日本外务省于2007年5月22日发布了关于设立“国际漫画奖”的消息，并成立了以外务大臣为委员长的第一届执行委员会来专门负责征集、评选和授奖等事宜，这其中麻生太郎的功劳不可谓不大。日本的这项“国际漫画奖”从2007年开始到2014年已经连续评选了7届，在国际动漫界颇有名气，而近年来我国漫画界人才辈出，一些优秀的漫画家也参与了该奖项的评选并获得了非常好的成绩，每一届都有我国漫画家获奖，其中金奖1人、银奖1人、国际漫画奖最优奖（相当于金奖）3人、国际漫画奖优秀奖（相当于银奖）6人。

综上所述，虽然日本“动漫外交”的提法是近些年才出现的，但实际上日本从很早之前就已经开始了类似于“动漫外交”的活动，而我国是其实施的重点对象之一。严格地讲，日本的对华动漫外交是从20世纪80年代开始的，起初阶段是以民间为主，后来逐渐过渡到官民并举的形式。

---

① 麻生太郎.「文化外交の新発想—みなさんの力を求めています」 http://www.mofa.go.jp/mofaj/press/enzetsu/18/easo_0428.html

4. 日语外交

正如同我国对日本实施汉语外交那样，日本也对我国实施了日语外交，不过在实施方式上有较大的差异。如前所述，我国对日汉语外交最主要的窗口是孔子学院和孔子课堂，这是具有官方性质的在日本直接培养汉语人才的机构，并且形成了一定的规模，培养对象的范围较广，包括教师、企业外派人员、对于汉语有兴趣的平民百姓等；而日本对我国实施的日语外交，一是没有孔子学院这样规模的具备官方性质的日语培训机构；二是培养对象一般只限于日语教师，即通过提高我国日语教师的素质和水平来间接推广日语和宣扬日本文化；三是通过其他多样的形式来弥补缺少直接教育的缺陷。

日本实施日语外交最主要的窗口是国际交流基金会。国际交流基金会的前身成立于1972年，是日本外务省管辖的特殊法人，2003年10月2日起正式改名为独立行政法人日本国际基金交流会，其财政基础是政府的出资，因此具有明显的官方性质。国际交流基金的主要业务内容包括文化艺术交流、海外日语教育、以外国人为教育对象的日语教师的培养、为日本研究等相关的知识交流和调查研究提供相关的信息等，其中在我国实施的日语外交的主要形式是日语教育，以举办各种规模和类型的高校及中学教师的研修班、日语讲座，调查发布我国日语教育的相关数据，参加和赞助各地举办的日语论坛，在其名义下主办日语演讲、写作等各种类型的日语竞赛，运行日语学习网站，组织国际日语能力测试，发布日语学习的宣传手册，在我国各地批准成立中日交流之窗并对其运行进行支持、赞助和监督等活动为主。

日本国际交流基金会在我国实施日语外交的主要组织机构为日本文化中心。日本文化中心，顾名思义其存在的主要目的是促进中日两国的文化交流，而其中又以日语外交为主，毕竟日本人深知在文化传播方面语言先行的重要性和必要性。日本国际基金交流会于1994年3月在北京设立了事务所，该事务所是日本文化中心的前身，2008年8月1日正式更名为日本文化中心。

总而言之，在笔者看来，日本对华实施的日语外交看似受众群体有限，并且不具备显性的特征，但是凭借着日本人的低调和高效已经在我国各地开设日语专业的大中专院校以及中学中产生了相当大的影响，其最直接的影响对象是日语教师以及日语专业的学生，又通过这部分群体在慢慢地向外扩展着日语及日本文化的影响力。

三、中日双向文化外交

1. 围棋外交

围棋起源于我国，古时被称作“弈”或者是“手谈”，是一项高雅的运动，历史悠久。围棋在中日两国都有非常好的民众基础，我国围棋爱好者人数虽然没有发布官方统计数据，但一般认为超过两千万；而日本也号称有八百万围棋爱好者。另外，中日两国自古以来就有围棋交流的历史。

中日两国重视围棋的传统和数百年的围棋交流史为围棋外交的开展奠定了坚实的基础，而开展围棋外交的最主要原因是改善急剧降温的中日关系。围棋外交开展之前，中日两国在贸易往来方面可谓是一波三折，先是由于1958年5月发生了两名日本暴徒制造的“长崎国旗事件”，将日中友好协会长崎支部在其举办的中国产品博览会场悬挂的中华人民共和国国旗当场扯下，造成了极为恶劣的外交事件，加之当时日本的岸信介内阁蓄意破坏中日贸易，我国于当年5月10日果断通知日方取消已有的商务合同和谈判，5月12日中日贸易全面暂停，两国关系陷入低谷。在这种情势下，两国有识之士认为有必要通过一些其他的形式来改善两国关系，围棋成为其中的突破口之一，其中我国的代表是副总理陈毅，日方的代表是政治家松村谦三。经过双方推心置腹的商谈，“围棋外交”得以正式展开。1960年日本首个围棋代表团访华，1962年我国围棋代表团首次访日，其后1963年日本棋院和关西棋院的联合访华更是将“围棋外交”推向了高潮阶段，并授予陈毅副总理“名誉七段”的头衔。通过这几次“围棋外交”，首先在双方政府的高层之中建立了一个间接接触的渠道，其次增进了包括围棋爱好者在内的双方人民的相互理解和认同，再次是大大缓和了两国间的紧张局势。“围棋外交”为1972年中日实现邦交正常化做出了巨大的贡献。

其后中日两国之间的围棋交流不断，两国的棋手在各种各样的比赛中切磋对抗，比赛的层面也较为丰富，从成人的世界大赛到青少年的对抗赛一应俱全。这其中不得不提中日围棋擂台赛，这项赛事始于1984年，而到了1996年底由于赞助商撤出、水平一边倒等种种原因画上了终止符。期间共进行了11届，比赛的过程、结果以及比赛中发生的逸事等都广泛受到了两国人民的关注，对于中日两国的文化外交起到了积极的促进作用。

2. 乒乓外交

乒乓球是起源于英国的世界流行性体育运动，现在以中、日、韩以及欧美一些国家的水平为高。乒乓球运动自20世纪初由日本传入我国后经过一个多世纪的发展已经有了相当的基础，是我国名副其实的国球。乒乓文化是体育文化的重要组成部分，因此乒乓外交也是中日文化外交的代表之一。一般说来，提到乒乓外交，人们印象最深刻的是中美之间的乒乓外交，正是小小的乒乓球在中美关系正常化的进程中起到了重要的作用。中日之间的乒乓外交虽然不为许多人所熟知，但是对于实现中日关系正常化起到的作用是巨大的。另外，笔者认为两国间的乒乓外交大致可以分为两个时期，一是从新中国成立到1971年的第31届世乒赛，可以称之为邦交正常化之前的乒乓外交；二是从中日实现邦交正常化至今，可以称之为邦交正常化之后的乒乓外交。有很多为第一阶段乒乓外交的顺利实施做出贡献的人，但如果要从中日两国各列举一位代表性人物的话，则非我国的周恩来总理和时任日本乒乓球协会会长、后来曾任日中友好协会会长的后藤钾二先生莫属。新中国成立伊始，百废待兴，在国际上的影响力有限，另外由于意识形态和历史等各方面原因，欧美国家总体上可以说是戴着有色眼镜来看待新中国，当时台湾问题也在一定程度上阻碍了我国在国际上发挥更大的作用，周恩来总理对这种国际形势了然于心，努力通过各种方式、抓住各种机会来扩大我国的外交影响，乒乓外交自然也列入其中。周总理为实施乒乓外交做了大量的布置，如安排中国乒乓选手到日本参加世乒赛，多次接见并宴请来华比赛的日本乒乓选手等。他的心血没有白费，中日两国之间的乒乓外交顺利开展，这也为两国实现邦交正常化又加上了一个重重的砝码。而日本方面的代表人物后藤钾二先生最主要的贡献是力排众议、极力促成了我国乒乓球代表团参加在日本名古屋举行的第31届世乒赛，而这届世乒赛不但大大推动了中日乒乓外交的进展，也为中美乒乓外交创造了重要的实施条件。周总理对于后藤先生的贡献也是赞誉有加，他说："从后藤钾二先生的乒乓外交时代已经进到恢复邦交的时代。如果没有后藤先生向我们提供名古屋的场所，毛主席的乒乓外交的球也没有办法打出去。没想到我们的乒乓球一转，转动了世界，这么一个小球转动了大球。"[①]。

1972年中日两国实现邦交正常化，即跨入乒乓外交的第二个阶段之后，两国之间的乒乓交流就没有中断过。期间的代表人物既包括两国著

① 王泰平."回忆乒乓外交 促进民间友好".《中日关系史研究》，2011（2）：76.

名的乒乓国手，也包括了政界要人。略举一例，2008年5月8日在日本访问的胡锦涛主席也一试身手，在早稻田大学与日本乒乓运动员福原爱打了一场友谊赛，并且赛后与日本时任首相福田康夫、两国运动员代表王楠及福原爱合影留念，这在中日两国都带来了很大的反响，对于推动两国的乒乓外交起到了积极的促进作用。

总而言之，中日之间第一阶段的乒乓外交不仅对于实现两国邦交正常化做出了巨大的贡献，同时也为中美两国顺利建交做出了重要的铺垫，可以说，没有这段时期的乒乓外交，可能就不会出现历史上著名的中美之间的乒乓外交，那么中美两国的建交也极有可能受到影响。当然，历史没有假设，不过乒乓外交在当时起到的作用相信不会有人否认。第二阶段的乒乓外交则成为了两国关系的润滑剂，尤其在20世纪90年代中后期中日关系恶化时发挥了重要的调解作用。而在近年来中日两国因为日本的“购岛”闹剧、拜鬼问题等再一次陷入谷底时，我们期待乒乓外交能够发挥其作用，让日本的部分右翼领导人认识到中日友好的历史和主流，认识到自己的错误从而做到悬崖勒马，避免一意孤行、倒行逆施而对两国关系造成新的打击。

3. 影视外交

中日两国之间的影视外交主要分为三个方面：一是中日两国合作拍摄影视作品，并在各自国家放映；二是日本的许多影视作品在较早的时期便传入我国，并在我国引起了较大的反响；三是我国的部分影视作品近年来也在日本热映，加深了日本人民对于中国文化的了解。

中日合作拍摄影视作品主要是在1978年两国签署和平友好条约之后逐步实现的。第一部中日合拍电影是在1981年于日本神奈川县录制完成的，篇名为《一盘没有下完的棋》。之后，中日两国合作拍摄了一大批脍炙人口的作品，其中影响较大的电影有上映于1988年的《敦煌》、

2005年的《艺伎回忆录》、2006年的《霍元甲》、2008年的《赤壁》、2012年的《铜雀台》等；电视剧有上映于1995年的《大地之子》、2010年的《苍穹之昴》《远嫁日本》等。这些优秀的影视作品上映后大都在中日两国引起了较大的反响，对于促进两国人民的相互理解和文化交流起到了重要的作用。

日本的对华影视外交起步虽然算不上太早，但是客观上讲其密度和影响力要远远大于我国的对日影视外交。从20世纪70年代起，日本的影视作品便开始进入中国，可以说几乎在每个时代都能列举出其代表作，而其中的一些作品也在国人的心中留下了深深的烙印，例如在电影作品中从早期的《追捕》《人证》到后来的《情书》《和狗狗的十个约定》等；电视剧作品中从早期的《血疑》《阿信》《排球女将》到后来的《东京爱情故事》，再到后来的《悠长假期》《华丽一族》《白色巨塔》《半泽直树》等，可谓是不胜枚举。这些影视作品从各个层面大大促进了当时的国人对于日本文化的了解和认识。

早在1960年3月我国电影《青春之歌》就在东京上映了，因此可以说我国的对日影视外交起步较早，但是纵观这几十年的对日影视外交可以发现，在日本上映的我国影视作品无论从数量还是从社会影响力上与在中国上映的日本影视作品不可同日而语，受到日本人关注的作品可谓是寥寥无几，让人一下能够想到的是中日合拍的电影《赤壁》、香港电影《少林足球》《功夫》等。而这些作品受到日本人的喜欢是有原因的，《赤壁》是历史题材，日本人素来对我国历史，尤其是三国史很感兴趣；《少林足球》受热捧的一个很大的原因是日韩世界杯的举行；《功夫》这样的武打剧也是较受日本人青睐的。总体而言，不得不承认在中日两国影视外交方面我国长期处于逆差状态。当然这其中有许多客观因素存在，如影视制作水平的差距、对于流行文化接收态度的差异等等。不过，我们也欣喜地看到近年来这种状况在一点点地得到改善，

2013年我国电视剧《甄嬛传》在日本电视台播放之后爆红，其华丽无比的服饰、金碧辉煌的建筑、神秘的清宫史等在日本人眼中显示出无穷的魅力。据日本的媒体统计收视观众占了其人口的30%左右，这个数字是非常惊人的。这虽然是个例，但是也给我们带来了很好的启示，即我国的对日影视外交虽然在整体上远远处于劣势，但是如果在选材、包装等方面下一番工夫的话还是可以大有作为的。

综上所述，随着文化在国际关系中的地位日益提升，文化外交作为一国外交的主要形式和软实力的重要表现得到了越来越多国家的重视，中国和日本自然也不例外。特别是由于历史、地缘等各方面原因，两国都非常重视相互间的文化外交，这种文化外交在两国各自的文化外交史上占据了重要的地位。即便是由于日方在政治上单方面的挑衅和倒行逆施而造成两国关系陷入冰点的时期内，文化外交虽然受到了严重影响但也并未完全间断，相反正是在这样的时候才更凸显出文化外交的重要性和必要性。

另外，笔者认为无论是外交文化还是文化外交，其中的两个变量都是相同的，不过是研究的落脚点不同而已，因此在本书中特别设置了文化外交这一章以期对外交文化的研究提供借鉴和参考。在本章中，笔者并未按照常见的时间分类法来分别论述中、日两国之间的文化外交，而是依据文化外交的方向性分为三个方面并采用列举典型事例的方法进行了归纳和总结，在当今学界中这种划分方法还是比较少见的。当然这种研究方法的利弊都非常明显，其利主要在于划分的依据可以一目了然，较少有争议；其弊主要在于典型事例列举法注定了分析的不全面性，并且典型事例的判断标准也仁者见仁智者见智。不过作为一种尝试，笔者乐意虚心接受专家学者们的批评和指正。

参考文献

1. 中文参考文献

[1]《史记》。
[2]《韩非子》。
[3]《说苑》。
[4]《论语》。
[5]《三国志》。
[6]《隋书》。
[7]《旧唐书》。
[8]《孟子》。
[9]《道德经》。
[10]《南华经》。
[11]《长阿含经》。
[12]《佛说大乘无量寿庄严清净平等觉经》。
[13]《泰国南藏佛陀语录》。
[14]《涅槃经》。
[15]《圆觉经》。
[16]《心地观经》。
[17]《周易》。
[18]《尚书》。
[19]《魏书》。
[20]《汉书》。
[21]《后汉书》。
[22]《荀子》。
[23]《晁错论》。
[24]《吕氏春秋》。
[25]《淮南子》。
[26]《礼记》。
[27]《春秋公羊传》。
[28]《孝经》。
[29]《黄帝内经》。
[30]《备急千金药方》。
[31]《墨子》。
[32]《列子》。

[33]《诫子书》。
[34] [美]罗伯特·基欧汉，约瑟夫·奈.《权力与相互依赖》.北京：北京大学出版社，2004.
[35] [美]约瑟夫·S·奈著，刘华译.《注定领导世界：美国权力性质的变迁》.北京：中国人民大学出版社，2012.
[36] [美] 小约瑟夫·奈.《软实力：世界政治中的成功之道》.北京：军事译文出版社，2006.
[37] [美]塞缪尔·亨廷顿著，周琪等译.《文明的冲突与世界秩序的重建》.北京：新华出版社，2002.
[38] [美]亚历山大·温特著，秦亚青译.《国际政治的社会理论》.上海：上海人民出版社，2000.
[39] 潘一禾.《文化与国际关系》.杭州：浙江大学出版社，2004.
[40] 王缉思."美国外交思想传统与对华政策".《中美关系十年》.北京：商务印书馆，1989.
[41] [美]迈克尔·亨特著，褚律元等译.《意识形态与美国外交》.北京：世界知识出版社，1999.
[42] 楚树龙，王青."传统文化对中国当代外交的影响".《世界经济与政治》，2007（12）.
[43] 申险峰.《外交的文化阐释 日本卷》.北京：知识产权出版社，2012.
[44] 尚会鹏，刘曙琴."文化与日本外交".《日本学刊》，2003（3）.
[45] 臧秀玲，宋小霞."日本政治文化对外交政策的影响".《东北亚论坛》，2006（1）.
[46] [美]马文·哈里斯著，顾建光、高云霞译.《文化·人·自然—普通人类学导引》.杭州：浙江人民出版社，1992.
[47] 学刚，姜毅.《叶利钦时代的俄罗斯（外交卷）》.北京：人民出版社，2001.
[48] [英] 哈罗德·尼科松著，眺伟译.《现代外交学》.北京：世界知识出版社，1957.
[49] 张声振，郭洪茂.《中日关系史 第一卷》.北京：社会科学文献出版社，2006.
[50] 王勇.《日本文化》.北京：高等教育出版社，2001.
[51] [美]鲁思·本尼迪克特.《菊与刀（增订版）》.北京：商务印书馆，2009.
[52] 贾华.《双重结构的日本文化》.广州：中山大学出版社，2010.
[53] [美]明恩溥.《中国人的气质》.北京：中华书局，2006.
[54] 沙莲香.《中国民族性》（一）.北京：中国人民大学出版社，1989.
[55] 沙莲香.《中国民族性》（二）.北京：中国人民大学出版社，1989.
[56] 赵子祥，王铁军.《文化差异与冲突—中日文化精神与国民性的社会学比较》.沈阳：辽宁人民出版社，2009.
[57] 外交部、中共中央文献研究室编.《周恩来外交文选》.北京：中央文献出版社，1990：48-50.
[58] 宫力，刘德喜，刘建飞，王红续著.《和平为上 中国对外战略的历史与现

实》. 北京：九州出版社，2007.
[59] 戴季陶.《日本论》，北京：光明日报出版社，2011.
[60] [日]南博著，邱琡雯译.《日本人论 从明治维新到现代》. 桂林：广西师范大学出版社，2007.
[61] 裴坚章.《研究周恩来—外交思想与实践》. 北京：世界知识出版社，1989.
[62]《毛泽东文集》第六卷. 北京：人民出版社，1999.
[63]《毛泽东选集》第二卷. 北京：人民出版社，1991.
[64]《邓小平文选》第二卷. 北京：人民出版社，1994.
[65] 朱谦之.《日本哲学史》. 北京：人民出版社，2002.
[66] 李涛.《大和魂—日本的根性窥探》. 北京：中国友谊出版公司，2007.
[67] [日]新渡户稻造.《武士道》. 北京：商务印书馆，2001.
[68] 李智.《文化外交——一种传播学的解读》. 北京：北京大学出版社，2005.
[69] 秦亚青."中国文化及其对外交决策的影响".《国际问题研究》，2011（5）.
[70] 肖晞，牛勇."中国传统文化中的'和'对中国外交的影响".《武汉大学学报（哲学社会科学版）》，2010（2）.
[71] 刘慧."中国外交文化审视中的理性反思".《党政干部学刊》，2012（2）.
[72] 张耀武."论中日外交关系中的'文化因素'".《日本研究》. 2007（3）.
[73] 熊炜."外交共同文化：概念传统与变革".《国际政治研究》，2012（4）.
[74] 赵银亮."东南亚的安全和外交文化".《南洋问题研究》，2006（3）.
[75] 张宏喜."打造外交文化".《世界知识》，2006（12）.
[76] 葛继勇."试论倭国遣隋使朝见炀帝的地点"：《唐都学刊》. 2010（5）.
[77] 王作安."我国宗教状况的新变化".《中央社会主义学院学报》，2008（3）.
[78] 牛军."论中华人民共和国对外关系之经线（1949~2009）".《自主·理解·合作 中华人民共和国对外关系60年》. 北京大学中国与世界研究中心. 许振洲，汪卫华主编. 北京：当代世界出版社，2012.
[79] 方海燕."论日本神道教的现世性特征---以中世以前神道和佛教的相互关系为中心".《日语学习与研究》，2007（2）.
[80] 陈曙光."钱穆的'文化类型说'评析".《江南大学学报（人文社科版）》，2006（3）.
[81] 赵美娟."'乐感文化'与'罪感文化'".《中国培训》，1997（9）.
[82]"乐感文化·华夏之魂".《中国图书评论》，2004（2）.
[83] 张磊，宿彩艳."乐感文化之美".《大众文艺》，2011（8）.
[84] 王逸舟."中国与世界关系的历史性变化---关于中国外交的一种研究大纲".《自主·理解·合作 中华人民共和国对外关 系60年》. 北京大学中国与世界研究中心. 许振洲，汪卫华主编. 北京：当代世界出版社，2012.
[85] 王军."论民族主义对新中国外交的影响".《自主·理解·合作 中华人民共和国对外关 系60年》. 北京大学中国与世界研究中心. 许振洲，汪卫华主编. 北京：当代世界出版社，2012.

[86] 乔治忠. “论中日两国传统史学之‘正统论’观念的异同”.《求是学刊》，2005（2）.
[87] 张宪生. “试析日本近代民族主义的历史背景”.《东南亚纵横》，2007（8）.
[88] 田培良. “文化外交对中日邦交正常化的作用”.《公共外交季刊》. 2011夏季号（6）.
[89] 丁兆中. “日本对华文化外交的发展态势”.《太平洋学报》. 2009（2）.
[90] 王泰平. “回忆乒乓外交 促进民间友好”.《中日关系史研究》，2011（2）.
[91] 缪开金.《中国文化外交研究》. 中共中央党校博士论文，2006.

2. 外文参考文献

[1] [日]吉田敦彦監修，島崎晋著.『面白いほどよくわかる古事記』. 東京：日本文芸社，2006.
[2] [日]坂本太郎，井上光貞，家永三郎，大野晋.『日本書紀（校注）』. 東京：岩波書店，1994.
[3] [日]宇治谷孟.『続日本紀（全現代語訳）』. 東京：講談社，1992.
[4] [日]井上順理.『本邦中世までにおける孟子受容史の研究』. 東京：風間書房，1972.
[5] [日]芳賀矢一.『国民性十論』. 東京：冨山房，1908.
[6] [日]長谷川如是閑.『日本的性格』. 東京：岩波書店，1938.
[7] [日]長谷川如是閑.『続日本的性格』. 東京：波書店，1942.
[8] [日]和辻哲郎.『風土—人間学的考察』. 東京：岩波書店，1935.
[9] [日]山崎謙.『国民精神新論』. 東京：東宛書房，1936.
[10] [日]三枝博音.『日本の思想文化』. 東京：第一書房，1937.
[11] [日]柳田国男.『日本人』. 東京：毎日新聞社，1954.
[12] [日]加藤周一.『日本人とは何か』. 東京：講談社，1976.
[13] [日]丸山真男.『日本の思想』. 東京：岩波書店，1961.
[14] [日]源了円.『義理と人情』. 東京：中央公論社，1969.
[15] [日]土井健郎.『「甘え」の構造』. 東京：弘文堂，1971.
[16] [日]中根千枝.『たて社会の力学』. 東京：講談社，1978.
[17] [日]梅原猛.『日本人の「あの世」観』. 東京：中央公論社，1989.
[18] [日]青木保.『「日本文化論」の変容—戦後日本の文化とアイデンティティー』. 東京：中央公論社，1990.
[19] [日]山鹿素行著，奥村恒次郎註釈.『中朝事実註釈』. 大阪：山本文友堂，1913.
[20] [日]石村貞吉.『本居宣長』. 東京：三教書院，1940.
[21] [日]三浦信孝，西山教行.『現代フランス社会を知るための62章』. 東京：明石書店，2010.
[22] [日]平野健一郎.『国際文化交流の政治経済学』. 東京：勁草書房，1999.
[23] [美]入江昭.「文化と外交」.『外交フォーラム』13巻140号. 2000.

[24] [英]J.M.Mitchell, International Cultural Relations, London: George Allen&Unwin Ltd, 1986.
[25] 張永涛.「企業経営における文化外交に関する研究－中国SUNINGの事例分析を踏まえて」.『桜美林経営研究』.2013（年刊）.
[26] 張永涛.「日本相撲文化の国際化研究」.『AIBSジャーナルNO.7』.2013（年刊）.

3. 网络/报刊参考文献

[1]“中国信教群众上亿 俞正声冀其理解支持投身改革”. http://www.chinanews.com/gn/2014/01-27/5785295.shtml
[2]“毛泽东眼中的佛教文化”. http://news.xinhuanet.com/theory/2007-08/04/content_6469460.htm
[3]“外交部副部长傅莹就中国航母海试等接受外媒采访”. http://www.chinanews.com/gn/2011/08-23/3278454.shtml
[4] 陈刚.“中国开启强势外交时代”. http://www.zaobao.com/special/report/politic/cnpol/story20131216-288813
[5]“独家专访日本前首相村山富市‘村山谈话’是怎么发表的”. http://www.yicai.com/news/2013/05/2742186.html
[6]“日本自杀率为何再次‘雄冠全球’”. http://www.jnocnews.jp/news/show.aspx?id=51761
[7]「アニメを大産業にした日本　中国は経験と課題を参考に」. http://j.people.com.cn/94476/8346941.html
[8] 麻生太郎.「文化外交の新発想—みなさんの力を求めています」. http://www.mofa.go.jp/mofaj/press/enzetsu/18/easo_0428.html
[9] 李仲明.“梅兰芳 把京剧推向国际舞台”.《人民日报》.2008年12月30日，第15版.

4. 参考网站

[1] 中国新闻网：http://www.chinanews.com/gn
[2] 新华网：http://news.xinhuanet.com
[3] 联合早报网：http://www.zaobao.com
[4] 第一财经网：http://www.yicai.com
[5] 中华人民共和国中央人民政府网：http://www.gov.cn
[6] 中华人民共和国商务部对外援助司网：http://yuanwaizhan.mofcom.gov.cn
[7] 参考消息网：http://world.cankaoxiaoxi.com
[8] 中华网：http://news.china.com
[9] 日本新华侨报网：http://www.jnocnews.jp
[10] 人民网（日语版）：http://j.people.com.cn
[11] 日本外务省网：http://www.mofa.go.jp

后记

1998年我大学毕业后进入松下在中国的合资企业工作，当时担任的是日语翻译，在实际工作中感到自己的日语水平距离心目中的要求还差一大截，于是在1年之后，即1999年毅然决定辞去工作自费赴日留学。

因为一直以来对于外交和国际关系比较感兴趣，因此在2002年考取了樱美林大学国际关系专业。樱美林大学位于东京，是一所拥有90多年历史的私立大学，日本第二所孔子学院就设在该校，国际关系专业中有许多治学严谨的知名教授，我在这里修完了硕士课程，所得颇丰。2005年归国后进入原山东财政学院外国语学院担任日语专任教师，迄今为止也有近10年的高校教龄了。高校的生活在外人看来是比较安逸的，但是只有身处其中的人才会明白当一名大学老师需要的不仅是高度的责任感和敬业心，还需要有不断挑战自我、完善自我的精神和勇气。因此，当深夜来临大多数人已经入睡时，我却多在台灯下或查阅资料或准备教案或冥思苦想，而且这种日子几乎每天都在延续着。我觉得这种生活是很有意义的，至少能够对得起自己的良心。

我的研究方向为外交文化，近3年来主持并参与了几项与外交文化相关的课题，在国内外的期刊上发表了多篇相关的学术论文，并于两年前决定写一本书作为自己这几年来研究的阶段性成果。经过了近两年的构思和写作，书稿终于完成。在漫长的写作过程中，虽有过完全停滞不前的阶段，但在许多人的关怀和鼓励下，终于还是坚持了下来，所以在此，我要向我的良师益友们表达最真挚的谢意。

首先，我要感谢山东财经大学外国语学院的领导和同事们，特别是院长李毅教授、书记王有志教授、副院长史汝波教授、副院长丁兆国教授、副书记陈海等，他们不但在学术上给了我许多指导，而且在工作上也提供了不少的便利和帮助，使我能够安心从事教学和研究。

其次，我硕士学习时期的导师日本樱美林大学金山权教授，本科学习时期的老师高玉军教授、胡以男教授、高化教授等，还有中国日语教学研究会山东分会会长李光贞教授都在百忙之中对本书的思路和结构提出了宝贵的意见，在此表示深深的谢意。

再次，我要感谢中国宇航出版社的资深编辑于慧及其他编辑老师。正是在于编辑她们的努力和协调下，本书才得以顺利问世。而在这过程中，于编辑的敬业、专业和高效让我感到由衷的敬佩，在此表示真诚的感谢。

最后，我还要感谢我的家人及同学朋友。在两年的构思和写作过程中，我的父母和妻子几乎承担了所有的家务，替我节省了大量的时间；我的岳父母也给了我最大限度的支持，还有我的儿子虽然尚小，但是却很懂事，没有让我操一点心。家人是我最重要的存在，也是我获取力量的精神源泉。另外，我的同学朋友们也给予了我无私的帮助和支持，特别是山东政法学院外国语学院的挚友张永平老师为本书提了许多有益的建议，在此一并表示最真挚的谢意。

由于自己才疏学浅，书中值得商榷的地方自然不会少，在此我真诚地期待同行的专家学者不吝赐教。如果本书能够为中日外交文化的研究提供一点参考和借鉴的话，吾心足矣。

张永涛

2014年9月于济南